财务管理

韩　楠 鲁云鹏 李　念 李冉冉 主编

燕山大学出版社
·秦皇岛·

图书在版编目（CIP）数据

财务管理 / 韩楠等主编.—秦皇岛：燕山大学出版社，2023.6
ISBN 978-7-5761-0514-8

Ⅰ. ①财… Ⅱ. ①韩… Ⅲ. ①财务管理 Ⅳ. ①F275

中国国家版本馆 CIP 数据核字（2023）第 075663 号

财务管理

CAIWU GUANLI

韩　楠　鲁云鹏　李　念　李冉冉　主编

出 版 人：陈　玉
责任编辑：王　宁　　策划编辑：刘韦希
责任印制：吴　波　　封面设计：刘韦希
出版发行：燕山大学出版社 YANSHAN UNIVERSITY PRESS　　电　　话：0335-8387555
地　　址：河北省秦皇岛市河北大街西段 438 号　　邮政编码：066004
印　　刷：英格拉姆印刷(固安)有限公司　　经　　销：全国新华书店

开　　本：710 mm×1000 mm　1/16　　印　　张：18.75
版　　次：2023 年 6 月第 1 版　　印　　次：2023 年 6 月第 1 次印刷
书　　号：ISBN 978-7-5761-0514-8　　字　　数：320 千字
定　　价：76.00 元

前　　言

当前，我国经济发展进入新阶段。一方面，市场经济改革不断深化，经济发展质量进一步提升，经济结构不断优化；另一方面，面对“逆全球化”不确定性的冲击，各治理主体协同夯实经济韧性，增强抵御风险的能力。这些变化与改革，深刻影响着企业财务管理的市场化进程，加之人工智能、大数据等新技术的发展，更是直接冲击以技术导向为主的传统财会领域，倒逼财务管理理论与实践创新。

基于以上宏观经济与技术环境背景，本书以基于决策支持为导向的财务管理为出发点，以帮助学生提高解决财务管理现实问题的能力为导向，在积极回应现阶段经济发展对财务管理所提出的新要求的同时，致力于培育更适应时代变革的财务管理人才。

本书是多位教授该类课程的一线教师集体讨论编写、反复修改而成的。在组织与编排相关内容的过程中，各位作者也始终秉持“深宽相济，知行合一”的理念，具体而言：

一方面，“深宽相济”。随着我国高等教育从精英教育向大众化教育的快速过渡，通识教育受到了我国高等教育界的广泛重视。同时，复杂、不确定的环境，对人才的自我学习与独立思考能力提出了更高的要求，学生们不仅要重视理论学习的深度，而且所涉及的知识范围也应广泛。

基于此，本书在注重财务管理理论专业性、保留其核心理论内容的同时，简化涉及复杂计算的部分，并将其中晦涩难懂的部分尽可能地从初学者的角度出发进行直白表述，强化其可读性。

本书不仅可以供财会类专业的学生学习使用，而且对于管理类其他专业学生，抑或是企业管理者以及对财务管理感兴趣的人员，均具有一定的借鉴作用，有利于其学习与掌握财务管理的要义。本书力求在更“宽”的范围内普及财务管理专业知识。

另一方面，“知行合一”。本书科学构建了财务管理理论框架，对于各章节的内容编排是依照财务管理活动的一般逻辑顺序展开的。其中，前三章涉及财务管理的目标与原则、货币时间价值与风险以及财务报表分析等内容，是基础知识部分。从第4章到第8章，则主要是根据资金的运作规律，依照财务管理在投资、筹资、经营以及利润分配等方面的主要活动展开的，力图勾勒出财务管理知识体系的立体性蓝图。

同时，本书注重理论与实际的结合。所使用的教学案例与练习题，多为近些年真实且具有代表性的管理案例和学生在日常生活中可能会遇到的有关财务管理的问题。这不仅能够提高学生独立思考的能力，促进学生对所学理论知识的有效应用，同时也能进一步强化学生对于财务管理目标的理解。

全书共分为8章，其中前言、第1章、第8章以及第4章部分内容由鲁云鹏老师编写，第2章、第7章以及第4章部分内容由韩楠老师编写，第3章由李冉冉老师编写，第5章、第6章由李念老师编写。

由于编者水平和精力有限，本书可能存在不足之处，恭请广大师生和读者批评指正。

编　者

2022年11月30日

目　录

第1章　导论 1

1.1 财务管理发展脉络 2

1.1.1 筹资管理阶段 2

1.1.2 营运资金管理阶段 3

1.1.3 投资管理阶段 3

1.1.4 全面发展阶段 4

1.2 财务管理的内涵和目标 4

1.2.1 财务管理的内涵 4

1.2.2 财务管理的目标 5

1.3 财务管理的核心内容 8

1.3.1 投资决策 8

1.3.2 筹资决策 9

1.3.3 经营决策 10

1.3.4 股利分配决策 10

1.4 财务管理原则 11

1.4.1 风险-报酬权衡原则 11

1.4.2 投资分散化原则 12

1.4.3 货币时间价值原则 12

1.4.4 净增效益原则 13

1.4.5 资源优化配置原则 14

1.4.6 动态平衡原则 14

第2章　货币时间价值与风险 16
2.1 货币时间价值 16
2.2 货币时间价值的计算 17
2.2.1 复利终值和现值 17
2.2.2 普通年金终值和现值 20
2.2.3 预付年金终值和现值 24
2.2.4 递延年金终值和现值 26
2.2.5 永续年金现值 27
2.3 风险与报酬 28
2.3.1 风险与收益的衡量 28
2.3.2 投资组合的风险和报酬 33
2.3.3 资本资产定价模型 42

第3章　财务报表分析 49
3.1 财务报表分析与方法 50
3.1.1 财务报表的构成 50
3.1.2 财务报表分析的目的和程序 56
3.1.3 财务报表分析的方法 60
3.2 财务比率分析 62
3.2.1 偿债能力比率 62
3.2.2 营运能力比率 67
3.2.3 盈利能力比率 72
3.2.4 上市公司的财务比率分析 76
3.3 杜邦分析法 80

第4章　投资决策管理 86
4.1 企业投资决策概述 87
4.1.1 企业投资的意义 87
4.1.2 企业投资分类 87

4.1.3 企业投资管理的原则......88
4.1.4 企业投资的过程分析......89
4.2 投资现金流量的分析......91
4.2.1 现金流量的内涵......91
4.2.2 现金流量的估计......93
4.2.3 所得税和折旧对现金流量的影响......94
4.3 投资现金流量的计算......100
4.3.1 非贴现的分析评价方法......100
4.3.2 贴现的分析评价方法......102
4.4 投资决策实务......105

第5章 长期筹资......110
5.1 长期借款......111
5.1.1 长期借款的种类......111
5.1.2 长期借款的条件......112
5.1.3 长期借款的保护性条款......113
5.1.4 长期借款的优缺点......114
5.2 长期债券......114
5.2.1 长期债券概述......114
5.2.2 长期债券的定价......119
5.2.3 债券信用评级......127
5.2.4 长期债券筹资的优缺点......129
5.3 股票融资......130
5.3.1 股票的特点及种类......130
5.3.2 股票的价值及收益率......135
5.3.3 普通股......140
5.3.4 优先股......142
5.4 可转换债券......144
5.4.1 可转换债券的性质......144

5.4.2 可转换债券的基本要素 145
5.4.3 可转换债券筹资评价 147
5.5 租赁融资 148
5.5.1 租赁及其种类 148
5.5.2 融资租赁的程序 151
5.5.3 租赁的优缺点 152

第6章　资本成本与资本结构 155
6.1 资本成本 156
6.1.1 资本成本概述 156
6.1.2 个别资本成本 160
6.1.3 加权平均资本成本 167
6.1.4 边际资本成本 169
6.2 经营风险、财务风险与杠杆原理 173
6.2.1 经营风险与经营杠杆 173
6.2.2 财务杠杆与风险 180
6.2.3 综合杠杆与总风险 185
6.3 资本结构理论 186
6.3.1 早期资本结构理论 186
6.3.2 现代资本结构理论 190
6.3.3 现代资本结构理论的新发展 195
6.3.4 最佳资本结构决策 200

第7章　营运资本管理 209
7.1 营运资本持有与融资策略 211
7.1.1 营运资本的特点和基本要求 211
7.1.2 营运资本的持有策略 212
7.1.3 营运资本的融资策略 214
7.2 现金管理 218

7.2.1 现金管理的内容及目的……218
7.2.2 最佳现金持有量的确定……220
7.3 应收账款管理……227
7.4 存货管理……234
7.5 短期融资……242
7.5.1 短期融资的分类及特点……242
7.5.2 商业信用……243
7.5.3 短期借款……247

第8章 股利决策……252

8.1 股利及其分配……253
8.1.1 利润分配的顺序……253
8.1.2 股利的种类……254
8.1.3 股利分配的程序……256
8.2 股利理论与股利分配政策……258
8.2.1 股利理论……258
8.2.2 股利分配政策的影响因素……261
8.2.3 股利政策的类型……265
8.3 股票分割与股票回购……267
8.3.1 股票分割……267
8.3.2 股票回购……270

附录……276

第 1 章　导　　论

学习指导

学习重点：理解财务管理的演进过程，明确不同阶段的财务管理重点；理解财务管理的不同目标；掌握财务管理的主要内容与原则。

学习难点：理解并区分不同财务管理目标的特点并作出评价。在学习过程中要注意将理论学习与案例剖析有机结合。

案例导读：

宏伟公司是一家从事IT产品开发的企业，由三位志同道合的朋友共同出资120万元，三人平分股权比例共同创立。企业发展初期，创始股东都以企业的长远发展为目标，关注企业的持续增长能力，注重加大研发投入，不断开发新产品，这些措施有力地提高了企业的竞争力，使企业实现了营业收入的高速增长。在开始的几年，销售业绩以年均60%的速度提升。然而，随着利润的不断快速增长，三位创始股东在收益分配上产生了分歧。股东王力、张伟倾向于分红，股东赵勇则认为应将企业取得的收益用于扩大再生产，以提高企业的持续发展能力，实现长远利益的最大化。随后矛盾不断升级，最终坚持企业长期发展的赵勇被迫出让其持有的1/3股份，离开企业。

此结果引起了与企业有密切联系的广大供应商和分销商的不满，因为他们的业务发展壮大都与宏伟公司密切相关，他们深信宏伟公司的持续增长将给他们带来更多的机会。于是他们声称，如果赵勇离开企业，将断绝与企业的业务往来。面对这一情况，王力和张伟倾提出他们二人可以离开，条件是赵勇必须收购他们二人的股份。赵勇的长期发展战略需要较多的投资，这样做将导致企业陷入没有资金维持生产的困境。这时，众多供应商和分销商伸出了援助之手，他们或者主动延长应收账款的期限，或者预付货款，最终赵勇重新回到企业，成为公司的“掌门人”。经历了股权变更的风波后，宏伟公司在赵勇的领导下不断加大投入，实现了企业规模化发展，在同行业中处于领先地位，企业的竞争力和价值不断提升。

讨论：赵勇坚持企业长远发展是否与其他股东要求多分红的目标存在矛盾？

1.1 财务管理发展脉络

财务管理作为增加财富的重要手段已广泛存在于社会经济活动中。从最初的对当前和未来行为所需要的资源进行获取与分配，到现代经济赋予的超越市场的机制功能，财务管理的发展已经走过了近百年的历程。这一历程与社会经济的发展、重大的经济事件以及特殊的经济时期都是密不可分的。其中，金融市场的发展和企业组织的变迁对财务管理的演进起到了重要的推动作用。

产业革命所产生的一个重要后果就是工厂化的机器生产方式代替了作坊、工场手工业的生产方式，原有独资、合伙等企业组织方式已经不能适应大规模生产的需要。到了19世纪末20世纪初，股份公司开始迅速发展。长期以来，由于财权的重要性和早期财务活动的单纯性，企业的财务管理活动往往由业主直接控制。股份公司和金融市场的发展使财务管理活动变得复杂起来，怎样利用市场筹集更多的资金，怎样选择各种外部资金的来源，盈余如何分配，这些都使那些擅长生产管理的业主们无暇也无力顾及，许多公司开始建立专门的财务管理部门，独立于其他管理活动的财务管理活动也随之应运而生。随着企业财务活动的独立，研究其规律的财务管理学也开始从经济学中分离出来，成为一门独立的学科。总体来看，它的发展一般分为四个阶段。

1.1.1 筹资管理阶段

从16世纪到20世纪初，随着科学技术的发展、产业革命的推进，企业的生产经营社会化进程加快，私人资本越来越不能满足企业生产规模发展的需要，这一阶段财务管理的主要任务就是为公司的组建和发展筹集所需要的资金。随着纽约证券交易所等一批大规模的现代化证券交易市场的出现，大批股份制公司通过股票发行筹集资金，推动了企业和社会的发展。

然而由于当时的资本市场刚刚开始发展，市场的管理缺乏规范，会计信息披露混乱，内幕交易十分严重，所有这些最终导致了1929年纽约证交所崩盘，进而引发了世界性的经济危机。

为了刺激经济发展，确保投资人利益和资本市场的健康发展，美国政府采取了新的措施，其中重要措施之一就是在1933年和1934年分别通过《联邦证券法》和《证券交易法》，规定公司发行证券之前必须在证券交易委员会登记注册，向投资人提供公司财务状况及其他有关情况的说明书，并按规定的程序向证券交易委员会定期报告财务状况。这些措施使得公司要想通过证券市场筹资，必须经过一系列审查步骤。从这一时期开始，财务管理的主要任务就是通过证券监管部门的审查而获得资金。

1.1.2 营运资金管理阶段

第二次世界大战以后，随着西方资本主义国家经济的复苏，科学技术迅速发展，市场竞争日益激烈，企业管理者逐渐意识到，在残酷的市场竞争中，要想维持企业的生存与发展，财务管理仅仅关注资金的筹集是不够的，更重要的是，应该管好用好企业所掌握的各种资源，加强企业内部的财务控制。在财务管理实践中，人们将计算机技术用于财务分析与财务预算，用于现金、应收账款、存货以及固定资产的管理与控制，与此同时，各种计量模型也应运而生，并得到日益广泛的应用。

1.1.3 投资管理阶段

随着企业经营环境的发展与变化，企业经营者发现，企业营运效率和效益的提高并不完全取决于日常的财务管理活动（比如对存货、应收款项、固定资产等的管理），而在更大程度上依赖于投资决策的成功，因此投资管理就成为财务管理的重要内容。投资管理的发展主要表现在以下方面：

（1）投资管理的程序科学化。不论是项目投资还是证券投资，企业都制定一系列严格的控制程序，保证投资决策的科学性。

（2）投资决策的方法科学化。净现值法、内含报酬率法、投资组合模型等方法得到广泛运用。

（3）投资风险和收益的均衡化。在投资决策中，企业不仅关注收益，还关注投资风险，使得投资决策更符合企业价值的增值要求。

1.1.4 全面发展阶段

20世纪80年代后，财务管理的发展呈现全面态势。一方面，由于资本市场的发展，企业合并等新型财务管理问题不断出现；另一方面，由于经济的国际化发展，出现了汇率变动、跨国结算和控制等多方面财务问题。财务管理研究的对象具体有如下几个方面：

（1）企业并购的财务管理决策。主要包括并购企业的价值评估、并购支付方式、并购资源整合等方面的问题。

（2）企业国际化经营的财务管理。主要包括跨国经营的资本控制、经营控制、汇率风险控制等问题。

（3）企业集团的财务管理问题。主要包括集团企业的预算管理、财务管理体系、现金控制等问题。

此外，大数据与人工智能的飞跃发展带来了新的商务业态，对财务管理的发展模式也具有显著影响。具体而言，财务管理的主体虚化，财务管理目标更加多元，财务管理结构也趋向扁平化。如何完善财务信息管理的程序化与网络化，以及财务管理职能的结点化，实现业财的有机融合，为企业科学决策提供有效的财务信息支持等，成为现阶段财务管理研究的主要方向。

1.2 财务管理的内涵和目标

1.2.1 财务管理的内涵

财务管理（也称公司理财或公司金融）是根据资金运动规律，遵照国家法律政策，对企业生产经营过程中资金的筹集、使用和分配，进行预测决策、计划、控制、核算和分析，以提高资金的运用效果，实现资本保值增值的管理工作。财务管理的实质是利用价值形式对企业经营活动进行的综合管理。

财务管理具有动态性的特点。财务管理是围绕资金的运动而展开的，贯穿于企业生产经营的全过程。市场经济是经济关系货币化的经济，资金运动概念是在市场经济条件下，对企业经营过程一般的和本质的抽象，通过资金运动可以全面反映企业再生产运行过程。资金运动是动态的，随着客观环境的变化，资金运动的形式和状况都会发生变化，这就决定了以资金管理为中心的财务管理活动是一个以科学理论与方法为指导的动态管理系统。对动态系统的管理体现了管理的二重性，即科学性和艺术性，所以财务管理既是科学也是艺术。

财务管理还具有综合性的特点。财务管理是围绕资金运动展开的，而资金运动具有综合性，它可以把企业生产经营的主要过程全面系统地反映出来，这样资金运动就自然而然地成为企业主要过程的综合表现。随着市场经济的发展，企业面临的环境变得更加复杂，同时随着企业自身的发展，企业从事的业务和管理工作也变得更加复杂。在市场经济条件下处理好企业管理问题，单靠某一方面的管理是不够的，必须有一套系统化、综合性的管理方法，要通盘考虑、统筹管理，而财务管理恰好是一种综合性的管理活动，所以在现代企业管理中，财务管理的地位比较高。有这样一种说法，即企业管理以财务管理为中心，财务管理以资金管理为中心。资金管理的核心是资金运用的管理，而资金管理的关键是决策，所以抓住企业财务管理，就抓住了管理的“牛鼻子”。

1.2.2 财务管理的目标

由于财务是以价值形式对企业生产经营活动作出的综合反映，所以财务管理目标也同时体现了企业的经营目标，它是企业生产经营活动的最终目标，也是评价企业经营绩效和经营者的标准。

正确理解和把握财务管理目标非常重要，因为目标决定思路，思路决定方法，方法决定行动。因此，不同的财务管理目标，就会产生不同的财务管理思路，也就会形成不同的方法和行为。

目前国内对财务管理目标主要有两种认识：一种是利润最大化，另一种是企业价值最大化。

1.利润最大化

所谓利润最大化，是指财务管理以最大利润为目标，其表现形式有两种：一种为利润的绝对额最大，另一种是利润的相对额即每股收益最大。

以利润最大化作为财务管理目标有其合理的一面。在市场经济条件下，企业是营利性的经济实体，利润的高低在很大程度上体现了企业经济效益的高低，如果长期亏损，势必会导致企业资不抵债且陷入破产的境地。追求利润最大化，要求企业降低成本、增加收入，这对企业发展有较大作用。但片面追求财务报表上的短期利润最大化，特别是以利润指标作为评价企业绩效和经营者业绩的基本指标，有时反映的情况并不真实客观，如某些好的企业可能会被评价为坏的企业，并且会使经营者采取一些短期行为。以利润最大化作为目标产生的弊端主要表现在以下几个方面：

（1）会产生“有利无钱”的现象；

（2）会促使经营者少提或不提折旧，少摊或不摊费用损失；

（3）会使经营者放弃有前途的投资项目，采取短期行为；

（4）因追求利润最大化而忽略了时间价值因素；

（5）利润最大化目标没有充分反映风险因素。

综上所述，将利润最大化作为财务管理目标或经营目标，是对财务管理目标的浅层次认识，也是对企业生存价值和企业经济效益的片面认识。现代财务管理认为，利润最大化并不是财务管理的最优目标。

2.企业价值最大化

企业价值最大化，是指企业的市场价值最大化。投资者投资创办企业，根本目的是要使资本增值，尽可能多地为自身创造财富，这种财富决定了企业未来能够给投资者带来多少回报。而这种回报一方面取决于企业为投资者赚多少钱，实现真实的利润有多少；另一方面则取决于投资者转让股权换取的现金有多少。通俗地讲，企业价值就是指企业本身值多少钱。企业虽不是一般意义上的商品，但也可以买卖，而要买卖就必然要对企业进行市场评价，通过市场评价确定企业的市场价格或者企业价值。在对企业进行评价时，重点不是企业已经获得的利润的大小，而是潜在的赚钱能力。因此，企业价值不是账面资产的总价值，而是企业资产作为一个整体的市场价值，即企业有形资产和无形资产总体的市场评价，这种评价体现在潜在或预期的赚钱能力或净现金流量上。投资者在确定企业价值时，是以企业未来各期预期产生的净现金流量的折现值之和为基础的。未来各期的净现金流量是按可能实现的概率来计算的，而折现率则反映投资者对投资风险报酬的要求。这种计算方法既考虑了资金的时间价值问题，也考虑了未来的风险问题。企业所得的净现金流量越多，实现的时间越短，实现的金额越确定，则企业的价值越大。具体来说，决定企业价值大小的因素主要有以下几个方面：

（1）未来各期净现金流量多少。企业的本质职能是赚钱，赚钱的多少体现在现金流量上，与企业实现的利润多少有一定差异。

（2）企业寿命长短。企业价值，是指企业在未来各期获得的净现金流量的折现值之和。企业的寿命越长，产生净现金流量的期数就越多，其折现值之和就越大，相应地，企业价值也就越大。如果企业能够保持长期生存发展，企业价值就会增长。

（3）风险大小。风险，是指企业未来面临的不确定性。风险大小表现在未来净现金流量和企业寿命的不确定性上，影响企业的净现金流量和寿命。

（4）其他因素。其他因素是指对企业价值有影响而对近期利润有很小影响或会降低利润的一些潜在因素，主要包括资产升值、市场开发、资本公积金增加等。

以企业价值最大化为财务管理目标更科学。追求企业价值最大化实际上是追求企业能够长期、稳定、健康地发展。以企业价值大小来评价企业经营业绩更加客观真实。企业价值最大化是最优的财务管理目标体现在以下几个方面：

第一，企业价值最大化更客观真实，反映了企业的本质属性。决定企业价值大小的最基本因素是净现金流量。企业可以通过一些手段合法调节利润，但却调节不了现金流量，所以现金流量比利润更加客观真实。企业的本质属性是赚钱，而净现金流量反映的正是企业赚钱多少。

第二，克服了企业在追求利润最大化方面的短期行为。企业价值大小不仅取决于近期利润的大小，还取决于未来利润的大小。以企业价值最大化作为财务管理目标，要求经营者必须考虑企业的长远发展，不断创造未来的利润增长点。

第三，以价值最大化作为财务管理目标考虑了货币的时间价值和风险因素。不同时间点上的资金价值不同，确定企业价值是将不同时点的净现金流量折现到同一时点后加和，考虑了资金的时间价值。在预期未来现金流量和折现率时，都会考虑不确定因素的影响，即风险的大小。一般而言，报酬与风险共存，报酬的增加是以风险的增大为代价的，而风险的增大又会影响企业的生存与发展。因此，企业必须在考虑报酬的同时考虑风险。企业价值只有在报酬与风险达到均衡时才能达到最大。

综上所述，企业价值最大化是对财务管理目标深层次的认识，这也是本书采纳的观点。

1.3 财务管理的核心内容

成功的企业经营和良好的业绩取决于管理者的正确决策。一般来说，管理者代替企业所有者作决策，他们决策如何运用内部和外部财务资源为股东创造财富。尽管不同企业面临的问题各不相同，但财务决策一般包括投资决策、筹资决策、经营决策和股利分配决策四种基本决策。

所有决策都会不同程度地引起资本运动，都对资本流动方式和规模产生影响，包括资本筹集和资本运用。而所有资本运动综合作用，在经营一定时期后，实现了企业价值增值，从而说明股东的财富实现了增值。为股东创造价值取决于企业对四种基本决策的管理：根据全面的财务分析选择并进行投资，通过提高资金的使用效率，不断增加利润；谨慎地管理企业筹资，认真权衡预期收益和财务风险。

1.3.1 投资决策

投资是所有企业经营的基本原动力。企业投资可分为对内投资和对外投资两种。按照投资形态，又可分为实物投资和证券投资两类。投资决策是财务决策的重要组成部分。投资决策与生产经营领域和生产能力的扩大、生产手段及设备更新、生产方式及工艺的改变以及对外直接投资等诸多因素有关。

投资决策的核心是在多个供选择的投资方案中选择一个最佳方案。因为投资决策的投资数额大、占用时间长，所以承担的风险也大。一旦投资决策不当，不但会增加投资费用，延长建设周期，而且还会影响企业生产经营活动的支出和效益。因此，在每年制定预算时，财务人员通常要从许多预期能为股东带来收益的新投资项目中作出选择。

选定投资方案的标准一般是现值和收益的价值概念，如净现值、内含报酬率、投资收益率、净资产收益率等，用这些标准对投资和经营的现金收益作出经济权衡。如果分析表明，从某一投资活动中撤出来更为经济合理，那么企业就应该采取投资的反向活动，即撤资，将资产出售或将某一经营机构作为一个经济实体出售，从而使企业更有效地利用被占用的资本，也为企业其他活动提供资金。

无论投资还是撤资，都必须符合企业经营特点和需要，也要符合管理者制定的财务政策。例如选定的投资方案符合企业发展战略，将使目前的市场或潜在的市场发展迅速，但未来的投资增加可能会受到财务决策下企业筹资能力的限制。

1.3.2 筹资决策

筹资，是指企业为满足投资和日常经营的需要所进行的筹集资金行为。企业筹资有多个渠道。首先，企业可以从投资者那里获取资金，这种资金来源属于权益性资金。其次，企业也可以从债权人（银行等机构）那里获取借款，这种资金来源属于债务性资金。最后，企业还可以通过内部盈利留存等方式获取资金。筹资决策的关键是决定各种资金来源在总资金中所占的比重，即确定资本结构，以使筹资风险和筹资成本相对应。

资本结构决策涉及选择权益资本和长期负债资本的比例，在充分考虑财务风险和偿还能力后，应该达到预期的盈利水平。权益资本和负债资本的筹集方式有很多，关键是谨慎利用固定成本借入的资金，将其投入能够带来比借款利息更高收益的项目上，收支差额将增加股东价值，即对风险和预期收益进行比较。资本结构中债务比例越高，从利润中用于支付利息的比例就越大，财务风险就越大。

衡量筹资决策的主要标准包括每股收益、股利支付率、已获利息倍数、资产负债率、偿债比率、各种资本来源的资本成本及综合资本成本等指标。

1.3.3 经营决策

企业经营业绩取决于对经营能力的了解和开发利用。经营决策主要是决策如何有效地利用资金，为选择的市场服务，确定适当的价格和服务政策，满足客户需求，提高企业竞争力。财务人员必须权衡竞争价格、销售和价格对利润的影响，讲求成本效益，从而在竞争中保持不败。

正确管理营运资本是企业经营成功的基本条件。权衡营运资本的需求与来源会产生事半功倍的效果。为了达到最佳经济效益，企业必须花费大量的时间和精力来平衡其运营资本。财务人员必须了解不同类型经营对资本来源和运用的影响，如季节性变化、周期性变化、迅速增长或下降等，以合理安排现金流量。

企业经营状况是管理者连续经营决策的结果。对企业的经营状况进行分析，可以对经营决策是否正确作出判断，例如评估经营效率和盈利能力等。当然任何时候对企业的深刻了解都是相对的，因为业务和经营情况在企业间、行业间的差别很大，况且要作出最经济的判断还需要借助财务数据，以反映现时的经济价值和情况。

1.3.4 股利分配决策

企业在经过一段时间的经营后会产生盈利。企业的投资者可能需要收回部分盈利，而企业也可能因为有比较好的投资项目需要将盈利留存在企业内部，因此如何确定盈利留存和分配的比例成为财务管理的重要内容。此外分配利润的形式也很重要。企业的投资者不同，所需要的利润分配形式也不同，如：过高的股利支付率，会影响企业再投资的能力，会使未来收益减少，造成股价下跌；过低的股利支付率，可能会引起股东的不满，股价也会下跌。

股利决策受多种因素影响，包括税法对股利和出售股票收益的不同处理、未来公司的投资机会、各种资金来源及其成本、股东对当期收入和未来收入的相对偏好等。公司根据具体情况确定最佳的股利政策是财务决策的一项重要内容。

上述投资决策、筹资决策、经营决策和股利分配决策一致是企业经营成功的关键。企业在制定发展的增长目标时，如果采取的是限制自身的保守的财务政策，就不易有效。同样，如果将经营利润大部分用于支付股利，同时实行严格的借款政策，就会与迅速发展市场并保持市场份额的目标冲突。因此，财务管理决策的选择必须经过认真的权衡与分析。

1.4 财务管理原则

财务管理原则，是指财务管理人员在组织开展各种财务管理工作时应遵循的基本准则。在财务管理实践中，人们逐渐总结出一些在财务管理中具有普遍指导意义的规则，这些规则逐渐成为财务管理原则。具体来看，财务管理原则主要有以下几条。

1.4.1 风险-报酬权衡原则

风险-报酬权衡原则，是指风险和报酬之间存在对等关系，投资人必须对报酬和风险作出权衡，为追求较高报酬而承担高风险，或者为降低风险而接受较低的报酬。所谓“对等关系”，是指高收益的投资机会必然伴随着高风险，低风险的投资机会必然只有较低的收益。

在财务交易中：当其他一切条件相同时，人们倾向于高报酬和低风险；如果两个投资机会除了报酬不同以外，其他条件（包括风险）都相同，人们会选择报酬较高的投资机会；如果两个投资机会除了风险不同以外，其他条件（包括报酬）都相同，人们会选择低风险的投资机会。如果人们都倾向于高报酬和低风险，而且都在按照他们自己的经济利益行事，那么竞争结果就产生了风险和报酬之间的权衡。不可能在低风险的同时获取高报酬，因为这是每个人都想得到的。即使你最先发现了这样的机会并率先行动，别人也会迅速跟进，竞争会使报酬率降至与风险相当的水平。因此，现实的市场中只有高风险同时高报酬和低风险同时低报酬的投资机会。

要想有一个获得巨大收益的机会，就必须冒可能遭受巨大损失的风险。每一个市场参与者都在风险和报酬之间作权衡。有的人偏好高风险、高报酬，有的人偏好低风险、低报酬，但是每个人都要求风险与报酬对等，不会去冒没有价值的风险。

1.4.2 投资分散化原则

投资分散化原则，是指不要把全部财富投资于一个公司，而要分散投资。

投资分散化原则的理论依据是投资组合理论。马科维茨的投资组合理论认为，若干种股票组成的投资组合，其收益是这些股票收益的加权平均数，但其风险要低于这些股票的加权平均风险，所以投资组合能降低风险。

如果一个人把他的全部财富投资于一个公司，这个公司一旦破产了，他就失去了全部财富。如果他投资于10个公司，只有10个公司全部破产，他才会失去全部财富。10个公司全部破产的概率比1个公司破产的概率要小得多，所以投资分散化可以降低风险。

分散化原则具有普遍意义，不仅仅适用于证券投资，对公司的各项决策来说也都适用。不应当把公司的全部投资集中于个别项目、个别产品和个别行业，不应当把销售集中于少数客户，不应当使资源供应集中于个别供应商，重要的事情不要依赖一个人完成，重要的决策不要由一个人作出。凡是有风险的事项，都要贯彻分散化原则，以降低风险。

1.4.3 货币时间价值原则

货币时间价值原则，是指在进行财务计量时要考虑货币时间价值因素。货币的时间价值，是指货币在经过一定时间的投资和再投资后所增加的价值。

货币具有时间价值的依据是它被投入市场后，数额会随着时间的延续而不断增加。这是一种普遍的客观经济现象。要想让投资人把钱拿出来，市场必须给他们一定的报酬。

货币时间价值原则的首要应用是现值概念。由于现在的1元货币比将来的1元货币经济价值大，不同时间的货币价值不能直接加减运算，需要进行折算。通常，要把不同时点的货币价值折算到“现在”时点，然后进行运算或比较。把不同时点的货币折算为“现在”时点的过程，称为折现。折现使用的百分率称为折现率，折现后的价值称为现值。财务估价中，广泛使用现值计量资产的价值。

货币时间价值的另一个重要应用是“早收晚付”观念。对于不附带利息的货币收支，与其晚收不如早收，与其早付不如晚付。货币在自己手里，可以立即用于消费而不必等到将来再去消费，可以投资获利而无损于原来的价值，可以用于预料不到的支付，因此早收、晚付在经济上是有利的。

1.4.4 净增效益原则

净增效益原则，是指财务决策建立在净增效益的基础上，一项决策的价值取决于它和替代方案相比所增加的净收益。

一项决策的优劣是与其他可替代方案（包括维持现状而不采取行动）相比较而言的。如果一个方案的净收益大于替代方案，就认为它是一个比替代方案好的决策，其价值是增加的净收益。在财务决策中，净收益通常用现金流量计量。一个方案的净收益是指该方案现金流入减去现金流出的差额，也称为现金流量净额。一个方案的现金流入是指该方案引起的现金流入量的增加额。一个方案的现金流出是指该方案引起的现金流出量的增加额。方案引起的增加额，是指这些现金流量依存于特定方案，如果不采纳该方案就不会发生这些现金的流入和流出。

净增效益原则的应用领域之一是差额分析法，也就是在分析投资方案时，只分析它们有区别的部分，而省略分析其相同的部分。净增效益原则初看似乎很容易理解，但实际贯彻起来却需要非常清醒的头脑，需要周密地考察方案对企业现金流量总额的直接和间接影响。例如：一项新产品投产的决策引起的现金流量，不仅包括新设备投资，还包括动用企业现有非货币资源对现金流量的影响；不仅包括固定资产投资，还包括需要追加的营运资金；不仅包括新产品的销售收入，还包括对现有产品销售产生的积极或消极的影响；不仅包括产品直接引起的现金流入和流出，还包括对公司税负的影响等。

净增效益原则的另一个应用是沉没成本概念。沉没成本，是指已经发生、不会被以后的决策改变的成本。沉没成本与将要采纳的决策无关，因此在分析决策方案时应将其排除。

1.4.5 资源优化配置原则

企业作为一个财务主体，拥有货币、员工、财物等各种资源，这些资源都是企业付出一定代价获得的，企业必须合理地使用这些资源，才能保证其所获得的现金流入超过资源消耗，取得经济效益。然而企业的各种资源只有配合使用才能生产出社会需要的商品和服务，获得现金收入。企业的各种资源配置方法不同，其所产生的现金流入也不同，因此企业应选择最优的资源配置方案，以取得最佳的经济效益。

资源优化配置原则要求财务管理人员在开展财务管理活动时，既要保证有限资源得到充分利用，以防止资源闲置，又要分析计算各种不同的资源配置方案所产生的效益，从效益最佳的角度出发，优先保证资源使用效益最佳的决策方案得到资源配置。在企业的预算管理、投资项目决策等财务管理活动中，财务管理人员要根据资源优化配置原则，确定各部门、各投资项目的资金分配，以保障企业的效益不断提高。

1.4.6 动态平衡原则

财务管理的中心是企业的资金运动。在企业的运营中，只有资金周转顺畅，才能保证企业的正常运转，否则企业可能会陷入财务危机。在市场经济中，由于许多不确定因素的存在，企业的资金流入和流出在某一个时段可能会不均衡。在这种情况下，如果企业不能预计这一现象的发生，进而采取预防措施，就无法保证资金周转顺畅。为此，财务管理人员要定期预计未来一段时期（一个月、一个季度、一年）可能的现金流入和流出，进而发现现金流入和流出可能会不均衡的未来状况，及时采取控制措施（筹集资金或组织闲置资金投资），保持未来现金收支的大致均衡。因此，动态平衡原则就是要求财务管理人员能及时预测未来的现金流入和流出，及时发现企业可能出现的现金流入和流出失衡，从而采取针对措施，保持企业资金流动的长期动态平衡。

思考题

1.财务管理的发展经历了哪几个阶段？每个阶段涉及的主要方面是什么？

2.为什么说财务管理的目标不是利润最大化而是企业价值最大化？

3.财务经理的主要工作是什么？

练习题

假设你毕业于财务专业，在一家咨询公司上班。你的一位客户李华颇为看好养老产业，打算在国内创办一家现代化养老院，已有多位出资者表示愿意对李华的公司出资。鉴于采用发行股票方式设立公司的手续较复杂，李华打算采用有限责任公司的组织形式。她想通过咨询你来了解有关财务管理方面的问题。

要求：你的老板设计了下面这些问题，让你通过这些问题来帮助李华了解财务管理相关知识。

1.作为公司的财务人员，财务管理的目标是什么？在实施这一目标的过程中，可能遇到的问题有哪些？应如何解决？

2.企业的财务活动有哪些内容？财务人员在开展这些活动时需要注意的问题是什么？

第 2 章　货币时间价值与风险

学习指导

学习重点：理解货币时间价值的概念和原理，掌握货币时间价值的计算以及风险的度量。

学习难点：理解普通年金、预付年金与递延年金的区别；准确区分三种年金形式，并计算其终值与现值；掌握资本资产定价模型。

案例导读：

几年前，一位人类学家在一件遗物中发现一个声明。声明显示：凯撒曾借给某人1便士，但并没有记录这1便士是否已偿还。这位人类学家想知道，如果在21世纪，凯撒的后代想向借款人的后代要回这笔钱，本息值总共是多少。他认为6%的利率是比较合适的。令他震惊的是，2 000多年后，这1便士的本息值竟超过了整个地球上的所有财富。

2.1 货币时间价值

货币时间价值是现代财务管理的基础观念之一，因其非常重要并且涉及所有财务管理活动，故有人将它称为财务管理的“第一原则”。

货币时间价值，是指货币经历一定时间的投资和再投资所增加的价值。

在商品经济中，有这样一种现象，即现在的1元钱和一年后的1元钱的经济价值不相等，或者说经济效用不同。现在的1元钱比一年后的1元钱的经济价值要大一些，即使不存在通货膨胀也是如此。为什么会这样呢？例如将现在的1

元钱存入银行，一年后可得1.10元（假设存款利率为10%）。这1元钱经过一年时间的投资增加了0.10元，这就是货币的时间价值。在实务中，人们习惯使用相对数字表示货币的时间价值，即用增加值占投入货币的百分数来表示，例如前述货币的时间价值为10%。

货币投入生产经营后，其数额会随着时间的延续不断增长，这是一种客观的经济现象。企业资金循环和周转的起点是投入货币资金，企业用它来购买所需的资源，然后生产出新的产品，产品出售时得到的货币量大于最初投入的货币量。资金循环和周转以及因此实现的货币增值，需要或多或少的时间，每完成一次循环，货币就增加一定数额，周转的次数越多，增值额也越大。因此，随着时间的延续，货币总量在循环和周转中按几何级数增长，使得货币具有时间价值。

从量的规定来看，货币的时间价值是在没有风险和没有通货膨胀的条件下的社会平均利润率。由于竞争，市场经济中各部门投资的利润率趋于平均化。企业在投资项目时，至少要取得社会平均利润率，否则不如投资于另外的项目或另外的行业。因此，货币的时间价值成为评估价值最基本的原则。

由于货币随时间的延续而增值，现在的1元钱与将来的1元多钱甚至是几元钱在经济上是等效的。换一种说法，就是现在的1元钱和将来的1元钱的经济价值不相等。由于不同时间单位货币的价值不相等，所以不同时间的货币收入不宜直接进行比较，需要把它们换算到相同的时间基础上，然后才能进行大小的比较和比率的计算。货币随时间的延续而增长的过程与复利的计算过程在数学上是相似的，因此在换算时广泛使用复利计算的各种方法。

2.2 货币时间价值的计算

2.2.1 复利终值和现值

复利是计算利息的一种方法。按照这种方法，每经过一个计息期，要将所生利息加入本金再计利息，逐期滚算，俗称“利滚利”。这里所说的“计息期”，是指相邻两次计息的时间相隔，如年、月、日等。除非特别指明，计息期一般为一年。

1.复利终值

例2-1 某人将10 000元投资于一项事业，年报酬率为6%，经过1年时间，期终金额为

$$\begin{aligned}F&=P+Pi\\&=P(1+i)\\&=10\,000\times(1+6\%)=10\,600\text{（元）}\end{aligned}$$

若此人并不提走现金，将10 600元继续投资于该事业，则第二年本利和为

$$\begin{aligned}F&=P(1+i)(1+i)\\&=P(1+i)^2\\&=10\,000\times(1+6\%)^2\\&=10\,000\times1.123\,6=11\,236\text{（元）}\end{aligned}$$

同理，第三年的期终金额为

$$\begin{aligned}F&=P(1+i)^3\\&=10\,000\times(1+6\%)^3\\&=10\,000\times1.191=11\,910\text{（元）}\end{aligned}$$

第n年的期终金额为

$$F=P(1+i)^n$$

上式是计算复利终值的一般公式，其中的$(1+i)^n$ 被称为复利终值系数或1元的复利终值，用符号（$F/P,i,n$）表示。例如（F/P,6%,3）表示利率为6%的3期复利率终值的系数。为了便于计算，可查阅“复利终值系数表”（见本书附表一）。该表的第一行是利率i，第一列是计息期数n，相应的（1+i）^{n}值在其纵横相交处。通过该表可查出，（F/P,6%,3）= 1.191。在时间价值为6%的情况下，现在的1元和3年后的1.191元在经济上是等效的，根据这个系数可以把现值换算成终值。

复利终值系数表的作用不仅在于已知 i 和 n 时查找 1 元的复利终值，而且可在已知 1 元复利终值和 n 时查找 i，或已知 1 元复利终值和 i 时查找 n。

例2-2 某人有1 200元，拟投入报酬率为8%的投资机会，经过多少年才可使现有货币增加1倍？

$$F=1\ 200\times 2=2\ 400$$

$$F=1\ 200\times(1+8\%)^n$$

$$2\ 400=1\ 200\times(1+8\%)^n$$

$$(1+8\%)^n=2$$

查“复利终值系数表”，在i=8%的列中寻找2，对应的n为9，即

$$(F/P,8\%,9)=1.999$$

所以$n=9$，即9年后可使现有货币增加1倍。

例2-3 现有1 200元，欲在19年后使其达到原来的3倍，选择投资机会时最低可接受的报酬率为多少？

$$F=1\ 200\times 3=3\ 600$$

$$F=1\ 200\times(1+i)^{19}$$

$$3\ 600=1\ 200\times(1+i)^{19}$$

$$(1+i)^{19}=3$$

$$(F/P,i,19)=3$$

查“复利终值系数表”，在$n=19$的行中寻找3，对应的i值为6%，即

$$(F/P,6\%,19)=3$$

所以$i=6\%$才可使现有货币在19年后达到3倍。

2.复利现值

复利现值是复利终值的对称概念，指未来一定时间的特定资金按复利计算的现金价值，或者说是为取得将来一定本利和现在所需的本金。

复利现值计算，是指已知F、i、n时，求P。

通过复利终值计算已知：

$$F=P(1+i)^n$$

则：

$$P=\frac{F}{(1+i)^n}=F(1+i)^{-n}$$

上式中的（$1+i$）$^{-n}$是把终值折算为现值的系数，称为现值系数，或称1元的复利现值，用符号（$P/F,i,n$）来表示。例如（P/F,10%,5）表示利率为10%时5期的复利现值系数。为了便于计算，可查阅“复利现值系数表”（见本书附

表二），该表的使用方法与“复利终值系数表”相同。

例2-4 某人拟在5年后获得本利和10 000元，假设投资报酬率为10%，他现在应投入多少元？

$$\begin{aligned} P &= F(P/F,i,n) \\ &= 10\,000(P/F,10\%,5) \\ &= 10\,000\times 0.621 = 6\,210\text{（元）} \end{aligned}$$

所以他现在应投入6 210元。

3.复利息

本金P的n期复利息：

$$I = F - P$$

例2-5 某人将1 000元投资5年，利率8%，每年复利一次，其本利和复利利息是多少元？

$$\begin{aligned} F &= 1\,000\times(1+8\%)^5 \\ &= 1\,000\times 1.469 = 1\,469\text{（元）} \end{aligned}$$

$$I = 1\,469 - 1\,000 = 469\text{（元）}$$

所以本利是1 496元，复利利息是469元。

2.2.2 普通年金终值和现值

年金，是指等额、定期的系列收支。例如分期偿还贷款、发放养老金、分期支付工程款、每年相同的销售收入等，都属于年金收付形式。

普通年金又称后付年金，是指各期期末收付的年金。普通年金收付形式如图2-1所示。横线代表时间的延续，用数字标出各期的顺序号；竖线位置表示支付时刻，竖线下端的数字表示收付的金额。

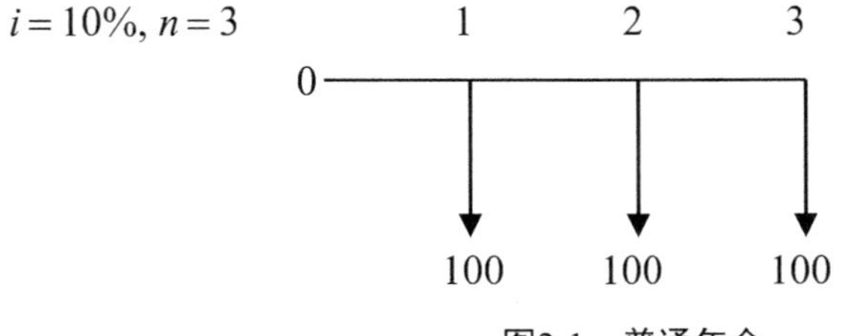

图2-1 普通年金

1.普通年金终值

普通年金终值，是指其最后一次支付的本利和，它是每年支付的复利终值之和。例如按图2-1的数据，其第3期末的普通年金终值可计算，过程如图2-2所示。

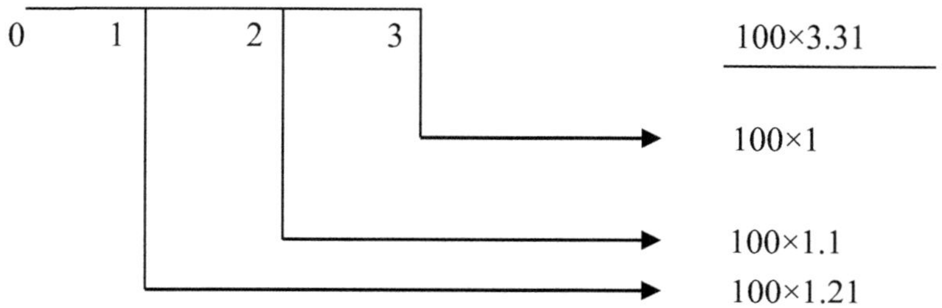

图2-2　普通年金终值

在第1期末的100元，应赚得2期的利息，因此到第3期末，其值为121元；在第2期末的100元，应赚得1期利息，因此到第3期末，其值为110元；第3期末的100元，没有计息，其值为100元。整个年金终值为331元。

如果年金的期数很多，用上述方法计算终值显然比较烦琐。由于每年支付额相等，折算终值的系数又是有规律的，所以可以找出简便的计算方法。

设每年的支付额为 A，利率为 i，期数为 n，则按复利计算的普通年金终值 F 为

$$F = A + A(1+i) + A(1+i)^2 + \cdots + A(1+i)^n$$

等式两边同乘$(1+i)$：

$$(1+i)F = A(1+i) + A(1+i)^2 + A(1+i)^3 + \cdots + A(1+i)^n$$

上述两式相减：

$$(1+i)F - F = A(1+i)^n - A$$

$$F = \frac{A(1+i)^n - A}{(1+i)-1}$$

$$F = A\frac{(1+i)^n - 1}{i}$$

式中的$\frac{(1+i)^n - 1}{i}$是普通年金终值系数，是指1元在利率为i时经过n期的年

金终值，记作$(F/A,i,n)$。可据此编制“年金终值系数表”（见本书附表三）。

2.普通年金现值

普通年金现值，是指为在每期期末取得相等金额的款项，现在需要投入的金额。

例2-6 某人出国3年，请你代付房租，每年租金为100万元，设银行存款利率为10%，他应当现在给你在银行存入多少钱？

这个问题可以表述为：请计算$i=10\%$，$n=3$，$A=100$时，年终付款的现在等效值是多少？

如图2-3所示，设年金现值为P，则：

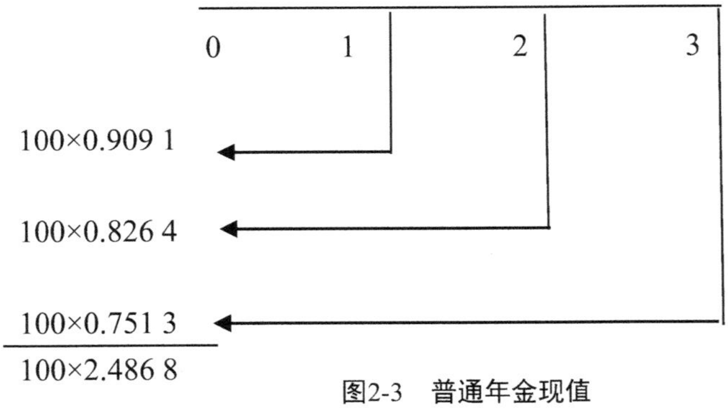

图2-3 普通年金现值

$$\begin{aligned}P&=100\times(1+10\%)^{-1}+100\times(1+10\%)^{-2}+100(1+10\%)^{-3}\\&=100\times0.909\,1+100\times0.826\,4+100\times0.751\,3\\&=100\times(0.909\,1+0.826\,4+0.751\,3)\\&=100\times2.486\,8\\&=248.68\text{（万元）}\end{aligned}$$

计算普通年金现值的一般公式为

$$P=A(1+i)^{-1}+A(1+i)^{-2}+\cdots+A(1+i)^{-n}$$

等式两边同乘$(1+i)$：

$$P(1+i)=A+A(1+i)^{-1}+\cdots+A(1+i)^{-(n-1)}$$

后式减前式：

$$P(1+i)-P=A-A(1+i)^{-n}$$

$$Pi = A[1-(1+i)^{-n}]$$

$$P = A\frac{1-(1+i)^{-n}}{i}$$

式中的$\frac{1-(1+i)^{-n}}{i}$是普通年金现值系数，是指 1 元在利率为 i 时经过 n 期的年金现值，记作$(P/A,i,n)$。可据此编制“年金现值系数表”（见本书附表四）。

根据**例2-6**可知

$$P = A(P/A,i,n) = 100\times(P/A,10\%,3)$$

经查表可知

$$(P/A,10\%,3) = 2.487$$

所以

$$P = 100\times 2.487 = 248.7\text{（万元）}$$

例2-7 某人拟购置一台柴油机替换目前使用的汽油机，每月可节约燃料费用60元，但柴油机价格较汽油机高1 500元，问柴油机使用多少年才合算？（假设年利率为12%，每月复利一次。）

$$P = 1\ 500$$

$$P = 60\times(P/A,1\%,n)$$

$$1\ 500 = 60\times(P/A,1\%,n)$$

$$(P/A,1\%,n) = 25$$

查“年金现值系数表”可知：

$$n = 29$$

因此，柴油机的使用寿命至少应达到29个月，否则不如购置价格较低的汽油机。

例2-8 某人以10%的利率借款20 000元，投资于某个寿命为10年的项目，每年至少要收回多少现金才是有利的？

据普通年金现值的计算公式可知：

$$P = A(P/A,i,n)$$

$$= A\frac{1-(1+i)^{-n}}{i}$$

$$A = P\frac{i}{1-(1+i)^{-n}}$$

$$= 20\,000 \times \frac{10\%}{1-(1+10\%)^{-10}}$$

$$= 20\,000 \times 0.162\,7 = 3\,254 \text{（元）}$$

因此，每年至少要收回现金3 254元，才能还清贷款本利。

上述计算过程中的$\frac{i}{1-(1+i)^{-n}}$是普通年现值系数的倒数，它可以把普通年现值折算为年金，称投资回收系数。

2.2.3 预付年金终值和现值

预付年金，是指每期期初支付的年金，又称即付年金。预付年金支付形式如图2-4所示。

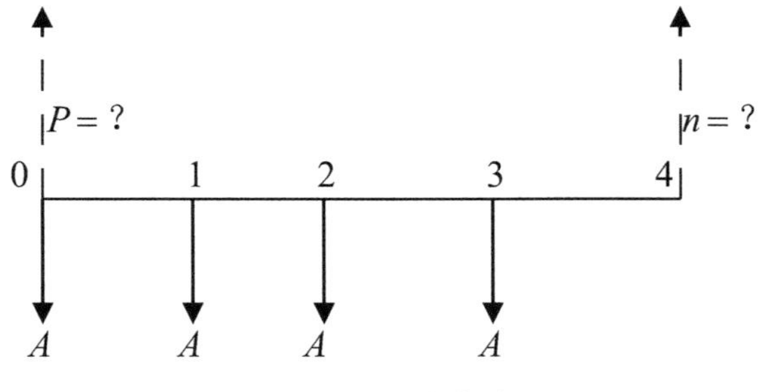

图2-4　预付年金

1.预付年金终值

预付年金终值的计算公式为

$$F = A(1+i)+A(1+i)^2+\cdots+A(1+i)^n$$

式中各项为等比数列，首项为$A(1+i)$，公比为$1+i$，根据等比数列的求和公式可知：

$$F=\frac{A(1+i)\left[1-(1+i)^n\right]}{1-(1+i)}$$
$$=A\frac{(1+i)-(1+i)^{n+1}}{-i}$$
$$=A\left[\frac{(1+i)^{n+1}-1}{i}-1\right]$$

式中的$\frac{(1+i)^{n+1}-1}{i}-1$是预付年金系数，或称1元的预付年金终值。它与普通年金终值系数$\frac{(1+i)^n-1}{i}$相比，期数加1，而系数减1，可记作$[(F/A,i,n+1)-1]$，并可利用“年金终值系数表”查得$n+1$期的值，减去1后得出预付年终值是多少。

例2-9　$A=200$，$i=8\%$，$n=6$的预付年金终值。

$$F=A[(F/A,i,n+1)-1]$$
$$=200\times[(F/A,8\%,6+1)-1]$$

查“年金终值系数表”：

$$(F/A,8\%,7)=8.923$$
$$F=200\times(8.923-1)=1\ 584.6（元）$$

2.预付年金现值

预付年金现值计算的公式为

$$P=A+A(1+i)^{-1}+A(1+i)^{-2}+\cdots+A(1+i)^{-(n-1)}$$

式中各项为等比数列，首项是A，公比是$(1+i)^{-1}$，根据等比数列求和公式：

$$P=\frac{A\left[1-(1+i)^{-n}\right]}{1-(1+i)^{-1}}$$
$$=A\frac{1-(1+i)^{-n}}{\frac{1+i}{1+i}-\frac{1}{1+i}}$$
$$=A\frac{[1-(1+i)^{-n}](1+i)}{i}$$

$$=A\left[\frac{1-(1+i)^{-(n-1)}}{i}+1\right]$$

式中的$\frac{1-(1+i)^{-(n-1)}}{i}+1$是预付年金现值系数，或称1元的预付年金现值。它和普通年金现值系数$\frac{1-(1+i)^{-n}}{i}$相比，期数要减1，而系数要加1，可记作$[(P/A,i,n-1)+1]$。可利用“年金现值系数表”查得$n-1$期的值，然后加1，得出1元的预付年金现值。

例2-10 某人以6年分期付款购物，每年年初付2 000元，设银行利率为10%，该项分期付款相当于一次现金支付的购价是多少？

$$P=A[(P/A,i,n-1)+1]$$
$$=2\ 000\times[(P/A,10\%,5)+1]$$
$$=2\ 000\times(3.791+1)=9\ 582\text{（元）}$$

所以该项分期付款相当于一次现金支付的购价是9 582元。

2.2.4 递延年金终值和现值

递延年金，是指第一次支付发生在第2期或第2期以后的年金。递延年金的支付形式如图2-5所示。从图2-5可以看出，前3期没有发生支付。一般用m表示递延期数，本例的$m=3$。第一次支付在第4期末，连续支付4次，即$n=4$。

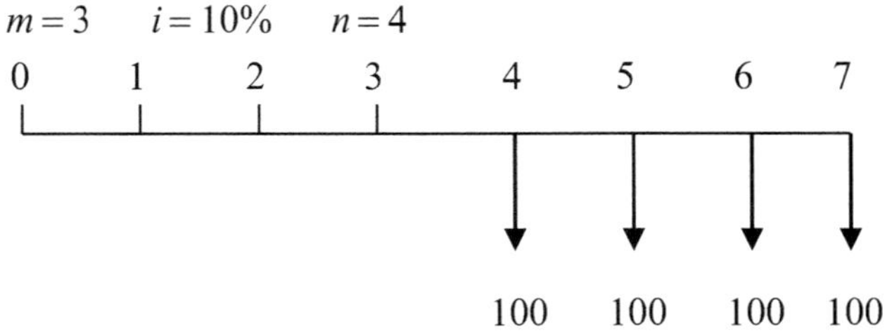

图2-5 递延年金

递延年金终值的计算方法和普通年金终值类似：

$$F=A(F/A,i,n)$$
$$=100\times(F/A,10\%,4)$$

$$=100\times4.641=464.1\text{（元）}$$

递延年金的现值计算方法有两种：

第一种方法是把递延年金视为n期普通年金，求出递延期末的现值，然后再将此现值调整到第一期初（即图2-5中0的位置）：

$$\begin{aligned}P_3&=A(P/A,i,n)\\&=100\times(P/A,10\%,4)\\&=100\times3.17=317\text{（元）}\\P_0&=P_3(1+i)^{-m}\\&=317\times(1+10\%)^{-3}\\&=317\times0.751\,3=238.16\text{（元）}\end{aligned}$$

第二种方法是假设递延期中也进行支付，先求出$m+n$期的年金现值，然后扣除实际并未支付的递延期m的年金现值，即可得出最终结果。

$$\begin{aligned}P_{m+n}&=100\times(P/A,i,m+n)\\&=100\times(P/A,10\%,3+4)\\&=100\times4.868=486.8\text{（元）}\\P_m&=100\times(P/A,i,m)\\&=100\times(P/A,10\%,3)\\&=100\times2.487=248.7\text{（元）}\\P_n&=P_{m+n}-P_m\\&=486.8-248.7=238.1\text{（元）}\end{aligned}$$

2.2.5 永续年金现值

无限期定额支付的年金，称为永续年金。现实中的存本取息，可视为永续年金的一个例子。

永续年金没有终值。永续年金的现值可以通过普通年金现值的计算公式导出：

$$P=A\frac{1-(1+i)^{-n}}{i}$$

当$n=\infty$时，$(1+i)^{-n}$的极限为0，故上式可写成：

$$P = A\frac{1}{i}$$

例2-11 某校拟建立一项永久性的奖学金，每年计划颁发10 000元奖金。若利率为10%，现在应存入多少钱？

$$P = 10\ 000 \times \frac{1}{10\%}$$
$$= 100\ 000\text{（元）}$$

2.3 风险与报酬

风险是一个非常重要的财务概念。任何决策都有风险，这使得风险观念在财务管理中具有普遍意义。因此，有人说时间价值和风险价值是财务管理中最重要的两个基本原则。

从增加企业价值的目标来看，折现率应当根据投资者要求的必要报酬率来确定。必要报酬率的高低取决于投资风险，风险越高，要求的必要报酬率就越高。不同风险的投资，需要使用不同的折现率。那么投资的风险应该如何计量？特定的风险需要多少报酬来补偿？这些就成为选择折现率的关键问题。

2.3.1 风险与收益的衡量

1.风险的概念

“风险”一词，在近代社会使用得越来越频繁。人们在不同意义上使用“风险”一词。《现代汉语词典》（第7版）对“风险”进行了解释，认为风险是 “可能发生的危险”，似乎风险是危险的一种，是危险中“可能发生”的部分。人们在日常生活中所讲的“风险”，实际上是指危险，意味着损失或失败，是一种不好的事情。为此有人把“风险”定义为：“风险是发生财务损失的可能性。”发生损失的可能性越大，资产的风险就越高。风险可以用不同结果出现的概率来描述。结果可能是好的，也可能是坏的。坏结果出现的概率越大，风险就越高。这个定义非常接近日常生活中使用的概念，主要强调风险可能带来的损失，与危险的含义类似。

在对风险进行深入研究以后人们发现，风险不仅可以带来超出预期的损失，也可能带来超出预期的收益。于是就出现了一个更正式的定义：“风险是预期结果的不确定性。”风险不仅包括负面效应的不确定性，还包括正面效应的不确定性。新的定义要求区分风险和危险。危险专指负面效应，是损失发生及其程度的不确定性。人们对于危险，需要识别、衡量、防范和控制，即对危险进行管理。保险活动就是针对危险的，是集合同类危险聚集资金、对特定危险的后果提供经济保证的一种财务转移机制。风险的概念比危险广泛，包括危险，危险只是风险的一部分。风险的另一部分即正面效应，可以称为机会。人们对于机会需要识别、衡量、选择和获取。财务管理活动不仅要管理危险，还要识别、衡量、选择和获取增加企业价值的机会。风险的新概念，反映了人们对财务现象更深刻的认识，也就是危险与机会并存。

在投资组合理论出现之后，人们认识到多样化可以降低风险。当增加投资组合资产的种类时，组合风险不断降低，而收益仍然是个别资产的加权平均值。当投资组合中的资产多样化达到一定程度后，唯一剩下的风险是系统风险。系统风险是没有有效的方法可以消除、影响所有资产的风险，它来自整个经济系统，是影响公司经营的普遍因素。投资者必须承担系统风险并可以获得相应的投资回报。在充分组合的情况下，单个资产的风险对于决策是没有用的，投资人关注的只是投资组合的风险。特殊风险与决策是不相关的，相关的只是系统风险。在投资组合理论出现以后，风险是指投资组合的系统风险，既不是指单个资产的收益变动性，也不是指投资组合收益的变动性。

在资本资产定价理论出现以后，单项资产的系统风险计量问题得到了解决。如果投资者选择一项资产并把它加入已有的投资组合中，那么该资产的风险完全取决于它如何影响投资组合收益的波动性。因此一项资产最佳的风险度量，是其收益率变化对市场投资组合收益变化的敏感程度，或者说是一项资产对投资组合风险的贡献。在这以后，投资风险被定义为资产对投资组合风险的贡献，或者说是指该资产收益率与市场组合收益率之间的相关性。衡量这种相关性的指标，被称为贝塔系数。

在使用风险概念时，不要混淆投资对象本身固有的风险和投资人需要承担的风险。投资对象是指一项资产，在资本市场理论中经常用“证券”一词代表任何投资对象。投资对象的风险具有客观性。例如无论企业还是个人，投资国库券，其收益的不确定性较小，投资股票，则收益的不确定性要大得多。这种不确定性是客观存在的，不以投资人的意志为转移，所以才可以用客观尺度来计量投资对象的风险。投资人是通过投资获取收益并承担风险的人，他可以是任何单位或个人。公司财务管理主要研究企业投资。一个企业可以投资一项资产，也可以投资多项资产。由于投资分散化可以降低风险，所以股东个人所承担的风险可能会小于他所投资的各个企业的风险。投资人是否愿意冒风险及冒多大风险，是可以选择的，是由主观决定的。在什么时间、投资什么样的资产、各投资多少，风险是不一样的。

2.单项资产的风险和报酬

衡量风险需要使用概率和统计方法。

（1）概率

在经济活动中，某一事件在相同的条件下可能发生也可能不发生，这类事件称为随机事件。概率就是用来表示随机事件发生可能性大小的数值。通常把必然发生的事件的概率定为1，把不可能发生的事件的概率定为0，而一般随机事件的概率是介于0与1之间的一个数。概率越大，表示该事件发生的可能性就越大。

例2-12 燕鸣公司有两个投资机会，A投资机会是一个高科技项目，该领域竞争很激烈。如果经济发展迅速并且该项目搞得好，取得较大的市场占有率，利润会很大。否则，利润会很小甚至亏本。B投资机会是一个老产品并且是必需品的项目，销售前景可以准确地预测出来。假设未来的经济情况只有三种：繁荣、正常、衰退，有关的概率分布和预期报酬率如表2-1所示。

表2-1　燕鸣公司未来经济情况表

经济情况	发生概率	A项目预期报酬率	B项目预期报酬率
繁荣	0.3	90%	20%
正常	0.4	15%	15%
衰退	0.3	－60%	10%
合计	1		

在这里，概率表示每一种经济情况出现的可能性，也就是各种不同预期报酬率出现的可能性。例如未来经济情况出现繁荣的可能性有0.3，假如这种情况真的出现，A项目可获得高达90%的报酬率。也就是说，投资A项目获利90%

的可能性为0.3。当然，报酬率作为一个随机变量受多种因素的影响，这里为了简化，假设其他因素都相同，只有经济情况一个因素影响报酬率。

（2）离散型分布和连续型分布

如果随机变量（如报酬率）只取有限值，并且对应于这些值有确定的概率，则称随机变量是离散型分布。

实际上，未来的经济情况远不止三种，随机变量（如报酬率）有无数可能的情况会出现。如果对每种情况都赋予一个概率，并分别测定其报酬率，则可用连续型分布描述。

这种连续型分布呈正态分布，如图2-6所示。实际上并非所有问题都按正态分布。按照统计学的理论，不论总体分布是正态的还是非正态的，当样本很大时，其样本平均数都呈正态分布。一般来说，如果研究的量受彼此独立的大量偶然因素的影响，并且每个因素在总的影响中占很小的部分，那么这个总影响所引起的数量上的变化就近似地服从于正态分布，因此正态分布在统计上被广泛应用。

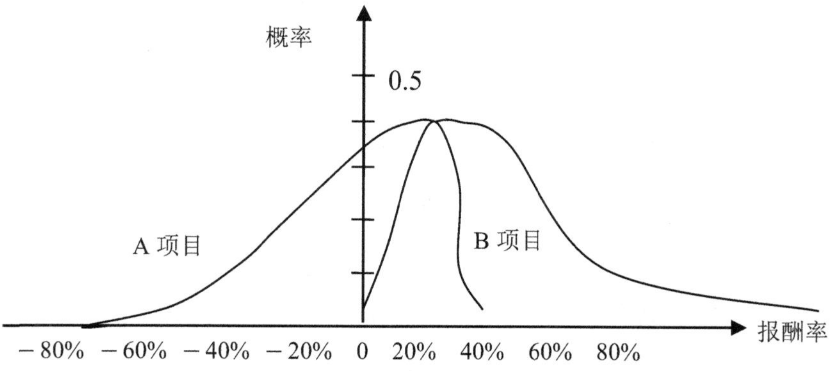

图2-6　连续型分布

（3）预期值

随机变量的各个取值，以相应的概率为权数的加权平均数叫作随机变量的预期值（数学期望或均值），它反映随机变量的平均化。

$$\text{预期报酬率}\ \bar{K}=\sum_{i=1}^{n}P_iK_i$$

式中：P_i——第i种结果出现的概率；

K_i——第i种结果出现后的预期报酬率；

n ——所有可能结果的数目。

据此计算：

A项目的预期报酬率 $\bar{K}_A = 0.3\times90\%+0.4\times15\%+0.3\times(-60\%)$

$= 15\%$

B项目的预期报酬率 $\bar{K}_B = 0.3\times20\%+0.4\times15\%+0.3\times10\%$

$= 15\%$

二者的预期报酬率相同，但其概率分布不同。A项目的报酬率的分散程度大，变动范围在－60%～90%之间；B项目的报酬率的分散程度小，变动范围在10%～20%之间。这说明两个项目的报酬率相同，但风险不同。为了定量地衡量风险的高低，还要使用统计学中衡量概率分布离散程度的指标。

（4）离散程度

表示随机变量离散程度的量包括平均差、方差、标准差和全距等，最常用的是方差和标准差。

方差是用来表示随机变量与期望值之间离散程度的一个量。

$$方差\ \sigma^2 = \sum_{i=1}^{n}(K_i - \bar{K})^2 P_i$$

标准差也叫均方差，是方差的平方根。

$$标准差\ \sigma = \sqrt{\sum_{i=1}^{n}(K_i - \bar{K})^2 P_i}$$

A项目预期报酬率的标准差是58.09%，B项目预期报酬率的标准差是3.87%（计算过程见表2-2和表2-3），它们定量地说明了A项目的风险比B项目的风险高。

表2-2　A项目的标准差

$K_i - \bar{K}$	$(K_i - \bar{K})^2$	$(K_i - \bar{K})^2 P_i$
90%－15%	0.562 5	0.562 5×0.3＝0.168 75
15%－15%	0	0×0.40＝0
－60%－15%	0.562 5	0.562 5×0.3＝0.168 75
方差 σ^2		0.337 5
标准差 σ		58.09(%)

表2-3　B项目的标准差

$K_i-\overline{K}$	$(K_i-\overline{K})^2$	$(K_i-\overline{K})^2P_i$
20%－15%	0.002 5	0.002 5×0.3＝0.000 75
15%－15%	0	0×0.40＝0
10%－15%	0.002 5	0.002 5×0.3＝0.000 75
方差σ^2		0.001 5
标准差σ		3.87(%)

2.3.2 投资组合的风险和报酬

上文讨论了单项资产的投资，但是投资者拥有的投资机会显然并不只限于单项资产或单项证券，投资者除了可以在各项资产之间进行投资外，还可以考虑对各种不同的资产或证券进行组合投资。也就是说，投资者不仅可以把全部资本集中投向某一风险较低、收益较高的资产，还可以把资本分成比例不同的几个部分，如分别投向某几种筛选出来的证券，甚至可以把资本按每一证券市值占全部证券市场总值的比例进行分割，投向全部上市证券。

资产的组合问题，不仅扩大了投资者的选择范围、增加了投资者的投资机会，而且使得对其分析更为复杂。投资组合的风险并不等于个别资产风险的简单加权平均。尤其让人吃惊的是，投资组合的风险在某些条件下可能比组合中任何一项资产的个别风险还要低。现代证券组合理论已经证明了上述结论，并为投资者寻找最佳的投资证券组合提供了理论指导。

1.投资组合报酬率与风险的计算

所谓投资组合，是指两种或两种以上的资产按照不同的比例构成的一个复合体。假定投资组合K是由n种不同证券构成的，其中每种证券所占的比例为W_1，W_2，…，W_n，每种证券预期收益率分别为r_1，r_2，…，r_n，那么投资组合的预期收益率应为多少？

投资组合收益率是组合中单个证券的收益率的加权平均值，其中每一证券的权重等于该证券在组合中所占的投资比例，即投资组合的收益率r_k为

$$r_k=W_1r_1+W_2r_2+\cdots+W_nr_n$$

$$= \sum_{i=1}^{n} W_i r_i$$

例如某一投资组合由两种证券组成，证券1的预期收益率为10%，权重为0.4，证券2的预期收益率为20%，权重为0.6，则该投资组合的收益率为$10\% \times 0.4 + 20\% \times 0.6 = 16\%$

投资组合的风险也是用预期收益率的方法来衡量的，但是其计算较为复杂。先考虑由两种证券K_1、K_2组合的投资组合K的情形。K_1、K_2的预期收益率分别为r_1和r_2，所占资金比例分别为W_1和W_2，方差分别为σ_1^2和σ_2^2，则投资组合K的方差可表示为

$$\sigma_K^2 = W_1^2\sigma_1^2 + W_2^2\sigma_2^2 + 2W_1W_2\mathrm{Cov}(K_1, K_2)$$

从这一公式可知，投资组合的风险并不等于组合中各单个证券风险的加权平均。它除了与单个证券风险有关之外，还与单个证券之间的协方差有关。协方差是衡量两个证券之间收益互动性的一个指标。在这里，证券之间的协方差对投资组合的风险起着直接的增高或降低的作用。在单个证券风险已定和投资比例一定的条件下，决定投资组合风险高低的唯一要素就是协方差。当协方差为0时，该投资组合的风险$\sigma_K^2 = W_1^2\sigma_1^2 + W_2^2\sigma_2^2$；当协方差大于0时，投资组合的风险将高于协方差为0时的投资组合的风险；当协方差小于0时，投资组合的风险加了一个负值，从而整个组合的风险降低了。

为了计算方便，用相关系数来代替协方差，即σ_K^2 变为

$$\sigma_K^2 = W_1^2\sigma_1^2 + W_2^2\sigma_2^2 + 2W_1W_2\sigma_1\sigma_2\mathrm{Corr}(K_1, K_2)$$

此时，相关系数具有与协方差相同的特性，只是取值范围被限定在(−1,+1)之间。

当$\mathrm{Corr}(K_1, K_2) = +1$时，称两种证券完全正相关。此时，有

$$\sigma_K^2 = (W_1\sigma_1 + W_2\sigma_2)^2$$

即

$$\sigma_K = W_1\sigma_1 + W_2\sigma_2$$

由这两种证券构成的组合的风险σ_K就等于这两种证券各自风险σ_1和σ_2的线性组合。

当$0 < \mathrm{Corr}(K_1,K_2) < +1$时，称两种证券之间存在正相关关系。$\mathrm{Cov}(K_1,K_2)$越接近$+1$，正相关性越强；$\mathrm{Corr}(K_1,K_2)$越接近0，正相关性越弱。此时，根据投资组合的风险的计算公式：

$$\sigma_K^2 = W_1^2\sigma_1^2 + W_2^2\sigma_2^2 + 2W_1W_2\sigma_1\sigma_2\mathrm{Corr}(K_1,K_2)$$

显然，$\mathrm{Corr}(K_1,K_2)$越接近+1，投资组合的风险σ_K就越接近σ_1和σ_2的线性组合，即组合的风险就越高。但是只要$\mathrm{Corr}(K_1,K_2)$不等于$+1$，投资组合的风险就永远低于单个证券风险的加权平均值。

当$\mathrm{Corr}(K_1,K_2) = -1$时，称两种证券之间完全负相关。此时，投资组合的风险为

$$\sigma_K^2 = (W_1\sigma_1 - W_2\sigma_2)^2$$

即

$$\sigma_K = \left|W_1\sigma_1 - W_2\sigma_2\right|$$

此时，投资组合的风险是单个证券风险的加权差额，它比两个证券中最低风险者的风险还要低，而且当$W_1 = \dfrac{\sigma_2}{\sigma_1 + \sigma_2}$、$W_2 = \dfrac{\sigma_1}{\sigma_1 + \sigma_2}$时，投资组合的风险为0，即两种证券的风险完全抵消。

当$-1 < \mathrm{Corr}(K_1,K_2) < 0$时，称两种证券之间存在负相关关系。此时，两种证券之间的风险虽然不能完全抵消，但仍然可以抵消一部分。$\mathrm{Corr}(K_1,K_2)$越接近-1，抵消的幅度越大；$\mathrm{Corr}(K_1,K_2)$越接近0，抵消的幅度越小。

当$\mathrm{Corr}(K_1,K_2) = 0$时，则称这两种证券之间相互独立。此时，投资组合的风险为

$$\sigma_K^2 = W_1^2\sigma_1^2 + W_2^2\sigma_2^2$$

显然低于两种证券单独投资风险的线性组合。

由以上分析可以得出如下结论：无论证券之间的投资比例如何，只要证券之间不完全存在正相关关系，投资组合的风险总是低于单个证券收益标准差的线性组合。也就是说，只要证券之间不存在完全正相关关系，那么投资组合可以在不改变预期收益的条件下降低投资风险。

上面讨论的是由两种证券构成的投资组合，但所得出的结论同样适用于两种以上不同证券的组合，即投资组合的一般情形。假设投资组合K由n种证券构

成，其中每种证券的风险为$\sigma_i^2\ (i=1,2,\cdots,n)$，证券$K_i$和$K_j$之间的协方差为$\mathrm{Corr}(K_1,K_2)$。如果每种证券的投资比例为$W_i\ (i=1,2,\cdots,n)$，那么投资组合的风险$\sigma_K^2$可以表示为

$$\sigma_K^2=\sum_{i=1}^{N}W_i^2\sigma_i^2+\sum\sum W_iW_j\mathrm{Cov}(K_i,K_j),i\neq j$$

当n越来越大时，σ_K^2越来越小。

例2-13 假设投资100万元，A证券和B证券各占50%。如果A证券和B证券完全负相关，组合的风险被全部抵消，如表2-4所示。如果A证券和B证券完全正相关，组合的风险不提高也不降低，如表2-5所示。

表2-4 完全负相关的证券组合数据

方案	A证券		B证券		组合	
年度	收益/万元	报酬率	收益/万元	报酬率	收益/万元	报酬率
20×1	20	40%	−5	−10%	15	15%
20×2	−5	−10%	20	40%	15	15%
20×3	17.5	35%	−2.5	−5%	15	15%
20×4	−2.5	−5%	17.5	35%	15	15%
20×5	7.5	15%	7.5	15%	15	15%
平均数	7.5	15%	7.5	15%	15	15%
标准差		22.6%		22.6%		0

表2-5 完全正相关的证券组合数据

方案	A证券		B证券		组合	
年度	收益/万元	报酬率	收益/万元	报酬率	收益/万元	报酬率
20×1	20	40%	20	40%	40	40%
20×2	−5	−10%	−5	−10%	−10	−10%
20×3	17.5	35%	17.5	35%	35	35%
20×4	−2.5	−5%	2.5	−5%	−5	−5%
20×5	7.5	15%	7.5	15%	15	15%
平均数	7.5	15%	7.5	15%	15	15%
标准数		22.6%		22.6%		22.6%

例2-14 假设：A证券的预期报酬率为10%，标准差是12%；B证券的预期报酬率是18%，标准差是20%。假设等比例投资两种证券，即各占50%。

则该组合的预期报酬率为

$$\bar{K}_p=10\%\times0.50+18\%\times0.50=14\%$$

如果两种证券的相关系数等于1，没有任何抵消作用，在等比例投资的情况下，该组合的标准差等于两种证券各自标准差的简单算数平均数，即16%。

如果两种证券之间的预期相关系数是0.2，组合的标准差会小于加权平均的标准差，其标准差是

$$\begin{aligned}\sigma_p &= (0.5^2\times 0.12^2 + 2\times 0.5^2\times 0.2\times 0.12\times 0.2 + 0.5^2\times 0.2^{\,2})^{1/2}\\ &= (0.003\,6 + 0.002\,4 + 0.01)^{1/2}\\ &= 12.65\%\end{aligned}$$

从这个计算过程可以看出，只要两种证券之间的相关数小于1，证券组合报酬率的标准差就小于各证券报酬率标准差的加权平均数。

2.两种证券组合的投资比例与有效集

在上例中，两种证券的投资比例是相等的。如投资比例变化了，投资组合的预期报酬率和标准差也会发生变化。对于这两种证券其他投资比例的组合，计算结果如表2-6所示。

表2-6　不同投资比例组合

组合	对A的投资比例	对B的投资比例	组合期望报酬率	组合的标准差
1	1	0	10.00%	12.00%
2	0.8	0.2	11.60%	11.11%
3	0.6	0.4	13.20%	11.78%
4	0.4	0.6	14.80%	13.79%
5	0.2	0.8	16.40%	16.65%
6	0	1	18.00%	20.00%

图2-7描绘了随着两种证券投资比例的改变，期望报酬率与风险之间的关系。图中数字1—6与表2-6中的6种投资组合一一对应。连接数字1—6所形成的曲线称为机会集，它反映了风险与报酬率之间的权衡关系。

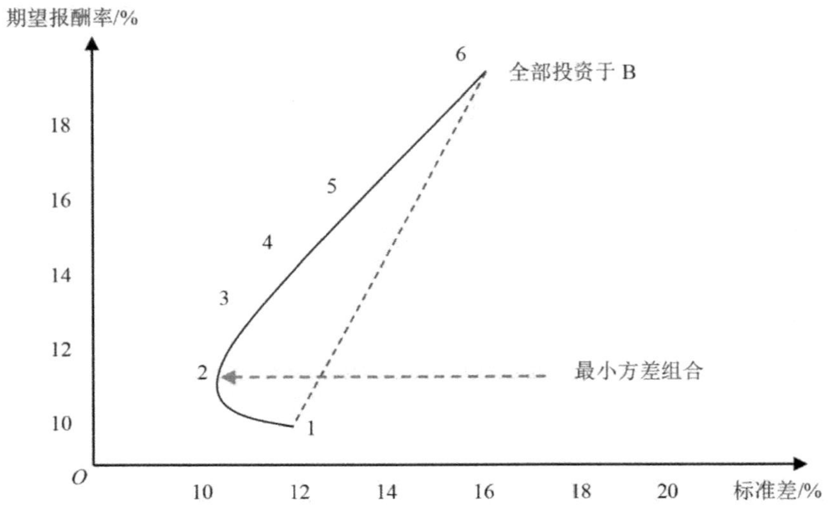

图2-7　投资于两种证券组合的机会集

图2-7有以下几项特征是非常重要的：

（1）它揭示了分散化效应。比较曲线和以虚线绘制的直线的距离可以判断分散化效应的大小。该直线是由全部投资于A证券和全部投资于B证券所对应的点连接而成的。它是当两种证券完全正相关（无分散化效应）时的机会集曲线。曲线代表相关系数为0.2的机会集曲线。从曲线和直线间的距离可以看出，本例的风险分散效果是相当显著的。投资组合的抵消风险的效应可以通过曲线1—2的弯曲看出来。从第1点出发，拿出一部分资金投资于风险较高的B证券会比将全部资金投资于风险较低的A证券的标准差还要小。这种结果与人们的直觉相反，揭示了风险分散化的内在特征。一种证券的未来预期变化往往会被另一种证券的反向未来预期变化所抵消。尽管从总体来看，这两种证券是同向变化的，但抵消效应还是存在的，在图中表现为机会曲线有一段1—2的弯曲。

（2）它表达了最小方差组合。曲线最左端的第2点组合被称作最小方差组合，它在持有证券的各种组合中有最小的标准差。本例中，最小方差组合是80%的资金投资A证券、20%的资金投资B证券。离开此点，无论增大或减小投资B证券的比例，都会导致标准差的小幅上升。必须注意的是，机会集曲线向左弯曲并非必然伴随着分散化投资的发生，它取决于相关系数的大小。

（3）它表达了投资的有效集合。在只有两种证券的情况下，投资者的所有投资机会只能出现在机会集曲线上，而不会出现在该曲线上方或下方。改变投资比例只会改变组合在机会集曲线上的位置。最小方差组合以下的组合（曲线1—2的部分）是无效的，没有人会打算持有预期报酬率比最小方差组合预期报酬率还低的投资组合，它们相较于最小方差组合不但风险高，而且报酬低。因此机会集曲线1—2的弯曲部分是无效的，它们与最小方差组合相比不但标准差大（即风险高），而且报酬率也低。本例中，有效集是2—6之间的那段曲线，即从最小方差组合点到最高预期报酬率组合点的那段曲线。

3.相关性对风险的影响

图2-7只列示了相关系数为0.2和1的机会集曲线，如果增加一条相关系数为0.5的机会集曲线，则如图2-8所示：

（1）相关系数为0.5的机会集曲线与完全正相关的直线距离缩小了，并且没有向后弯曲的部分。

（2）最小方差组合是100%投资A证券，将任何比例的资金投资B证券，所形成的投资组合的方差都会高于将全部资金投资于风险较低的A证券的方差。因此新的有效边界就是整个机会集。

（3）证券报酬率之间的相关系数越小，机会集曲线就越弯曲，风险分散化效应就越强。证券报酬率之间的相关性越高，风险分散化效应就越弱。完全相关的投资组合，不具有风险分散化效应，其机会集是一条直线。

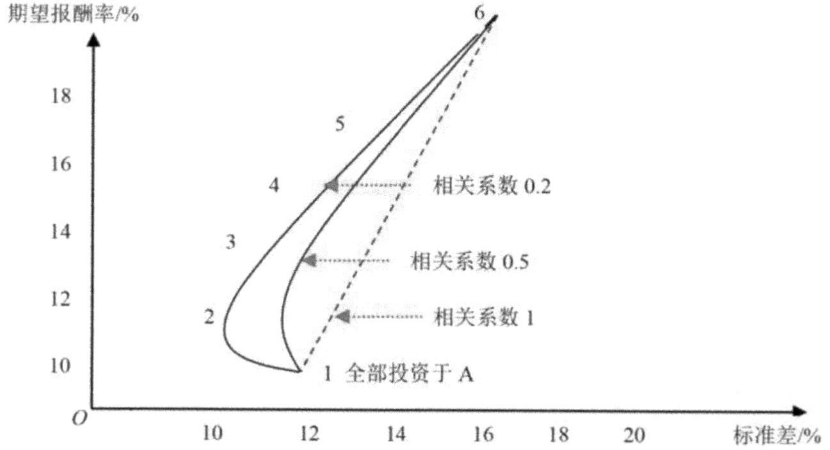

图2-8　不同相关系数情况下的两种证券组合的机会集

4.多种证券组合的风险和报酬

对于两种以上证券构成的组合，以上原理同样适用。值得注意的是，多种证券组合的机会集不同于两种证券组合的机会集。两种证券的所有可能组合都落在一条曲线上，而两种以上证券的所有可能组合会落在一个平面上，如图2-9所示的阴影部分。这个机会集反映了投资者所有的投资组合，图中阴影部分中的每一点都与一种可能的投资组合相对应。随着可供投资证券数量的增加，所有可能的投资组合数量都将呈几何级数增长。

最小方差组合是图2-9中最左端的点，它具有最小组合标准差。多种证券组合的机会集外缘有一段向后弯曲，这与两种证券的组合类似：不同证券报酬率相互抵消，产生风险分散化效应。

在图2-9中，机会集的顶部从最小方差组合点起到最高预期报酬率止，称为有效集或有效边界。投资者应在有效集上寻找投资组合。有效集以外的投资组合与边界上的组合相比，有三种情况：较低的报酬率和相同的标准差、相同的报酬率和较高的标准差、较低的报酬率和较高的标准差。这些投资组合都是无效的。如果投资组合是无效的，可以通过改变投资比例转换到有效边界上的某个组合，以达到提高报酬率而不增加风险，或者降低风险而不降低报酬率，或者得到一个既提高报酬率又降低风险的组合的目的。

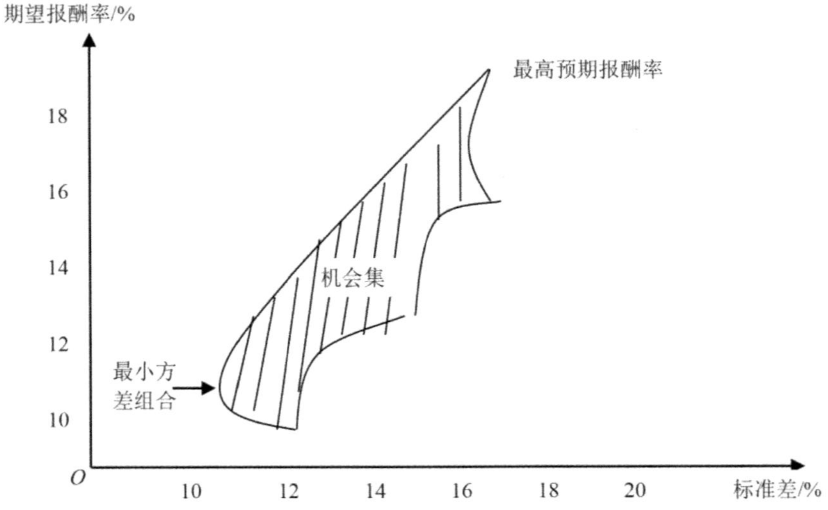

图2-9　机会集举例

5.系统风险和特殊风险

由投资组合的讨论可知，个别资产的风险，有些可以被分散掉，有些则不能。无法分散掉的是系统风险，可以分散掉的是非系统风险。

（1）系统风险

系统风险，是指影响所有资产的、不能通过资产组合消除的风险，是由影响整个市场的风险因素引起的。例如战争、经济衰退、通货膨胀、高利率等发生意外的、非预期的变动，对许多资产都会有影响。系统风险影响的资产非常多，不过影响程度大小有区别。例如各种股票处于同一经济系统之中，它们的价格变动有趋向性，多数股票的报酬率在一定程度上呈正相关。经济繁荣时，多数股票价格都上涨；经济衰退时，多数股票价格都下跌。尽管涨跌的幅度各股票有区别，但是多数股票的变动是一致的。所以不管投资多样化有多充分，也不可能消除全部风险，即使购买的是全部股票的市场组合。

由于系统风险是影响整个资本市场的风险，所以也称市场风险。由于系统风险没有有效的方法消除，所以也称不可分散风险。

（2）非系统风险

非系统风险，是指由个别的特有事件造成的风险。例如一家公司的工人罢工、新产品开发失败、失去重要的销售合同、诉讼失败，或者宣告发现新矿藏、签订了一份重要的合同等。这类事件是非预期、随机发生的，它只影响一个或少数公司，不会对整个市场产生太大影响。这种风险可以通过多样化投资来分散，即发生于一家公司的不利事件可以被其他公司的有利事件抵消。

由于非系统风险是个别公司或个别资产所特有的，因此也称特殊风险或特有风险。由于非系统风险可以通过投资多样化分散掉，因此也称可分散风险。

由于非系统风险可以通过分散化消除，因此一个充分的投资组合几乎没有非系统风险。假设投资人都是理智的，都会选择充分的投资组合，非系统风险将与资本市场无关。市场不会给予它任何补偿，就像商品市场只承认社会必要劳动时间而不承认个别劳动时间一样。市场不会给“浪费”以价格补偿，不会给那些不必要的风险以回报。通过分散化消除非系统风险，几乎没有任何值得市场承认的、必须花费的成本了。

资产的风险可以用标准差计量，这个标准差是指它的整体风险。现在把整体风险划分为系统风险和非系统风险，如图2-10所示。

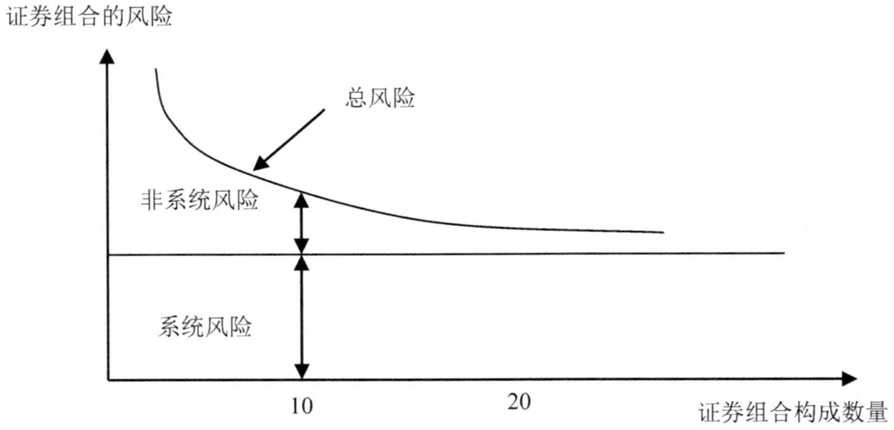

图2-10　投资组合的风险

承担风险会从市场上得到回报，回报大小仅仅取决于系统风险。也就是说，一项资产的期望报酬率的高低取决于该项资产的系统风险的高低。

2.3.3 资本资产定价模型

资本资产定价模型的研究对象是充分组合情况下风险与要求的收益率之间的均衡关系。资本资产定价模型可用于回答如下问题：为了补偿某一特定程度的风险，投资者应该获得多大的收益率？在前面的讨论中，我们将风险定义为预期报酬率的不确定性，然后根据投资理论将风险区分为系统风险和非系统风险，知道了在高度分散化的资本市场里只有系统风险，并且会得到相应的回报。下面将讨论如何衡量系统风险以及如何给风险定价。

1.系统风险的度量

既然一项资产的期望报酬率取决于它的系统风险，那么度量系统风险就成了关键。

度量一项资产系统风险的指标是贝塔系数，用希腊字母β表示。贝塔系数被定义为某个资产收益率与市场组合之间的相关性。计算公式如下：

$$\beta_1=\frac{\mathrm{Cov}(K_j,K_m)}{\sigma_m^2}=\frac{r_{jm}\sigma_j\sigma_m}{\sigma_m^2}=r_{jm}\left(\frac{\sigma_j}{\sigma_m}\right)$$

式中：分子 $\mathrm{Cov}(K_j, K_m)$ 是第 j 种证券的收益与市场组合收益之间的协方差。它等于该证券的标准差、市场组合的标准差及两者相关系数的乘积。

根据上式可以看出，一只股票的贝塔系数高低取决于三个方面：一是该股票与整个股票市场的相关性；二是它自身的标准差；三是整个市场的标准差。

（1）单项资产贝塔系数的计算

贝塔系数的计算方法有两种：

一种是回归直线法。根据数理统计的线性回归原理，贝塔系数均可以通过同一时期内的资产收益率和市场组合收益率的历史数据，使用线性回归方程预测出来。贝塔系数就是该线性回归方程的回归系数。

例如J股票历史已获得收益率以及市场历史已获得收益率的有关资料如表2-7、2-8所示。

求解回归方程$y=a+bx$系数的计算公式：

$$a=\frac{\sum_{i=1}^{n}X_i^2\sum_{i=1}^{n}Y_i-\sum_{i=1}^{n}X_i\sum_{i=1}^{n}X_iY_i}{n\sum_{i=1}^{n}X_i^2-\left(\sum_{i=1}^{n}X_i\right)^2}$$

$$b=\frac{n\sum_{i=1}^{n}X_iY_i-\sum_{i=1}^{n}X_i\sum_{i=1}^{n}Y_i}{n\sum_{i=1}^{n}X_i^2-\left(\sum_{i=1}^{n}X_i\right)^2}$$

表2-7　计算贝塔系数的数据

年度	J股票收益率 Y_i	市场收益率 X_i
1	1.8	1.5
2	−0.5	1
3	2	0
4	−2	−2
5	5	4
6	5	3

表2-8　公式法计算贝塔系数的数据准备

年度	J股票收益率 Y_i	市场收益率 X_i	X_i^2	X_iY_i	$(X_i-\overline{X})$	$(Y_i-\overline{Y})$	$(X_i-\overline{X})\times(Y_i-\overline{Y})$	$(X_i-\overline{X})^2$	$(Y_i-\overline{Y})^2$
1	1.8	1.5	2.25	2.7	0.25	−0.08	−0.02	0.062 5	0.006 4
2	−0.5	1	1	−0.5	−0.25	−2.38	0.595	0.0625	5.664 4
3	2	0	0	0	−1.25	0.12	−0.15	1.562 5	0.014 4
4	−2	−2	4	4	−3.25	−3.88	12.61	10.562 5	15.054 4
5	5	4	16	20	2.75	3.12	8.58	7.562 5	9.734 4
6	5	3	9	15	1.75	3.12	5.46	3.062 5	9.734 4
合计	11.3	7.5	32.25	41.2			27.075	22.875	40.208 4
平均数	1.18	1.25							
标准差	2.835 8	2.139							

$$a=\frac{32.25\times11.3-7.5\times41.2}{6\times32.25-7.5\times7.5}=\frac{55.425}{137.25}=0.4$$

$$b=\frac{6\times41.2-7.5\times11.3}{6\times32.25-7.5\times7.5}=\frac{162.45}{137.25}=1.18$$

直线方程斜率b就是该股票的贝塔系数，即1.18。

另一种方法是按照定义，根据证券与股票指数收益率的关系、股票指数的标准差和股票收益率的标准差直接计算。

相关系数的计算：

$$r=\frac{\sum_{i=1}^{n}\left[\left(X_i-\overline{X}\right)\times\left(Y_i-\overline{Y}\right)\right]}{\sqrt{\sum_{i=1}^{n}\left(X_i-\overline{X}\right)^2}\times\sqrt{\sum_{i=1}^{n}\left(Y_i-\overline{Y}\right)^2}}$$

$$=\frac{27.075}{\sqrt{22.875\times40.208\,4}}$$

$$=\frac{27.075}{4.782\,8\times6.341}$$

$$=0.892\,8$$

标准差的计算：

$$\sigma=\sqrt{\frac{\sum(X_i-\overline{X})^2}{n-1}}$$

$$\sigma_m=\sqrt{\frac{22.875}{6-1}}=2.138\ 9$$

$$\sigma_j=\sqrt{\frac{40.208\ 4}{6-1}}=2.835\ 8$$

贝塔系数的计算：

$$\beta_j=r\frac{\sigma_j}{\sigma_m}=0.892\ 8\times\frac{2.835\ 8}{2.138\ 9}=1.18$$

贝塔系数的经济意义在于：它告诉人们相对于市场组合而言，特定资产的系统风险是多少。例如市场组合对于它自己的贝塔系数是1；如果一项资产的贝塔系数为0.5，表明它的系统风险是市场组合系统风险的0.5倍，其收益变动率的变动性只及一般市场变动的一半；如果一项资产的贝塔系数为2，说明这种股票的变动幅度为一般市场变动的2倍。总之，某一股票的贝塔系数的大小反映了这只股票收益的变动与整个市场收益变动之间的相关关系，计算贝塔系数就是确定这只股票与整个股市收益变动影响的相关性及其程度。

（2）投资组合的贝塔系数

投资组合的贝塔系数（β_p）等于被组合的各证券贝塔系数的加权平均数：

$$\beta_p=\sum_{i=1}^{n}X_i\beta_i$$

如果一只贝塔系数高的股票（$\beta>1$）加入一个平均风险组合（β_p）中，则组合的风险将会提高；反之，如果一只贝塔系数低的股票（$\beta<1$）加入一个平均风险组合中，则组合风险将会降低。所以，一只股票的贝塔系数可以度量该股票对整个组合风险的贡献，贝塔系数可以作为这一股票风险程度的一个大致度量。

例2-15　一个投资者拥有10万元现金进行组合投资，共投资10只股票且各占1/10，即1万元。如果这10只股票的贝塔系数皆为1.18，则组合的贝塔系数$\beta_p=1.18$。该组合的风险比市场风险高，即其价格波动的范围较大，收益率的变动也较大。现在假设完全售出其中的一只股票且以一只$\beta=0.8$的股票取代之，此时股票组合的贝塔系数将由1.18下降至1.142：

$$\beta_p=0.9\times1.18+0.1\times0.8=1.142$$

2.证券市场线

按照资本资产定价模型理论，单一证券的系统风险可由贝塔系数来度量，而且其风险与收益之间的关系可由证券市场线来描述。

证券市场线：

$$K_i=R_f+\beta(K_m-R_f)$$

式中：K_i是第i只股票的要求收益率；R_f是无风险收益率（通常以国库券的收益率作为无风险收益率）；K_m是平均股票的要求收益率（指$\beta=1$的股票要求的收益率，也指包括所有股票的组合即市场组合要求的收益率）。在均衡状态下，K_m-R_f是投资者为补偿承担超过无风险收益的平均风险而要求的额外收益，即风险价格（见图2-11）。

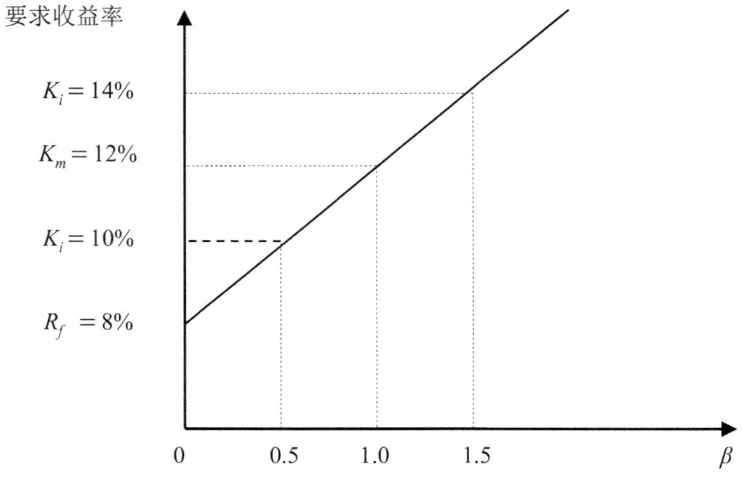

图2-11　贝塔系数与要求收益率

证券市场线的主要含义如下：

（1）纵轴为要求收益率，横轴则是以贝塔系数表示的风险。

（2）无风险证券的$\beta=0$，故R_f为证券市场线在纵轴的截距。

（3）证券市场线的斜率：$\Delta Y/\Delta X=(K_m-R_f)/(1-0)=12\%-8\%=4\%$，表示经济系统中风险厌恶感的程度。一般来说，投资者对风险的厌恶感越强，证券市场线的斜率越大，风险资产所要求的风险补偿越大，风险资产的要求收益率越高。

（4）在贝塔系数分别为0.5，1，1.5的情况下，必要报酬率由最低$K_i=10\%$到市场平均的$K_m=12\%$，再到最高的$K_i=14\%$。贝塔系数越高，要求收益率就越高。

从证券市场线可以看出，投资者要求的收益率不仅取决于市场风险，而且取决于无风险利率（证券市场线的截距）和市场风险补偿程度（证券市场线的斜率）。由于这些因素始终处于变动之中，所以证券市场线也不会一成不变。预计通货膨胀提高时，无风险利率会随之提高，进而导致证券市场线的向上平移。风险厌恶感的加强，会提高证券市场线的斜率。证券市场线适用于单个证券和证券组合（不论它是否已经有效地分散了风险），它测度的是证券（或证券组合）每单位系统风险（贝塔系数）的超额收益。

思考题

1.什么是货币的时间价值?

2.如何计算复利终值和现值?

3.如何计算普通年金的终值和现值?

4.如何计算预付年金的终值和现值?

5.什么是风险?如何衡量风险?

6.投资组合与风险分散有什么关系?

练习题

1.某企业拟建立一项基金，每年初投入100 000元，若利率为10%，5年后该项基金本利和将为多少元?

2.有一项年金，前三年无流入，从第四年年初开始，后五年每年年初流入500万元，假设年利率为10%，其现值为多少元?

3.某公司准备购买一套生产线，经过与生产厂家磋商，有三个付款方案可供选择:

（1）第一套方案：从现在起每半年末付款100万元，连续支付10年，共计2 000万元。

（2）第二套方案：从第三年起，每年年初付款260万元，连续支付9年，共计2 340万元。

（3）第三套方案：从现在起每年年初付款200万元，连续支付10年，共计2 000万元。

如果现在市场上的利率为10%，财务总监向你咨询应该采用哪套方案，你的答案是?

4.某公司投资组合中有四只股票，所占比例分别为30%，40%，15%，15%；其贝塔系数分别为0.8。1.2，1.5，1.7；平均风险股票的必要报酬率为10%，无风险报酬率为8%。求该投资组合中的预计收益率和综合贝塔系数。

5. A公司准备投资100万元购入甲、乙、丙三只股票构成的投资组合，三只股票占用的资金分别为30万元、30万元和40万元，三只股票的贝塔系数分别为1，1.2，2.5。现行国库券的收益率为10%，平均风险股票的市场报酬率为18%，要求:

（1）计算该股票组合的综合贝塔系数。

（2）计算该股票组合的风险报酬率。

（3）计算该股票组合的预期报酬率。

第 3 章　财务报表分析

学习指导

学习重点：明确财务报表分析的方法与作用，能够掌握财务报表的构成以及不同时期财务比率的计算，掌握偿债能力比率、营运能力比率、盈利能力比率，并能够对各种比率所反映的公司情况进行准确分析与具体应用。

学习难点：利用财务报表中的数据进行比率计算并分析公司的发展情况。

案例导读：

光华公司是一家服装公司，2019年主营业务收入1 780万元，毛利率达到40%，但由于服装的季节性，现有价值600万元的存货；2020年该公司转战线上销售，决定向华夏银行借款1 000万元打造互联网销售平台。该年主营业务收入达到2 300万元，并且由于节省了人工费和场地费，毛利率达到55%。但由于前期投入了大量的宣传费用，该公司的净资产收益率只有25%。面对日益激烈的电商直播竞争，该公司并没有及时更新服装款式，依旧主打经典款的销售，持续生产经典款服装，导致2020年存货价值达到了950万元，存货周转率也有所下降。但由于该品牌现阶段出色的口碑以及服装质量，仍然处于行业的龙头位置，占据服装行业33%的市场份额。

讨论：如果你是一名投资者，你是否认为该服装公司具有投资价值？未来是否具有继续发展的潜力？请说出你的理由。

3.1 财务报表分析与方法

财务报表，是指公司在日常会计核算资料的基础上，按照规定的格式、内容和方法定期编制的，综合反映公司某一特定日期的财务状况和某一会计期间经营成果、现金流量等会计信息的书面文件，是以一系列财务数据来反映公司财务状况和经营成果的报表。对于财务报表使用者来说，财务报表上的数据还不能直接、全面地说明公司的财务状况，特别是不能说明公司的经营状况和经营成果的好坏，只有将公司的财务指标与有关的数据进行比较才能说明公司的财务状况和经营状况。因此报表使用者要根据自身的需要，运用财务分析方法，对财务报表提供的数据与信息进行分析、整理和研究，获取所需信息，为决策提供依据。

财务报表分析，是指财务分析主体利用财务报表及与之有关的其他数据资料，采用一定的技术方法对公司财务活动中的各种经济关系及财务活动结果进行综合分析、评价以及对公司未来的经营状况进行预测，为决策者的财务战略选择、财务诊断、咨询、评估、控制等提供所需的财务信息，以提高决策的准确性。

3.1.1 财务报表的构成

财务报表主要包括资产负债表、利润表和现金流量表三张报表。公司每年对外公布的财务报告中，除资产负债表、利润表和现金流量表外，还包括所有者权益变动表和报表附注，对公司的财务信息进行补充说明。上市公司公布的年度报告中，在给出资产负债表和利润表的同时，还要给出近两年的财务数据，以便投资者进行详细的比较，通过财务数据的变化了解公司的未来发展趋势和潜力。

1.资产负债表

资产负债表是反映公司某一特定日期财务状况的静态报表。它是反映公司在某一特定日期（如月末、季末、年末）全部资产、负债和所有者权益情况的会计报表，是根据“资产＝负债+所有者权益”这一平衡公式，依照一定的分类标准和一定的次序，将某一特定日期的资产、负债、所有者权益的具体项目予以适当的排列编制而成的。资产负债表向报表使用者揭示了公司拥有或控制的能用货币表现的经济资源，即资产的总规模及具体的分布形态。使用者可以通过对公司债务规模、债务结构及与所有者权益的对比，对公司的长期偿债能力及举债能力（潜力）作出评价，从而为财务决策提供依据。

如表3-1所示，资产负债表的上半部分是燕鸣公司的资产，是燕鸣公司拥有或控制的能以货币计量的经济资源，如各种固定资产、债权或其他权利。资产按照流动性可分为流动资产和非流动资产。该公司拥有流动资产59 757.13万元，非流动资产49 354.79万元，资产合计109 111.92万元。资产负债表的下半部分是燕鸣公司的负债和所有者权益。负债，是指由公司过去的交易或者事项形成的，预期会导致经济利益流出的现实义务。燕鸣公司债务融资51 252.08万元，反映其和债权人的债权债务关系，具有在未来进行债务清偿的义务。所有者权益，是指投资者对公司净资产的所有权，包括公司投资者投入的资本，以及公司经营活动中形成的资本公积金、盈余公积金和未分配利润。燕鸣公司初始投资为7 560万元。到2020年年末，燕鸣公司所有者权益份额为57 859.84万元。

表3-1　燕鸣公司2020年度资产负债表　　单位：万元

资产	期末余额	期初余额	资产	期末余额	期初余额
流动资产：			流动资产合计	59 757.13	49 455.63
货币资金	9 596.03	13 362.11	非流动资产：		
交易性金融资产	2 000.00		固定资产	22 806.53	24 053.80
应收票据	30.74		在建工程	19 421.12	13 946.12
应收账款	15 042.35	10 184.16	无形资产	2 200.04	2 267.56
应收款项融资	7 320.46	7 226.95	长期待摊费用	881.19	1 105.04
预付款项	572.40	250.05	递延所得税资产	3 238.39	2 912.87
其他应收款	399.69	466.97	其他非流动资产	807.50	755.06
存货	24 310.14	17 605.05	非流动资产合计	49 354.79	45 040.45
其他流动资产	485.32	360.34	资产总计	109 111.92	94 496.07

（续表）

负债和股东权益	期末余额	期初余额	负债和股东权益	期末余额	期初余额
流动负债：			非流动负债：		
短期借款	434.88		长期借款	15 775.80	17 353.44
应付票据	4 193.54	3 359.54	非流动负债合计	15 775.80	17 353.44
应付账款	21 467.73	10 943.63	负债合计	51 252.08	38 148.34
应付职工薪酬	1 608.14	1 687.68	所有者权益：		
应交税费	20.00	40.25	股本	7 560.00	7 560.00
其他应付款	1 693.67	1 205.80	资本公积	36 288.81	36 092.41
一年内到期的非流动负债	3 938.80	3 558.00	盈余公积	3 092.61	2 951.30
其他流动负债	2 119.54		未分配利润	10 918.42	9 744.02
流动负债合计	35 476.29	20 794.90	所有者权益合计	57 859.84	56 347.73
			负债和所有者权益总计	109 111.92	94 496.07

2.利润表

利润表又称收益表，是一张动态报表，它记录了公司某一时期（通常为一年）收入、费用和应该计入当期利润的利得与损失的金额和结构情况。利润表可以为报表使用者作出合理的经济决策提供所需要的相关材料，可用来分析利润增减变化的原因、计算公司的经营成本、作出投资价值评价等（见表3-2）。

表3-2　燕鸣公司2020年度利润表　　单位：万元

项目	本年金额	上年金额
一、营业收入	42 096.69	31 847.95
减：营业成本	33 888.72	28 209.04
税金及附加	220.04	163.55
销售费用	2 041.49	2 966.43
管理费用	2 070.46	2 463.39

（续表）

项目	本年金额	上年金额
研发费用	4 235.05	5 246.81
财务费用	143.45	653.51
加：其他收益	2 443.21	1 922.40
投资收益（损失以“－”号填列）	52.78	113.58
信用减值损失（损失以“－”号填列）	－683.07	－2 388.16
资产减值损失（损失以“－”号填列）	－276.97	－1 599.19
资产处置收益（损失以“－”号填列）	－12.11	－40.32
二、营业利润（亏损以“－”号填列）	1 021.32	－9 846.47
加：营业外收入	663.5	3 848.53
减：营业外支出	43.59	16.73
三、利润总额（亏损总额以“－”号填列）	1 641.23	－6 014.67
减：所得税费用	325.52	1 919.58
四、净利润（净亏损以“－”号填列）	1 315.71	－7 934.25
（一）持续经营净利润	1 315.71	－7 934.25
（二）终止经营净利润	—	—
五、其他综合收益的税后净额	—	—
六、综合收益总额	1 315.71	－7 934.25
总额	1 315.71	－7 934.25
七、每股收益：		
（一）基本每股收益	略	略
（二）稀释每股收益	略	略

由表3-2可知，利润表通过收入、费用和利润反映了公司的经营成果。主要反映了燕鸣公司以下几方面的内容：

（1）构成主营业务利润的各项要素。从营业收入出发，减去为取得营业收入而发生的相关费用、税金后，得出主营业务利润。

（2）构成营业利润的各项要素。营业利润在主营业务利润的基础上，加其他业务利润，减营业费用、管理费用、财务费用后得出。

（3）构成利润总额（或亏损总额）的各项要素。利润总额（或亏损总额）在营业利润的基础上加（减）投资收益（损失）、补贴收入、营业外收支后得出。

（4）构成净利润（或净亏损）的各项要素。净利润（或净亏损）在利润总额（或亏损总额）的基础上，减去本期计入损益的所得税费用后得出。它既是公司经营的综合体现，又是进行利润分配的主要依据。

3.现金流量表

现金流量表是反映公司一定时期现金与现金等价物流入和流出情况的财务报表。现金流量表反映公司现金流量的来龙去脉，表示公司在一固定期间（通常是每月或每季）内现金（包含银行存款）的增减变动情况，其中分为经营活动、投资活动及筹资活动。

表3-3　燕鸣公司2020年度现金流量表　　单位：万元

项目	本年金额	上年金额
一、经营活动产生的现金流量：		
销售商品、提供劳务收到的现金	27 711.38	34 191.30
收到的税费返还	11.33	2 775.77
收到其他与经营活动有关的现金	3 928.07	9 456.14
经营活动现金流入小计	31 650.78	46 423.22
购买商品、接受劳务支付的现金	13 212.31	12 213.69
支付给职工以及为职工支付的现金	7 404.26	8 642.72
支付的各项税费	983.43	1 051.03
支付其他与经营活动有关的现金	4 177.94	4 544.03
经营活动现金流出小计	25 777.94	26 451.47
经营活动产生的现金流量净额	5 872.84	19 971.75
二、投资活动产生的现金流量：		
取得投资收益收到的现金	52.78	113.58
处置固定资产、无形资产和其他长期资产收回的现金净额	34.21	31.53

（续表）

项目	本年金额	上年金额
投资活动现金流入小计	86.99	145.11
购建固定资产、无形资产和其他长期资产支付的现金	7 708.22	17 213.60
投资支付的现金	2 000.00	
投资活动现金流出小计	9 708.22	17 213.60
投资活动产生的现金流量净额	－9 621.23	－17 068.49
三、筹资活动产生的现金流量：		
吸收投资收到的现金		
取得借款收到的现金	4 724.60	7 120.00
收到其他与筹资活动有关的现金	1 062.17	5 977.53
筹资活动现金流入小计	5 786.77	13 097.53
偿还债务支付的现金	4 018.00	24 834.96
分配股利、利润或偿付利息支付的现金	724.28	1 341.81
支付其他与筹资活动有关的现金	1 030.93	1 062.17
筹资活动现金流出小计	5 773.22	27 238.94
筹资活动产生的现金流量净额	13.55	－14 141.40
四、汇率变动对现金及现金等价物的影响		
五、现金及现金等价物净增加额	－3 734.84	－11 238.14
加：期初现金及现金等价物余额	12 299.94	23 538.08
六、期末现金及现金等价物余额	8 565.10	12 299.94

如表3-3所示，现金流量表以现金的流入和流出反映了公司在一定期间内的经营活动、投资活动和筹资活动的动态过程。2020年度燕鸣公司现金的流入主要来源于公司销售商品、提供劳务、税费返还、收回投资收益的现金以及处置固定资产和借款所收到的现金等。现金的流出主要用于公司购买商品、接受劳务支付的现金、支付给职工以及为职工支付的现金、购置原材料和设备、固定资产构建、投资、还债和支付股利等。对现金流量表的分析，主要有以下几

方面的作用：

（1）反映公司的现金流量，评价公司未来产生现金净流量的能力。

（2）评价公司偿还债务、支付投资利润的能力，谨慎判断公司的财务状况。

（3）分析净收益与现金流量间的差异，并解释差异产生的原因。

（4）通过对现金投资与融资、非现金投资与融资的分析，全面了解公司的财务状况。

3.1.2 财务报表分析的目的和程序

财务报表分析是利用一定的技术方法，对公司财务报表所提供的数据进行加工、分析、比较、评价和解释，对财务报表数据及相关资料进行加工和处理的过程。

1.财务报表分析的目的

财务分析的目的在于通过对财务报表中数据的加工整理，判断公司的财务状况和诊察公司经营管理的得失。报表使用者通过对财务报表进行分析，可以判断公司经营状况是否良好，帮助信息使用者作出决策；同时，公司内部管理者还可以通过分析，找出公司管理存在的问题，提出解决问题的方法，提高公司持续发展的潜力。财务报表分析是从财务报表中整理出对决策有用的信息。不同的报表使用者因决策目的不同而对财务信息的要求有所不同，对财务报表有用信息的分析方式也有所不同，加工和处理也不同。

（1）投资者

对于投资者来说，公司的财务状况是证券市场上投资者决定是否购买/卖出/继续持有的重要依据。交易所的上市公司也被要求定期披露自身的财务报表。因为投资者的利益来源于资本收益和股利收益，这种收益与公司的盈利能力、风险水平、经营效率和发展潜力等密切相关，所以他们相当重视对财务报表的分析。投资者进行财务报表分析通常是为了在竞争性的投资机会中作出最佳选择，同时也是为了了解公司当期和长期收益水平的高低，从而判断公司收益在未来是否会受到重大变故的影响。比如权益投资者通过计算营业利润率、总资产报酬率、净资产收益率等关注公司的盈利能力。盈利能力是权益投资者判断公司回报的基础和保证，是其资本增值的关键。同时由于投资风险的存在，权益投资人也会关注公司当前的财务状况如何、公司的股利支付政策和能力如何、由公司资本结构所决定的风险如何等。

（2）债权人

对于债权人来说，公司的财务状况是债权人是否决定借款的重要依据。债权投资人一般会通过流动比率、速动比率、利息收入倍数等指标判断公司的偿债能力。偿债能力是分析公司是否具有利用资产支付利息和清偿本金的能力。对于银行、公司债券持有人等债权人而言，偿债能力是公司利用资产支付利息和清偿本金的能力。短期债权人比较关心公司的短期财务状况和资产流动性，这与他们能否按期收回放款密切相关。对于长期债权人来说，他们则更关心公司未来的盈利能力信息，因为长期偿债能力不仅取决于公司当前的资产，而且更多地取决于公司未来的长期获利所带来的资产增量和现金流量。债权人的利益来源于持有债权的安全完整性和利息收入。债券的安全完整性主要取决于债务人的经营状况和信誉程度，而利息收入直接与公司的盈利能力相关。另外，由于信用风险的存在，债权人还将偿债能力、盈利能力和资本结构分析相结合。因为盈利能力风险是信用安全的重要因素，资本结构（权益对负债的比例）直接涉及放贷风险。债权人根据财务报表分析的有用信息，制定相应的借款额度、利率水平、付款条件和保障条款等。

（3）经营管理者

对于公司经营管理者而言，他们非常关注公司的营运能力信息。营运能力是公司有效利用资产的经营运转能力。经营管理者的利润与完成受托责任的质量相关。而受托责任往往表现为具体的财务指标，如资本增值额、投资报酬率、销售利润率等，所以经营管理者不仅要关注公司的盈利能力、偿债能力、股利支付能力的结果状况信息，还要关注影响这些结果形成的过程信息。进行资产结构、营运能力、经营风险和财务风险信息分析，发现影响公司盈利能力和偿债能力的因素；采取有效措施，趋利避害，扬长避短，充分利用有限的资源，提高公司的盈利能力，并保持盈利能力的稳定提升。

（4）政府

政府的利益主要来源于公司缴纳的各种税金。这些税金包括与收入相关的流转税、与盈利相关的所得税、与财产金融相关的财产税等。可见国家的利益直接与公司的资产规模、收入水平和盈利能力相关，所以政府部门要着重关注公司的盈利能力、发展能力、财务报表的真实性等，避免有些公司偷税漏税，损害国家和集体的利益。

总的来说，公司的利益相关者从他们自身的利益角度出发，对与其相关的盈利能力、偿债能力、营运能力和发展能力比较关注。也正是这种关注促进了财务报表分析的发展和完善，对公司投资收益、盈利能力、偿债能力、公司价值进行评价与分析，满足了公司利益相关者的利益分析需要。

（5）供应商

为决定是否建立长期合作关系，供应商需要分析公司的长期盈利能力和偿债能力；为决定信用政策，还需要分析公司的短期偿债能力。

2.财务报表分析的程序

（1）明确分析目的

财务报表的使用者，无论是公司的管理者还是公司外部有关方面，都有自己特定的目的，他们都希望从报表中获取对决策有用的信息。会计报表的分析资料，有的是通用的，有的则只适用于特定的使用者。因此，为了充分发挥报表信息的作用，报表分析者必须事先明确分析目的，深入了解报表使用者的具体要求，尽可能有重点、有针对性地进行分析。

（2）设计分析程序

在明确分析目的的基础上，分析者要根据可以取得的资料及分析者的习惯来设计分析程序。设计分析程序的工作包括：根据分析目的确定需要回答的问题是什么，根据所需回答的问题确定主要的财务评价指标，确定分析时采用的技术方法，确定分析到什么层次为止等。

（3）收集有关信息

财务报表分析的基本依据当然是公司编制的财务报表，但是为了正确评价公司的经营成果与财务状况、满足报表使用者的决策需要，报表分析者还应该尽可能地收集其他有关资料。

（4）将整体分解

收集资料，必须根据已经确定的范围收集分析时所需要的资料。通常财务报表是任何分析都需要的，除此之外，还可能需要非财务报表资料。反映公司整体的财务报表，并不适合特定目的的分析。分析者要根据自己的需要进行选择和修正，使之变得易于理解和使用。一般可以将整体分解为各个部分，通过分析，将研究对象分解为各个组成部分、方面、因素，为以后分别研究提供基础。

（5）研究各个部分的特殊本质

财务报表不仅要解释现象，而且要分析原因。将整体分解成各个部分后，需要分别研究其特殊本质，对一些主要指标必须从其影响因素角度进行深入的定量分析，确定各因素对其影响的方向和程度，以达到深刻认识事物的目的。

（6）研究各部分之间的联系

影响公司财务指标的因素有很多，有微观的也有宏观的，因此分析时应研究各部分之间的联系，即所谓的“综合”分析。通过“综合”分析，把研究对象的各个部分、方面和因素联系起来加以分析，从多项财务指标的变化中发现公司财务活动的规律性。“综合”是在分析的基础上进行的，目的是找出各方面的各种属性之间的有机联系，并将它看成一个概念和逻辑的系统，从而形成对事物的整体结论。为此，分析人员应该做到在进行绝对指标比较分析的同时进行相对指标的比较分析，在进行横向比较分析的同时进行纵向比较分析。

（7）得出分析结论

财务综合分析与评价是在应用各种财务方法进行分析的基础上，将定量分析结果、定性分析判断及实际调查情况结合起来，以得出财务报表分析结论的过程。对于专业分析人员来说，自己不是决策者，他们在分析完成后，还需要给委托人或上级主管出具一份论据充足、叙述清楚、分析透彻的分析报告，以提供分析结论，供决策者使用。

（8）撰写财务报表分析报告

财务报表分析报告是财务报表分析的最后步骤。它将财务报表分析的基本问题、分析结论以及针对问题提出的措施和建议以书面的形式表示出来，为财务报表分析主体及财务报告的其他受益者提供依据。财务报表分析报告既可以作为财务报表分析工作的总结，还可以作为历史信息供后续财务报表分析参考，保证财务报表的连续性充足、叙述清楚、分析透彻，以表达分析结论，供决策者使用。财务报表分析报告不仅要表达最终结论，还应包括分析的过程，这对于决策者来说是至关重要的。它可以使决策者获得对该公司或它的某一方面的具体的认识。

3.1.3 财务报表分析的方法

财务报表分析的方法包括趋势分析法、结构分析法、对比分析法、因素分析法、比率分析法五种。

1.趋势分析法

趋势分析法是通过观察连续数期的财务报表，比较各期的有关项目金额，分析某些指标的增减变动情况，在此基础上判断其发展趋势，从而对未来可能出现的结果作出预测的一种分析方法。运用趋势分析法，报表使用者可以了解有关项目变动的基本趋势，判断这种趋势是否有利，并对公司的未来发展作出预测。趋势分析法的具体运用主要有以下三种方式：

（1）重要财务指标的比较。定基动态比率，是以某一时期的数额为固定的基期数额计算出来的动态比率，其计算公式为：定基动态比率=分析期数额/固定基期数额；环比动态比率，是以每一分析期的前期数额为基期数额计算出来的动态比率，其计算公式为：环比动态比率=分析期数额/前期数额。

（2）会计报表的比较。

（3）会计报表项目构成的比较。

2.结构分析法

所谓结构分析法，是指将财务报表中某一关键项目的数字作为基数（即100%），再计算该项目各个组成部分占总体的百分比，以分析总体构成的变化，从而揭示出财务报表中各项目的相对地位和总体结构关系。采用结构分析法，可以用实际数与计划数进行对比，找出实际与计划或预算的差异；也可以将本期的某一项目与上期的同一项目进行比较，计算出以上期为准的增减变化，考察其发展变化情况；还可以进行行业之间的对比，判断在同行业中所处的地位。公司结构分析法的步骤如下：

（1）计算表中各项目在总体中所占的比例。

（2）通过该比例判断该项目在报表中的所占位置以及重要性如何。

（3）将该比例与基期或上一年度的比例数据进行对比，观察其变化趋势。

3.对比分析法

对比分析法是将财务报表中的某些项目或比率与其他的相关资料对比来确定数量差异，以说明与评价公司的财务状况和经营成绩的一种报表分析方法。比如如果发现销售增长了10%时，销售成本增长了14%，也就是说，成本比收入增加得更快，这与通常的假设是相悖的。通常假设在产品和原材料价格不变时，销售收入和销售成本同比例增长。现在出现了这种差异，一般有三种可能：一是产品价格下降；二是原材料价格上升；三是生产效率降低。要确定具体的原因，就需要借助其他方法和资料作进一步的分析判断。

4.因素分析法

因素分析法是通过分析影响财务指标的各项因素及其对指标的影响程度，说明本期实际与计划或基期相比较发生变动的主要原因以及各变动因素对财务指标变动的影响程度的一种分析方法。因素分析法既可以全面分析各因素对某一经济指标的影响，又可以单独分析某个因素对某一经济指标的影响，在财务分析中广泛应用。具体分为三个步骤：

（1）确定需要分析的指标。

（2）确定影响该指标的各因素及与该指标的关系。

（3）计算确定各个因素影响的程度数额。

5.比率分析法

比率分析是在同一张财务报表的不同项目或不同类别之间，或在不同财务报表的有关项目之间，用比率来反映它们之间的关系，据以评价公司的财务状况和经营业绩，并找出经营中存在的问题和解决方法。

（1）构成比率。构成比率又称结构比率，是某个经济指标的各个组成部分与总体的比率，反映部分与总体的关系。其计算公式为

构成比率＝某个组成部分数额/总体数额

利用构成比率，可以考察总体中某个部分的形成和安排是否合理，以便协调各项财务活动。

（2）效率比率。它是某项经济活动中所费与所得的比率，反映投入与产出的关系。利用效率比率指标，可以进行得失比较，考察经营成果，评价经济效益。

（3）相关比率。它是根据经济活动客观存在的相互依存、相互联系的关系，以某个项目和与其有关但又不同的项目加以对比所得的比率，反映有关经济活动的相互关系，如流动比率、速动比率等。

采用比率分析法进行分析时，由于财务报表分析的目的不同、角度不同，对同一比率所作出的解释和评价也不同。如从流动性和风险性的角度来看，流动比率越高越好，但是从收益性的角度来看，流动比率越高，公司流动资产占用资金就越多，效益则越低。所以在评价某一比率是否合理时，要结合各方面的标准具体分析。

除了上述财务报表分析的方法外，财务报表使用者还可针对特殊的需要，对财务报表进行特殊分析。例如公司为了确定最佳存货水平，要根据每次订货成本、单位存储成本、存货需求量等信息进行经济订购批量分析。

总之，财务分析方法是一种微观的分析方法，强调分析某一公司的经营情况、财务结构等内在因素。其本身只是一种手段，通过这种手段了解公司的实质，从而达到预测未来发展的目的。

3.2 财务比率分析

财务比率分析根据同一时期财务报表中两个或多个项目之间的关系，计算其比率，以评价公司的财务状况和经营成果。财务比率分析可以消除规模的影响，用来比较不同公司的收益与风险，从而帮助投资者和债权人作出理智的决策。这些财务比率大体上可以分为三类：偿债能力比率、营运能力比率、盈利能力比率。

3.2.1 偿债能力比率

偿债能力是公司用其资产偿还长期债务与短期债务的能力，并帮助债权人分析公司有无发生财务危机的可能。短期债务即公司的流动负债，是指在1年内或超过1年的一个营业周期内需要偿付的债务；长期债务即公司的非流动负债，是指期限超过1年的债务。长期负债与流动负债相比，具有数额较大、偿还期限较长的特点。偿债能力比率可以反映公司维持充足资金的情况、短期债务的承担能力以及对其他支出的支付能力，所以债权人非常重视这类比率。常用的变现能力比率主要有流动比率、速动比率、长期债务比率、已获利息倍数。

1.流动比率

流动比率反映流动资产与流动负债的关系。流动比率反映了流动资产在短期债务到期以前，可以变为现金用于偿付流动负债的能力，即表明一定时期内，公司每单位（元）流动负债有多少流动资产作为偿还保证。一般情况下，营业周期、流动资产中的应收账款数额和存货的周转速度是影响流动比率的主要因素。计算公式为

流动比率＝流动资产÷流动负债

流动比率可以反映短期偿债能力。公司偿债能力的高低关乎公司健康和财务安全，直接影响公司的生存和发展。公司能否偿还短期债务，要看有多少债务以及有多少可以变现偿债的资产。流动资产越多，短期债务越少，则偿债能力越强。一般认为，生产型公司合理的最低流动比率是1：2。但从投资经营的角度来讲，过高的流动比率并不完全是件好事。流动比率过高，则显示对资金没有作最有效的运用，这可能是现金余额过多，也可能是应收账款过多，还可能是存货过量，而这些都是资金浪费，表明未能有效利用闲置资金。报表使用者对偿债能力进行分析的目的在于了解公司的财务状况，揭示公司所承担的财务风险程度，预测公司的筹资前景，为公司进行各种财务管理活动提供参考。由于各个行业的性质不同、经营战略和理念不同，流动比率的大小也有所不同，所以流动比率只有与同行业平均流动比率、本公司历史的流动比率进行综合比较，才能知道这个比率的高低，判断公司是否具有短期偿债风险，从而为投资者和管理者的理性决定提供科学的依据。

例3-1 根据表3-1中的数据，计算出来的流动比率如表3-4所示。

表3-4　燕鸣公司流动比率计算表

项目	2020年	2019年
①流动资产合计/万元	59 757.13	49 455.63
②流动负债合计/万元	35 476.29	20 794.90
流动比率①/②	1.68	2.38

由表3-4可知，燕鸣公司2020年的流动比率为1.68，说明每1元的负债有1.68元的资产作保障；2019年的流动比率为2.38，说明每1元的负债有2.38元的资产作保障。这表明燕鸣公司2019年在偿付短期债务方面没有较大的困难，但2020年受大量短期借款融资的影响，流动资产的增速小于流动负债的增速，导致流动比率下降，但也还在可接受的范围内。

2.速动比率

流动比率在评价短期偿债能力时，有一定的局限性。流动比率的意义在于揭示流动资产对流动负债的保障程度，考察短期债务偿还的安全性，而速动比率是用以衡量公司流动资产中可以即刻用来偿付到期债务的能力。例如有的公司流动比率较高，但其流动资产的流动性较差，短期偿债能力仍然不强。利益相关者（特别是短期债权人）希望获得比流动比率更进一步的有关变现能力的指标，该指标就是速动比率，也称酸性测试比率。速动比率的计算是用流动资产减去流动性较差的资产（存货、待摊费用等）的余额再除以流动负债。这是因为存货在公司的流动资产中通常流动性最小，有时不能及时变现以偿还债权人的债务，且在清算时，这种资产很可能发生亏损。因此，衡量公司短期偿债能力不考虑存货的销售。速动比率计算公式为

速动比率＝（流动资产－存货）÷ 流动负债

在计算速动比率时，要把存货从流动资产中剔除的主要原因：一是在流动资产中存货的变现能力最差；二是部分存货可能已损失报废还未作处理；三是部分存货已抵押给某债权人；四是存货估价还存在成本与当前市价相差悬殊的问题。一般来说，速动比率越高，表示公司的偿债能力越强。但过高的速动比率也说明公司的资金利用效率低下。通常认为正常的速动比率为1，低于1的速动比率被认为是短期偿债能力偏低。但因为行业不同，速动比率会有很大差别，在实际分析时，还要考虑同行业的平均速动比率水平。

影响速动比率可信度的重要因素是应收账款的变现能力。增强公司变现能力的因素：可动用的银行贷款指标、准备很快变现的长期资产、偿债能力的信誉；减弱公司变现能力的因素：未作记录的或有负债、由担保责任引起的负债。

例3-2 根据表3-1中的数据计算速动比率，如表3-5所示。

表3-5　燕鸣公司速动比率计算表

项目	2020年	2019年
①流动资产合计/万元	59 757.13	49 455.63
②存货/万元	24 310.14	17 605.05
③流动负债合计/万元	35 476.29	20 794.90
速动比率（①－②)/③	1.00	1.53

由从表3-5可知，2020年燕鸣公司的速动比率为1.00，说明公司每1元的流动负债至少应当有1元的速动资产来支付；2019年燕鸣公司的速动比率为1.53，说明公司每1元的流动负债至少应当有1.53元的速动资产来支付。这表明公司这两年的变现能力有所下降，但仍维持在正常水平，后续应加强对流动资产的管理，避免速动比率持续下降。

3. 长期债务比率

长期债务比率又称资本化比率，反映公司长期负债与资产总额之间的关系。其计算公式为

$$长期债务比率=（长期负债\div 总资产）\times 100\%$$

长期债务比率可以用来分析当公司财务困难时有多少资产可以变现，以支付所有的长期债务，体现出长期债权人索偿权的保障程度。该指标主要有以下三个特征：第一，保证长期负债得以偿还的基本前提是企业短期偿债能力较强，不至于破产清算。短期偿债能力是长期偿债能力的基础。第二，长期负债因为数额较大，其本金的偿必须有一个积累的过程。从长期来看，所有真实的报告收益应最终反映为企业的现金净流入，所以企业的长期偿债能力与企业的获利能力是密切相关的。第三，企业的长期负债数额大小关系到企业资本结构的合理性，所以对于长期债务不仅要从偿债的角度来考虑，还要从保持资本结构合理性的角度来考虑。

不同的利益相关者对该指标有不同的理解：从债权人角度来看，长期债务比率反映的是公司在持续经营下对长期债权的保障程度，这一比率越低越好。从股东角度来看，长期债务比率反映的是财务杠杆的利用程度。在资本利润率大于借款利息率时，可以给公司带来正的财务杠杆作用，增加每股收益，所以长期债务比率越大越好；反之，则越小越好。从管理者角度来看，长期债务比

率反映的是公司经营者的进取心和利用债权人资本进行经营活动的能力。负债越多，表明公司活力越充沛；负债越小或根本无负债，则表明公司畏缩不前。该指标主要用来反映企业需要偿还的及有息长期负债占整个长期营运资金的比重，所以无论是对股东、债权人，还是对管理者而言，负债经营都具有一定的风险性。负债率越高，意味着公司面临的风险越高，因而该指标不宜过高。公司应该保持适当的长期债务比率，一般应在20%以下。

例3-3 根据表3-1中的数据计算燕鸣公司长期债务比率，如表3-6所示。

表3-6　燕鸣公司长期债务比率计算表

项目	2020年	2019年
①长期负债合计/万元	15 775.80	17 353.44
②资产总计/万元	109 111.92	94 496.07
长期债务比率①/②/%	14.46	18.36

由表3-6可知，2020年燕鸣公司的长期债务比率为14.46%，2019年燕鸣公司的长期债务比率为18.36%，说明该公司资产价值远远超过总长期负债，公司在偿付长期性债务方面基本没有困难，财务风险较低。虽然对于债权人来说，其收回债权的概率很高，但是对于投资者来说，过低的长期债务比率表示企业对财务杠杆作用利用不足，没能更好地发挥长期债务的撬动作用。结合短期负债来看，该公司过多地依赖短期债权融资，这加大了企业的财务风险，同时也加重了公司偿还短期债务的负担。

4.已获利息倍数

如前所述，企业举借债务不仅要偿还本金，还要支付利息。已获利息倍数可用来分析公司在一定盈利水平下支付债务利息的能力。支付利息的能力，是指公司在一个会计期间内获得的息税前利润与固定利息费用的倍数关系，也称利息保障倍数。其计算公式为

$$已获利息倍数=息税前利润\div利息费用$$

该比率反映公司当期的经营收益能在多大程度上满足当期利息费用开支的需要。公司的盈利越多，支付利息的能力越强，债权人所受的保障越大。应注意税前所得费用分子，因为所得税是在利息费用扣除后计算的，所以公司支付现在利息的能力不受所得税影响。

公式中的息税前利润总额等于企业的净利润+企业支付的利息费用+企业支付的所得税。

公式分子中的利息费用只包括财务费用中的利息支出，而分母中的利息费用包括财务费用中的利息支出和资本化利息。

已获利息倍数不仅反映了公司获利能力的大小，而且反映了获利能力对偿还到期债务的保证程度。它既是公司举债经营的前提，也是衡量公司长期偿债能力大小的重要标志。由此可以得出这样的启示：若要维持正常的偿债能力，一般情况下，已获利息倍数越高，企业长期偿债能力就越强。国际上通常认为，该指标为3时较为适当，而从长期来看，至少应大于1。一般来讲，该指标越高，公司长期偿债能力一般也就越强。如果已获利息倍数过小，公司将面临亏损、偿债的安全性与稳定性下降的风险。合理的已获利息倍数要根据往年经验结合行业特点来判断。

例3-4 根据表3-2中的数据计算燕鸣公司已获利息倍数，如表3-7所示。

表3-7 燕鸣公司已获利息倍数计算表

项目	2020年	2019年
①息税前利润/万元	1 133.64	−9 200.32
②利息费用/万元	143.45	653.51
已获利息倍数①/②	7.90	−14.10

由表3-7可知，2020年燕鸣公司的已获利息倍数为7.90，2019年燕鸣公司的已获利息倍数为−14.10。燕鸣公司2019年已获利息倍数为负，主要原因是该公司2019年亏损严重，偿还到期债务的保证程度很弱。2020年企业扭亏为盈，利息保障倍数达到7.90，表明企业偿还短期债务的能力有所回升。

3.2.2 营运能力比率

营运能力分析，是指通过计算企业资金周转的有关指标分析其资产利用的效率，是对企业管理层管理水平和资产运用能力的分析，反映了公司有效运用资产的能力。管理能力越强，公司资产周转得就越快。使用资本的效率主要反映在资产的周转速度或周转时间上。营运能力分析既可以针对某一单项资产，如存货或应收账款等，也可以着眼于整个企业的经济活动来考察总资产的周转速度。资产管理比率主要有存货周转率、应收账款周转率、固定资产周转率、流动资产周转率和总资产周转率等指标。

1.存货周转率

存货周转率是公司一定时期的营业成本与平均存货余额的比值。存货周转率反映公司购入存货到销售存货的年平均速度，通常用年平均周转次数表示。计算公式为

$$存货周转率=营业成本\div 存货平均余额$$

其中：存货平均余额=（期初存货额+期末存货额）÷2；如果公司的销售具有明显的季节性或销量经常发生变动，存货平均余额=每月底存货余额之和÷12。

存货周转率是企业营运能力分析的重要指标之一，在企业管理决策中被广泛应用。存货周转率不仅可以用来衡量企业生产经营各环节中的存货运营效率，而且还被用来评价企业的经营业绩，反映企业的绩效。存货周转率不但反映存货周转速度、存货占用水平，也在一定程度上反映了企业销售实现的快慢。一般情况下，存货周转率越高，说明公司存货周转速度越快，企业投入存货的资金从投入到完成销售的时间越短，存货转换为货币资金或应收账款等的速度越快，资金的回收速度越快，营运能力就越强。如果积压的存货越多，其存货周转率就越低，运用资产创造利润的营运能力就越差。但是存货周转期的长短，只有通过客观、综合的了解与分析，才能获得正确全面的认识。公司管理者和有条件的外部报表分析者除了分析批量因素、季节性生产的变化等情况外，还应该分析存货的结构以及影响存货周转速度的重要项目，如深入分析原材料周转率、在产品周转率和产成品周转率等。

例3-5 根据表3-1中的数据计算出平均存货余额，然后根据表3-2中的数据计算燕鸣公司存货周转率，如表3-8所示。

表3-8　燕鸣公司年存货周转率计算表

项目	2020年
①营业成本/万元	33 888.72
②存货平均余额/万元	(17 605.05+24 310.14)÷2=20 957.595
存货周转率①/②/次	1.62

由表3-8可知，2020年燕鸣公司存货周转率为1.62，说明该公司2020年从购入存货、生产到销出存货，一年内周转了1.62次。

2.应收账款周转率

应收账款是一项重要的流动资产，及时收回应收账款，不仅增强了公司的短期偿债能力，也反映出公司管理应收账款方面的效率。反映应收账款周转速度的指标是应收账款周转率。应收账款周转率，是指营业收入同平均应收账款总额之间的比。它是年内应收账款转为现金的平均次数，用以测定其特定期内公司收回赊销款项的速度和效率。其计算公式为

应收账款周转率＝赊销净额÷平均应收账款净额

其中：

赊销净额＝营业收入－现金销售－销货退回、折扣、折让

平均应收账款净额＝（期初应收账款净额+期末应收账款净额）÷2

赊销净额可以从公司利润表中获得，但财务报表的外部使用者取得这项数据较为困难。因此在实务中多采用营业收入来计算应收账款周转率。只要保持历史的一贯性，使用营业收入来计算该指标一般不影响其分析和利用价值。

平均应收账款净额可以从公司资产负债表中获得。所谓净额，是指应收账款余额减去坏账备抵后的数额。

一般情况下，应收账款周转率越高越好，周转率越高，表明赊账越少，收账迅速，账龄较短，利用营业产生的资金支付短期债务的能力越强，这在一定程度上可以弥补流动比率低的不利影响。资产流动性强，短期偿债能力强，可以减少坏账损失等。在企业的日常运营中，应收账款周转率越高，说明其收回越快。反之，如果应收账款周转率过低，则反映了资金利用率不高，或销售信用政策太松，影响了资金的正常运转，说明营运资金过多地呆滞在应收账款上，影响了正常的资金周转及偿债能力。分析应收款周转率要与公司以往年度同种指标、行业平均值以及本行业里其他公司的同种指标进行比较，才能判断公司应收账款周转率的高低。

例3-6 根据表3-2中的数据计算赊销净额（设100%赊销），然后根据表3-1中的数据计算燕鸣公司应收账款周转率，如表3-9所示。

表3-9　燕鸣公司应收账款周转率计算表

项目	2020年
①赊销净额（营业收入100%为赊销）/万元	42 096.69
②平均应收账款净额/万元	(15 042.35+10 184.16)÷2＝12 613.255
应收账款周转率①/②/次	3.34

由表3-9可知，燕鸣公司2020年应收账款周转率为3.34，说明公司在2020年内从赊销到收回货款的周转次数为3.34次。

3.固定资产周转率

固定资产周转率是公司营业收入与固定资产净值的比值，也称固定资产利用率。固定资产周转率反映公司固定资产在经营过程中的使用效率。其计算公式为

固定资产周转率＝营业收入净额÷固定资产净值

公式中固定资产净值可采用资产负债表中的年初年末的平均数，若固定资产净值变动不大，亦可采用年末数。

固定资产周转率反映了公司对厂房、设备等固定资产的利用效率，比率越高，利用率越高，管理水平越好。由于固定资产净值受固定资产原始成本、固定资产使用年限、折旧政策和自有与租赁的相对比重等因素的影响，即使经营规模完全相同的两家公司，固定资产周转率也可能会出现较大差异，所以该比率只适用于本公司不同年度的比较。

如果固定资产周转率与同行业平均水平相比偏低，则说明企业对固定资产的利用率较低，可能会影响企业的获利能力。在进行固定资产周转率的计算时应注意以下两点：

（1）这一指标的分母采用平均固定资产净值，因此指标的比较将受到折旧方法和折旧年限的影响，应注意其可比性问题。

（2）当企业固定资产净值率过低（如因资产陈旧或过度计提折旧），或者当企业属于劳动密集型企业时，这一比率可能没有太大的意义。

例3-7 根据表3-1中的数据计算固定资产净值，然后根据表3-2中的数据计算燕鸣公司固定资产周转率，如表3-10所示。

表3-10　燕鸣公司固定资产周转率计算表

项目	2020年	2019年
①营业收入/万元	42 096.69	31 847.95
②固定资产净值/万元	22 806.53	24 053.80
固定资产周转率①/②/次	1.85	1.32

由表3-10可知，2020年和2019年，燕鸣公司固定资产周转率分别为1.85和1.32，说明该公司2020年固定资产的利用效率高于2019年固定资产的利用效率。但该公司固定资产运用是否真正有效率还需要作更深入的分析，切忌只凭一个比率就作出定论。

4.流动资产周转率

流动资产周转率是营业收入净额与流动资产平均总额的比值，它反映公司流动资产的利用效率。其计算公式为

流动资产周转率＝营业收入净额÷流动资产平均总额

流动资产平均总额等于资产负债表中的流动资产年初额与流动资产年末额的平均数。

例3-8 根据表3-1中的数据计算流动资产平均总额，然后根据表3-2中的数据计算燕鸣公司流动资产周转率，如表3-11所示。

流动资产周转率反映流动资产的周转速度。周转速度快，相对节约流动资产，等于相对扩大资产投入，增强公司的盈利能力；而延缓周转速度，需要补充流动资产参加周转，会造成资金浪费，降低公司的盈利能力。

表3-11　燕鸣公司流动资产周转率计算表

项目	2020年
①营业收入净额/万元	42 096.69
②流动资产平均总额/万元	(59 757.13+49 455.63)÷2＝54 606.38
流动资产周转率①/②/次	0.77

由表3-11可知，燕鸣公司在2020年的流动资产周转率为0.77。

5.总资产周转率

总资产周转率是营业收入与资产总额的比值，也称总资产利用率。总资产周转率从总体上反映公司利用资产的效率。其计算公式为

总资产周转率＝营业收入净额÷资产总额

资产总额可采用资产负债表中的年初年末的平均数，亦可采用年末数。

总资产周转率是考察企业资产运营效率的一项重要指标，体现了企业经营期间全部资产从投入到产出的流转速度，反映了企业全部资产的管理质量和利用效率。通过该指标的对比分析，可以反映企业本年度以及以前年度总资产的运营效率和变化，发现企业与同类企业在资产利用上的差距，促进企业挖掘潜力、积极创收、提高产品市场占有率、提高资产利用效率。一般情况下，该比率越高，表示公司投资发挥的效益越大，其结果是利润率上升；反之，说明资产利用程度不高，投资所发挥的效益较差。如果公司的总资产周转率长期处于较低状态，那么公司就需要采取相应的措施，以提高各项资产的利用程度，对那些低效率、低利用率或闲置的资产进行及时处理，以加速资产的周转速度，提高公司的整体营运能力。

例3-9 根据表3-1及表3-2中的数据计算燕鸣公司总资产周转率，如表3-12所示。

表3-12　燕鸣公司总资产周转率计算表

项目	2020 年	2019 年
①营业收入/万元	42 096.69	31 847.95
②资产总额/万元	109 111.92	94 496.07
总资产周转率①/②/次	0.39	0.34

由表3-12可知，燕鸣公司在2020年的总资产周转率（0.39）高于其在2019年的总资产周转率（0.34），说明燕鸣公司在2020年的公司投资发挥的效益大于2019年公司投资发挥的效益。

3.2.3 盈利能力比率

盈利能力是公司赚取利润的能力。盈利是企业的重要经营目标，是企业赖以生存和发展的物质基础，它不仅关系到企业所有者的利益，还是企业偿还债务的一个重要来源。如果没有获利能力，必定无法获得外来资本，债权人与股东也必然要尽快收回借款和投资。因此无论是投资人、债权人还是企业管理人员，都重视和关心企业的获利能力。反映企业盈利能力比率的指标主要有营业毛利率、营业净利率、资产净利率和净资产收益率等。

1.营业毛利率

营业毛利率是毛利占营业收入的百分比。毛利是指营业收入净额减去营业成本以后的数额。毛利率反映毛利与营业收入之间的关系。其计算公式为

营业毛利率＝（毛利÷营业收入净额）×100%

营业毛利率，表示每1元营业收入扣除营业成本后，有多少可以用于各项期间费用和形成盈利。营业毛利率是公司营业净利率的最初基础，没有足够大的毛利率便不能盈利。毛利率越高，表示公司的获利能力越强。毛利率高，也表示公司有能力面对竞争压力，尤其是在价格竞争方面，能够开展削价竞争，以求在市场中站稳脚跟或增加市场份额。在分析上市公司财务的时候，毛利率越高越好。但是具体到某一家企业的时候，还要和同行业的其他公司进行比较。比如餐饮服务业的毛利率是普遍较高的，不能与造纸行业相比。另外，通过这个指标也可以从历史的角度看企业的成长脉络，投资者可以根据毛利率的变化看企业的发展是加速了还是减速了。当投资者看到一家公司的毛利率明显高于同行业其他公司的时候，还要具体分析一下原因，了解是由该公司的产品技术含量高，还是行业垄断，或者是大股东特意进行的利润输送等所致。

例3-10 根据表3-2中的数据计算燕鸣公司年营业毛利率，如表3-13所示。

表3-13　燕鸣公司年营业毛利率计算表

项目	2020年	2019年
①营业毛利/万元	8 207.97	3 638.91
②营业收入/万元	42 096.69	31 847.95
营业毛利率①/②/%	19.5	11.4

由表3-13可知，该公司的营业毛利率在2020年和2019年分别为19.5%和11.4%，有所上升，企业经营状况有所好转。

2.营业净利率

营业净利率，是指净利与营业收入的百分比，表示营业收入的收益水平。该指标反映的是公司运用全部资产所获得利润的水平，即公司每占用1元的资产平均能获得多少元的利润，也称为盈利率。其反映公司在营业方面的效率。其计算公式为

营业净利率＝（税后利润÷营业收入净额）×100%

营业净利率反映每1元营业收入带来的净利润的多少，是企业销售的最终获利能力指标，该比率越高，表明公司投入产出水平越高，资产运营越有效，成本费用的控制水平越高，说明企业的获利能力越强。但它受行业特点影响较大，所以高低的标准要依据每家公司的性质和特征确定。一般来说，零售业的营业净利率偏低，所以要靠争取较大的营业收入来赚取利润，而专门性的、具有特权性质的业务，如医药服务等，由于没有太大的业务竞争，营业净利率往往偏高。

营业净利率是否合理，除与公司往年数据相比外，还要与同一行业内的其他公司相比，至少要高于一般债券的利率，才是可以接受的。从营业净利率的指标关系来看，净利润与营业净利率成正比例，而营业收入额与营业净利率成反比例。

例3-11 根据表3-2中的数据计算燕鸣公司年营业净利率，如表3-14所示。

表3-14　燕鸣公司年营业净利率计算表

项目	2020年	2019年
①税后利润/万元	1 315.71	－7 934.25
②营业收入/万元	42 096.69	31 847.95
营业净利率①/②/%	3.13	－24.91

由表3-14可知，燕鸣公司2020年的营业净利率为3.13%，即2020年燕鸣公司每1元营业收入带来的净利润是0.031 3元；燕鸣公司2019年的营业净利率为－24.91%，即2020年燕鸣公司每1元营业收入带来的净亏损是0.249 1元。

3.资产净利率

资产净利率是公司在一定时期内的净利润与资产总额的百分比，也称为投资收益率或资产报酬率。资产净利率主要用来衡量公司利用资产获取利润的能力，反映了公司总资产的利用效果。其计算公式为

资产净利率＝（税后利润÷资产总额）×100%

公式中资产总额可采用资产负债表中的年初年末的平均数，亦可采用年末数。毛利率的增加并不能保证企业利润的增加。在理想的情况下，以利润与投入资本的比例关系来衡量利润的增减变化是比较可靠的，譬如资产净利率。它反映的是企业资产利用的综合效果，用于衡量企业运用全部资产盈利的能力。总资产报酬率越高，说明企业资产的运用效率越好，也意味着企业的资产盈利

能力越强。资产净利率是衡量企业盈利能力的综合指标。公司的资产是由投资人投入或举债形成的。净利的多少与企业资产的多少、资产的结构、经营管理水平有着密切的关系。为了正确评价企业经济效益的高低、挖掘提高利润水平的潜力，可以用该项指标和本企业前期情况、计划与本行业平均水平和本行业内先进企业进行对比，分析形成差异的原因。资产净利率越高，表明资产的利用效率越高，说明公司在增加收入和节约资金等方面取得了良好的效果。

例3-12 根据表3-15及表3-2中的数据计算燕鸣公司年资产净利率，如表3-15所示。

表3-15　燕鸣公司年资产净利率计算表

项目	2020年	2019年
①税后利润/万元	1 315.71	－7 934.25
②资产总计/万元	109 111.92	94 496.07
资产净利率 ①/②/%	1.21	－8.40

由表3-15可知，燕鸣公司2020年的资产净利率为1.21%，2019年的资产净利率为－8.40%，表明燕鸣公司2020年资产的利用效率明显高于2019年。但2020年的资产净利率仍然很低，其能否被投资者接受，还必须与本行业平均水平和本行业内先进企业进行对比，以及结合投资者对企业未来发展能力的预估，才能得出结论。

4.净资产收益率

净资产收益率是税后利润与所有者权益的百分比，又称净值报酬率、权益报酬率或所有者权益收益率，反映了投资者投入净资产获得的收益的比率。其计算公式为

净资产收益率＝（税后利润÷所有者权益）×100%

该比率反映股东权益所获报酬的水平，从股东的角度反映投入产出情况，即公司股东每投入1元所能获得的税后利润。一般情况下，股东关心公司的经营利润水平，但他们更关心的是与自身经济利益密切相关的净资产收益率。如果公司不能经常以派发股利或股票市场价格升值的形式为股东们提供足够的收益或报酬，那么很可能难以维持现有的资产基础，更不用说吸引潜在的投资者来扩大公司的经营规模了。净资产收益率可衡量公司对股东投入资本的利用

效率，它弥补了每股税后利润指标的不足。

例3-13 根据表3-1及表3-2中的数据计算燕鸣公司年净资产收益率，如表3-16所示。

表3-16 燕鸣公司年净资产收益率计算表

项目	2020年	2019年
①税后利润/万元	1 315.71	－7 934.25
②所有者权益合计/万元	57 859.84	56 347.73
净资产收益率①/②/%	2.27	－14.08

由表3-16可知，该公司2020年净资产收益率高于2019年净资产收益率，公司实现了扭亏转盈，但从比率来看，股东所获报酬依然很低。公司还可以从整体上分析各种影响净资产收益率的因素，并进一步分析有无提高的可能。

3.2.4 上市公司的财务比率分析

上市公司财务比率分析是上市公司同一张财务报表的不同项目之间、不同类别之间，或在两张不同财务报表和资产负债表、损益表的有关项目之间，用比率来反映它们之间的相互关系，以求从中发现问题并据以评价企业的财务状况和经营中存在的问题。对于上市公司来说，可供分析的指标很多，但最重要的财务指标是与投资者最直接相关的，以每股的形式说明收益、股利等指标，即每股收益、市盈率、每股净资产和市净率。

1.每股收益

每股收益，是指本年净收益与年末普通股份总数的比例，是普通股股东每持有一股所能享有的企业净利润或需承担的企业净亏损。其计算公式为

每股收益=净利润÷年末普通股股数

如果公司发行了不可转换优先股，计算时要扣除优先股股数及其分享的股利，以使每股收益反映普通股的收益状况。其计算公式为

每股收益=（净利润－优先股股利）÷（年末普通股股数－年度优先股股数）

例3-14 A公司是一个上市公司，本年利润分配和年末股东权益的有关资料如表3-17所示。

表3-17　A公司有关资料　　单位：万元

净利润	3 000
加：年初未分配利润	500
可分配利润	3 500
减：提取法定盈余公积金	300
可供股东分配的利润	3 200
减：已分配优先股股利	0
提取任意盈余公积金	150
已分配普通股股利	2 000
未分配利润	1 050
股本（每股面值1元、市价5元）	4 500
资本公积	2 200
盈余公积	1 400
未分配利润	1 050
所有者权益合计	9 150

该公司当年净利润为3 000万元，发行在外的普通股为4 500万股。所以，

A公司每股收益＝3 000÷4 500＝0.67（元／股）

每股收益是衡量上市公司盈利能力的最重要的财务指标。它从普通股股东的角度反映企业的经营成果，衡量普通股的获利水平及投资风险，是投资者等信息使用者据以评价企业盈利能力、预测企业成长潜力，进而作出相关经济决策的重要的财务指标之一。该指标值越高，说明公司的盈利能力越强，普通股股东的可得收益也越多。在分析时，可以把公司在不同时期的每股收益进行比较，以了解该公司的盈利能力变化趋势。但每股收益在使用时也存在局限性，例如每股收益不反映股票所含有的风险。由于不同公司股票的每一股所含有的净资产和市价即换取每股收益的“成本”不同，因此限制了每股收益在公司间的比较。

2.市盈率

市盈率，是指普通股每股市价与每股收益之间的比例，是衡量公司盈利能力和反映股价是否有投资价值的一个非常重要的指标。其计算公式为

市盈率＝普通股每股市价÷普通股每股收益

市盈率反映投资人对每1元净利润所愿支付的价格。一般认为，股票的市盈率高，则表明投资者对公司的未来充满信心，愿意为每1元盈余多付买价；股票

的市盈率低，则表明投资者对公司的未来缺乏信心，不愿意为每1元盈余多付买价。市盈率过高或过低都不好，意味着该股票的风险增大。决定和影响市盈率的因素有股利增长率、股利折现率、股利付息率。通过该指标，可以判断股票市场价格是否有吸引力。比较多个公司的市盈率，并结合对其所属行业经营前景的了解，可以作为选择投资目标的参考。市盈率越高，表明市场对公司的未来越看好，风险也大。一般的投资期望报酬率为5%～10%，所以正常的市盈率为10～20倍。市盈率是动态的，因为股价和每股收益都是可变的，如A公司股票今年的每股收益为0.5元，明年可能会到0.3元，业绩大幅下降；而B公司股票今年的每股收益为0.001元，明年可能会到0.2元，业绩大幅增长。根据新的每股收益计算出来的市盈率将会发生大幅变化，所以要动态看待市盈率。在市价确定的情况下，每股收益越高，市盈率越低，投资风险越小；反之亦然。在每股收益确定的情况下，市价越高，市盈率越高，风险越大；反之亦然。仅从市盈率高低的横向比较来看，高市盈率说明公司能够获得社会信赖，具有良好的前景。

按**例3-14**中的数据，A公司每股收益为0.67元，每股市价为5元，根据上述公式：

A公司市盈率=5÷0.67=7.5（倍）

投资者在使用市盈率指标时，要和同行业的公司进行比较，要和历史进行比较，要对未来的业绩进行预测。市盈率不能用于不同行业公司的比较。充满机会的新兴行业，市盈率普遍较高，而成熟工业的市盈率则普遍较低，但这并不能说明后者的股票没有投资价值。在每股收益很小或亏损时，市价不会降至零。很高的市盈率往往不说明任何问题。市盈率高低受净利润的影响，而净利润受可选择的会计政策的影响，从而使得公司间的比较受到限制。市盈率高低受市价的影响，市价变动的影响因素有很多，包括投机炒作等，因此观察市盈率的长期趋势很重要。

一些具有资本和实力的公司常常是在市盈率指标较低时，以收购股票的方式实现对其他公司的兼并，然后进行改造，待到市盈率升高时，再以出售股票的方式卖出公司，从中获利。

3.每股净资产

每股净资产是期末净资产（即所有者权益）与年度末普通股份总数的比值，也称为每股账面价值或每股权益。其计算公式为

每股净资产=年度末股东权益÷年度末普通股股数

按**例3-14**中的数据，A公司的年度末股东权益为9 150万元，年度末普通股股数为4 500万股，如要计算每股净资产，根据上述公式应为

A公司每股净资产=9 150÷4 500=2.1（元/股）

即该公司本年发行在外的普通股每股所代表的账面价值是2.1元。在理论上，每股净资产提供了该公司普通股的最低价值，反映了每股股票代表的公司净资产价值，为支撑股票市场价格的重要基础。每股净资产值越大，表明公司每股股票代表的财富越雄厚，通常创造利润的能力和抵御外来因素影响的能力越强。但是该指标既不反映净资产的变现价值，也不反映净资产的产出能力。在投资分析时，只能有限制地使用这个指标。

如果公司的股票价格低于净资产的成本，成本又接近变现价值，说明公司已无存在价值，清算是最好的选择。

4.市净率

市净率是反映普通股每股市场价格与每股净资产关系的比率。它把每股净资产和每股市价联系起来，可以说明市场对公司资产质量的评价。其计算公式为

市净率＝每股市价÷每股净资产

按**例3-14**的数据，A公司的每股市价为5元，每股净资产为2.1元，如要计算市净率，根据上述公式应为

A公司市净率＝5÷2.1＝2.38

每股净资产是用成本计量的股票的账面价值，每股市价是这些资产的现在价值，它是证券市场上交易的结果。股票净值是决定股票市场价格走向的主要根据。上市公司的每股内含净资产值高而每股市价不高的股票，即市净率越低的股票，其投资价值越高；相反，其投资价值就越低。但在判断投资价值时还要考虑当时的市场环境以及公司的经营情况、盈利能力等因素。市净率能够较好地反映出“有所付出，即有回报”，它能够帮助投资者寻求哪个上市公司能以较少的投入得到较高的产出，对于大的投资机构，它能帮助其辨别投资风险。该指标的高低，可以说明市场对公司资产质量的评价。市价高于账面价值时，企业资产的质量好，有发展潜力；反之则资产质量差，没有发展前景。一般来说，若市净率达到3，则可以树立较好的公司形象，优质股票的市场价格都会超出每股净资产许多倍。

3.3 杜邦分析法

杜邦分析法利用几种主要的财务比率之间的关系来综合地分析企业的财务状况。具体来说，它是一种用来评价公司盈利能力和股东权益回报水平，从财务角度评价企业绩效的经典方法。其基本思想是将企业净资产收益率逐级分解为多项财务比率乘积，这样有助于深入分析比较企业经营业绩，因由美国杜邦公司的经理创造出来，故称为杜邦财务分析体系。这种财务分析方法是从最具综合性和代表性的指标——净资产收益率出发，层层分解至最基本生产要素的使用、成本与费用的构成和企业风险，从而满足通过财务分析进行绩效评价的需要。在经营目标发生异动时，经营管理者能够及时查明原因并加以修正，同时为投资者、债权人及政府评价公司提供依据。

1.杜邦分析法和杜邦分析图

杜邦分析法利用各个主要财务比率之间的内在联系，建立财务比率分析的综合模型，来分析与评价公司财务状况和经营业绩。采用杜邦分析图将有关分析指标按内在联系加以排列，从而直观地反映出企业的财务状况和经营成果的总体面貌。杜邦财务分析体系如图3-1所示。

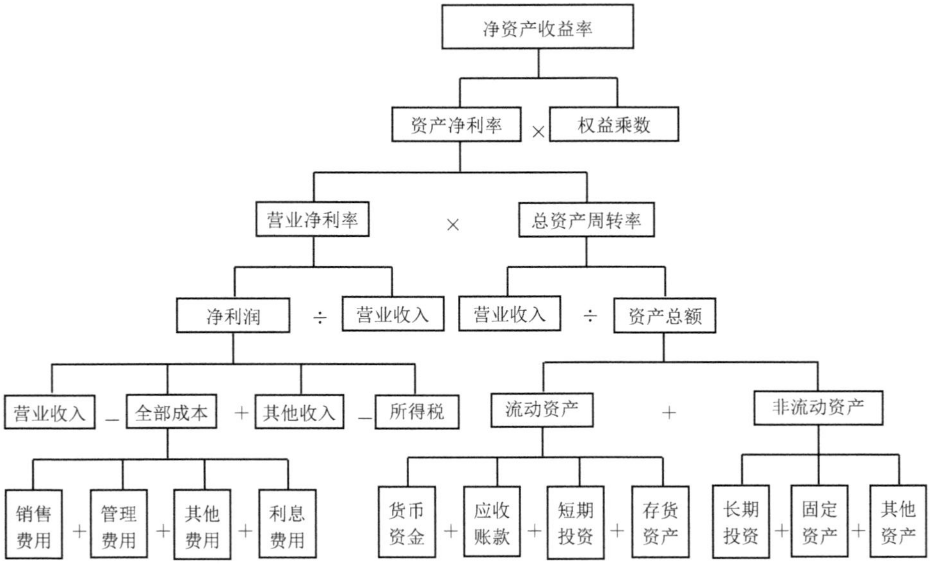

图3-1 杜邦财务分析体系

杜邦分析法涉及的各因素如下：

净资产收益率＝资产净利率×权益乘数

权益乘数＝资产总额÷所有者权益＝1÷权益比率＝1÷（1－资产负债率）

资产净利率＝营业净利率×总资产周转率

营业净利率＝净利润÷营业收入

总资产周转率＝营业收入÷资产总额

资产负债率＝负债总额÷资产总额

净资产收益率是公司税后利润除以净资产得到的百分比率，是一个综合性较强的财务比率，是杜邦分析系统的核心。该指标反映股东权益的收益水平，用以衡量公司运用自有资本的效率。净资产收益率越高，说明投资带来的收益越高。该指标体现了自有资本获得净收益的能力，它的高低取决于资产净利率和权益乘数的水平。

由图3-1可以看出，最能反映公司盈利能力的净资产收益率指标实际上是资产净利率和权益乘数的乘积。也就是说，决定净资产收益率高低的因素有三个：一是权益乘数，二是营业净利率，三是总资产周转率。权益乘数、营业净利率和总资产周转率这三个比率分别反映了公司的偿债能力、获利能力和盈利能力。

权益乘数主要受资产负债率影响。权益比率的倒数称为权益乘数，即资产总额是所有者权益的几倍。该乘数越大，说明股东投入的资本在资产中所占的比重越小。较高的负债经营，可以为公司带来较多的杠杆利益，同时也带来较大的风险，债权人的权益保护程度较低。

资产净利率是一个综合性的指标，同时受到营业净利率和总资产周转率的影响。营业净利率是测度获利能力的指标，反映了公司净利润与营业收入的关系。从这个意义来看，提高营业净利率是提高获利能力的关键。要想提高营业净利率，或是扩大营业收入，或是降低成本费用，而降低各项成本费用开支是财务管理的一项重要内容。通过各项成本费用开支的列示，有利于成本费用的结构分析，加强成本控制，以便为寻求降低成本费用的方法提供依据。

总资产周转率是资产管理比率的一个指标。公司资产管理能力，既关系到公司的获利能力，又关系到公司的偿债能力。一般而言，流动资产直接体现企业的偿债能力和变现能力，非流动资产体现企业的经营规模和发展潜力，两者之间应有一个合理的结构比率。如果公司持有的现金超过业务需要，就可能影响公司的获利能力；如果公司占用过多的存货和应收账款，则既影响获利能力，又影响偿债能力。为此，就要进一步分析各项资产的占用数额和周转速度。对流动资产应重点分析存货是否有积压现象、货币资金是否闲置。对应收账款应分析客户的付款能力和有无坏账的可能。对非流动资产应重点分析公司固定资产是否得到充分利用。

2.杜邦分析法的案例分析

杜邦分析的核心是净资产收益率。净资产收益率的高低反映了股东投入资本的获利能力以及公司筹资、投资与资金运用的各项财务活动的效率和效益。

例3-15 以燕鸣公司2020年的资产负债表（见表3-1）和利润表（见表3-2）为例，说明杜邦分析法的运用。根据燕鸣公司2020年的基本财务数据和财务比率，并且参考杜邦财务分析体系（见图3-1），构建燕鸣公司2020年杜邦分析图（见图3-2）。

燕鸣公司2020年净资产收益率分解如下：

净资产收益率＝资产净利率×权益乘数

＝（营业净利率×总资产周转率）×权益乘数

＝［（净利润÷营业收入）×（营业收入÷资产额）］×权益乘数

燕鸣公司2019年、2020年净资产收益率分解如下：

资产负债率＝负债总额÷总产总额

权益乘数＝1÷（1－资产负债率）

净资产收益率＝资产净利率×权益乘数

＝（营业净利率×总资产周转率）×权益乘数

＝［（净利润÷营业收入）×（营业收入÷资产总额）］×权益乘数

根据燕鸣公司2019年、2020年资产负债表数据，计算结果如下：

2019年：

资产负债率＝负债总额÷资产总额＝38 148.34÷94 496.07＝0.40

权益乘数＝1÷（1－资产负债率）＝1÷(1－0.40)＝1.67

净资产收益率＝资产净利率×权益乘数＝－8.4%×1.67=－14.03%

2020年：

资产负债率＝负债总额÷资产总额＝51 252.08÷109 111.9＝0.47

权益乘数＝1÷（1－资产负债率）＝1÷(1－0.47)＝1.89

净资产收益率＝资产净利率×权益乘数＝1.21%×1.89＝2.29%

通过分解可以看出，净资产收益率的下降不仅在于资本结构改变（权益乘数变化），更是资产利用或成本控制出现了问题，造成资产净利率下降。资产净利率又可进一步分解为

资产净利率=营业净利率×总资产周转率

燕鸣公司2019年资产净利率：－24.91%×0.34＝－8.47%

燕鸣公司2020年资产净利率：3.13%×0.39＝1.22%

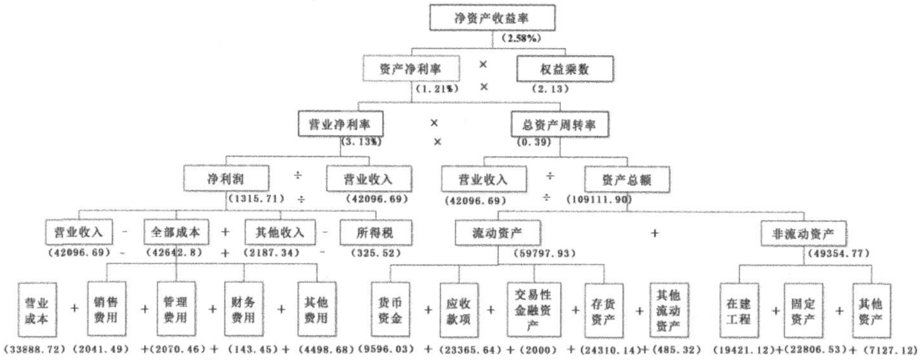

图3-2　燕鸣公司2020年杜邦分析图

通过分解可以看出，燕鸣公司2020年的营业净利率和总资产周转率都有所提高，说明资产的利用得到了比较好的控制，收到了比前一年较好的效果，表明该公司利用其总资产实现营业收入的效率在提高。总资产周转率在提高的同时，营业净利率的减少阻碍了资产净利率的增加，由此带来的收益不足以抵补营业净利率下降造成的损失。

思考题

1.资产负债表、利润表和现金流量表的主要内容有哪些?

2.财务基本比率有哪三大类?都包括哪些比率?

3.计算速动比率时,为何要从流动资产中扣除存货?

4.财务报表的使用者有哪些?他们主要关心哪些财务比率?

5.试述杜邦财务分析体系中各指标间的关系,该分析体系的主要作用是什么?

练习题

1.某企业分析期部分财务指标如下表所示。

表1 某企业部分财务指标

财务比率	本年实际值	行业平均值
应收账款回收期/天	38	34
存货周转率	2.6	2.5
固定资产周转率	2.05	1.4
总资产周转率	1.11	1.14
资产负债率/%	50	60
销售毛利率/%	40	36
销售净利率/%	7.25	6.4
已获利息倍数	4	2.6

要求:

(1)运用杜邦分析法的基本原理,比较分析本年该企业与同行业平均净资产收益率。

(2)定性分析该企业与同行业平均净资产收益率之间差异形成的基本原因或影响因素。

2.P企业截至2021年年末的简易资产负债表及部分其他资料如下。

表2　资产负债表　　单位：万元

资产	年初余额	年末余额	负债及所有者权益	年初余额	年末余额
流动资产：			短期借款	50	65
货币资金	60	55	应付票据	30	50
应收账款	50	80	其他流动负债	35	40
存货	102	144	长期负债	245	200
其他流动资产	23	36	负债合计	360	355
流动资产合计	235	315	实收资本	355	350
固定资产	480	390	所有者权益合计	355	350
总计	715	705	总计	715	705

该企业2021年度销售收入为355万元，净利润为71万元。

要求：

（1）计算并分析P企业2021年年末流动比率、速动利率、资产负债率和权益乘数。

（2）计算P企业2021年总资产周转率、销售利润率和净资产收益率，并分析这些指标之间的关系。

第4章　投资决策管理

学习指导

学习重点：明确企业投资的意义、管理原则、投资过程，掌握投资项目现金流量的构成，并准确计算不同时期的现金流量，掌握净现值法、现值指数法以及内涵报酬率的计算，并能够对各种预算决策方法进行比较与具体应用。

学习难点：利用贴现现金流量指标对资本预算方案进行有效决策。

案例导读：

2019年10月，国内重晶石粉价格上涨，河北省灵寿县一家矿石公司发现附近有这种矿山，公司生产技术部门估计矿石储备100万吨，4年采完，每年开采支出成本100万元，但需要现在支付采矿权费用2亿元。从目前情况来看，该矿山的矿石品位比较高，每吨的市场价格约为200元。但考虑到未来这类矿石需求量增加，4年后每吨矿石价格约为400元，如果4年以后开采，市场销售收入更高，但支付的采矿权费用也上涨到近3亿元。针对这一情况，公司内部有两种不同的意见：一种是应该现在把矿山买下来，开采矿石对外销售，4年后结束项目；另一种意见是应该等4年后矿石价格上涨后再买，可以赚更多的钱。总经理一时不知该采纳哪一种意见，决定征求财务部门的意见。

讨论：如果你是企业财务部门负责人，应如何帮助总经理分析这一投资问题并提出建议？

4.1 企业投资决策概述

4.1.1 企业投资的意义

企业投资，是指公司对现在所持有资金的一种运用，如投入经营资产或购买金融资产，或者是取得这些资产的权利，其目的是在未来一定时期内获得与风险相匹配的报酬。在市场经济条件下，公司能否把筹集到的资金投放到报酬高、回收快、风险低的项目上去，对于企业的生存和发展来说十分重要。

（1）企业投资是实现财务管理目标的基本前提，因此要采取各种措施增加利润、降低风险。企业要想获得利润，就必须进行投资，在投资中获得效益。

（2）企业投资是公司生产发展的必要手段。在科学技术、社会经济迅速发展的今天，企业无论是维持简单再生产还是实现扩大再生产，都必须进行一定的投资。要想维持简单再生产，就必须及时对所使用的机器设备进行更新，对产品和生产工艺进行改造，不断提高员工的科学技术水平，等等；要实现扩大再生产，就必须新建、扩建厂房，增添机器设备，增加员工人数，提高人员素质，等等。

（3）企业投资是公司降低经营风险的重要方法。公司把资金投向生产经营的关键环节或薄弱环节，可以使各种生产经营能力配套、平衡，形成更强的综合生产能力。例如把资金投向多个行业，进行多元化经营，更能增强公司销售和盈余的稳定性。这些都是降低公司经营风险的重要方法。

4.1.2 企业投资分类

企业投资按其对象可以划分为金融性资产投资和生产性资产投资。

金融性资产的典型表现形式是所有权凭证，例如股票和债券。正因为如此，金融资产也被称为“证券”。证券投资人提供的资金交给企业之后，企业再投资于生产性资产。证券投资是一种间接投资，投资人把现金交给别人支配并换取某种所有权凭证，他们已经失去了对资产的实际控制权。

生产性资产，是指企业生产经营活动所需要的资产。例如机器设备、存货等，这些资产是企业进行生产经营活动的基础条件，企业利用这些资产可以增加价值，为股东创造财富。这种投资在企业内部进行，投资后企业并没有失去对资产的控制权。生产性资产投资是一种直接投资，在企业内部进行，投资行为并不改变资金的控制权归属，只是指定了企业资金的特定用途。

生产性资产又进一步分为资本资产和营运资产。资本资产，是指企业的长期资产。资本资产的投资对企业的影响时间长，又称为长期投资。营运资产，是指企业的流动资产。流动资产投资对企业的影响时间短，又称为短期投资。此部分内容在第7章中讨论。

本章所说的资本投资主要指生产性资本资产投资。

生产性资本资产投资项目可以分为五类：

（1）新产品开发或现有产品的规模扩张。这种决策通常需要添置新的固定资产，并增加企业的营业现金流入。

（2）设备或厂房的更新。这种决策通常需要更换固定资产，但不改变企业的营业现金收入。

（3）研究与开发。这种决策通常不直接产生现实的收入，而是得到一项是否投产新产品的选择权。

（4）勘探。这种决策通常使企业得到一些有价值的信息。

（5）其他。包括劳动保护设施建设、购置污染控制装置等。这些决策不直接产生营业现金流入，而是可以改善企业在履行社会责任方面的形象。这些有可能减少未来的现金流出。

这些投资项目的现金流量分布有不同的特征，分析的具体方法也有所区别。最具一般意义的是第一种投资，即新添置固定资产的投资项目。

4.1.3 企业投资管理的原则

企业投资的价值指向是谋求利润、增加企业价值。企业能否实现这一目的，关键在于能否在风云变幻的市场环境下，抓住有利的时机，作出合理的投资决策。为此企业在投资时必须坚持以下原则：

（1）认真进行市场调查，及时捕捉投资机会。捕捉投资机会是企业投资活动的起点，也是企业投资决策的关键。在市场经济条件下，投资机会不是固定不变的，而是不断变化的，它受到诸多因素的影响，其中最主要的是市场需求的变化。企业在投资之前，必须认真进行市场调查和市场分析，寻找最有利的投资机会。市场是不断变化、发展的，对于市场和投资机会的关系，也应从动态的角度加以把握。

（2）建立科学的投资决策程序，认真进行投资项目的可行性分析。在市场经济条件下，企业的投资决策都会面临一定的风险。为了保证投资决策的正确有效，必须按科学的投资决策程序，认真进行投资项目的可行性分析。投资项目可行性分析的主要任务是对投资项目技术上的可行性和经济上的有效性进行论证，运用各种方法计算出有关指标，以合理确定不同项目的优劣。财务部门是对企业的资金进行规划和控制的部门，财务人员必须参与投资项目的可行性分析。

（3）及时足额地筹集资金，保证投资项目的资金供应。企业的投资项目，特别是大型投资项目，其建设工期长、所需资金多，一旦开工就必须有足够的资金供应，否则就会使工程建设中断，出现“半截子工程”，造成很大的损失。因此，在投资项目开始建设之前，必须科学预测投资所需资金的数量和时间，采用适当的方法筹措资金，保证投资项目顺利完成，尽快产生投资效益。

（4）认真分析风险和报酬的关系，适当控制企业的投资风险。报酬和风险是共存的。一般而言，报酬越高，风险也越大，报酬的增加是以风险的增大为代价的，而风险的增大将会引起企业价值的下降，不利于财务目标的实现。因此，企业进行投资时，必须在考虑报酬的同时认真考虑风险情况，只有在报酬和风险达到均衡时，才有可能不断增加企业价值，实现财务管理的目标。

4.1.4 企业投资的过程分析

1.投资机会研究

投资决策开始于投资机会。对于一个投资机会，可以有几个不同的设想或建议。所谓投资机会研究，就是对投资的设想或建议进行初步分析，根据已掌握的内部和外部数据资料，分析其对于企业发展的必要性、技术条件的可行性，以及经济上的合理性。其构成要素包括以下四个方面：

（1）商品市场供需状况。根据某种商品供求状况，确定该商品目前是处于开发期、成熟期、饱和期还是衰退期，从而选择有利的投资方向和投资机会。

（2）国家金融信贷政策及利率的变化情况。国家对不同的投资活动通过贷款规模和贷款利率高低体现其政策差异，投资者可以从贷款利率上分析出哪些投资机会是有利的。

（3）产品价格变化趋势。产品的价格随产品的供求状况而波动，因而从价格的升降变化趋势可以预测该产品的市场销路情况，从而选择有利的产品投资。

（4）原材料资源状况。包括以下四个方面：1）从原材料和资金是否充足丰富来评价投资机会的优劣；2）从原材料资源地的运输交通状况评价投资机会；3）从原材料的使用性能和资源的质量指标评价投资机会；4）从原材料资源价格状况评价投资机会。

2.计划阶段

对于投资机会经过初步分析后，如认为不可取，应予以排除；如认为可取，则作为建议并进行评议，这一阶段又可分为如下两个工作步骤：

（1）鉴定投资机会。明确每项投资建议的内涵，开发有关上述机会的信息和数据。包括：1）企业内部信息。如企业的技术设计能力、采购与销售能力、产品生产能力；产品的质量要求、费用水平、财务上的资金来源等。2）企业外部信息。包括总体经济条件、产品市场条件、政府规章、通货膨胀、劳动力供给以及技术变动等。

（2）作出初步分析。将各项建议进行分类并初步筛选。筛选过程也是一个判断的过程，经过筛选认为合格的投资建议，即可进入评价阶段。

3.评价阶段

对筛选后的建议作进一步的分析评价。经过评价合格的建议，才形成投资方案，然后作出最后选择。在选择投资方案时，要分析各项投资建议之间的经济依存关系。这种依存关系又分为如下三种情况：

（1）互相补充关系。即选择一个建议会增加另一相关建议的现金流量。也就是说，如果同时采纳两个互补的建议，其方案的净现金流量将超过这两项建议各自净现金流量之和。

（2）互相代替关系。即如果选择一个建议会减少另一相关建议的现金流量。也就是说，如果同时采纳两个互斥的建议，其方案的净现金流量将少于这两项建议各自净现金流量之和。

（3）各自独立的关系。即如果选择一个建议不影响其他建议的现金流量。各个建议之间彼此独立，互不干涉，可以同时并举而不影响各自的净现金流量。其方案的净现金流量等于各自建议的净现金流量之和。

由于各项投资建议之间存在着上述不同的经济依存关系，因此，在评价时就不能单个进行评价，而要将它们相互之间的经济依存关系结合起来进行评价。在评价时还要考虑不同方案的风险性质和风险程度，经过评价阶段形成投资方案，最后进入选择阶段。

4.选择阶段

选择可供实施的方案，主要是测定方案的价值或收益，同时也估计和权衡每种可选择方案的成本和风险，即通过计算投资方案的现金流入量和现金流出量，评价投资方案的优劣，并排列优劣顺序。评价的基本技术方法，包括非贴现现金流量法和贴现现金流量法。在评价的基础上作出选择，据此编制资本预算。此外，还需就每一项被采纳的投资方案制订具体实施计划和详细收支计划，以便于执行。

5.执行、控制和考核阶段

资本预算编制完成后，就进入执行阶段。执行过程也就是控制过程，投资方案执行完毕，最后进行评价和考核。从寻求投资机会、收集投资建议开始，到方案执行终了、考核完毕为止的全过程中，以资本预算编制完成作为一个界限，在此之前是制定预算过程，在此之后是执行考核过程。

4.2 投资现金流量的分析

4.2.1 现金流量的内涵

所谓现金流量，在投资决策中是指一个项目引起的企业现金支出和现金收入增加的数量。这时的“现金”是广义的现金，它不仅包括各种货币资金，而且还包括项目需要投入的企业现有的非货币资源的变现价值。例如一个项目需要使用原有的厂房、设备和材料等，则相关的现金流量是指它们的变现价值，而不是其账面成本。

新建项目的现金流量包括现金流出量、现金流入量和现金净流量三个具体概念。

1.现金流出量

一个方案的现金流出量，是指该方案引起的企业现金支出的增加额。

例如企业购置一条生产线，通常会引起以下现金流出：

（1）购置生产线的价款。购置生产线的价款可能是一次性支出，也可能分几次支出。

（2）垫支流动资金。由于该生产线扩大了企业的生产能力，引起对流动资产需求的增加。企业需要追加的流动资金，也是由购置该生产线引起的，应列入该方案的现金流出量。只有在营业终了或出售（报废）该生产线时才能收回这些资金，并用于别的目的。

2.现金流入量

一个方案的现金流入量，是指该方案所引起的企业现金收入的增加额。

例如企业购置一条生产线，通常会引起下列现金流入：

（1）营业现金流入。购置生产线扩大了企业的生产能力，使企业销售收入增加。扣除有关的付现成本增量后的余额，是由该生产线引起的一项现金流入：

$$营业现金流入=销售收入-付现成本$$

付现成本在这里是指每年需要支付现金的成本。成本中不需要每年支付现金的部分称为非付现成本，其中主要是折旧费。所以，付现成本可以用成本减折旧来估计：

$$付现成本=成本-折旧$$

从每年现金流动的结果来看，增加的现金流入来自两部分：一部分是利润造成的货币增值，另一部分是以货币形式收回的折旧：

$$\begin{aligned}营业现金流入&=销售收入-付现成本\\&=销售收入-(成本-折旧)\\&=利润+旧\end{aligned}$$

（2）该生产线出售（报废）时的残值收入。资产出售或报废时的残值收入，是由于当初购置该生产线引起的，应当作为投资方案的一项现金流入。

3.现金净流量

现金净流量，是指一定期间现金流入量和现金流出量的差额。这里所说的“一定期间”，有时是指1年内，有时是指投资项目持续的整个年限内。流入量大于流出量时，净流量为正值；反之，净流量为负值。

4.2.2 现金流量的估计

估计投资方案所需的资本支出，以及该方案每年能产生的现金净流量，会涉及很多变量，并且需要企业有关部门的参与。例如销售部门负责预测售价和销量，涉及产品价格弹性、广告效果、竞争者动向等；产品开发和技术部门负责估计投资方案的资本支出，涉及研制费用、设备购置、厂房建筑等；生产和成本部门负责估计制造成本，涉及原材料采购价格、生产工艺安排、产品成本等。财务人员的主要任务是为销售、生产等部门的预测建立共同的基本假设条件，如物价水平、贴现率、可供资源的限制条件等；协调参与预测工作的各部门人员，使之能相互衔接与配合；防止预测者因个人偏好或部门利益而高估或低估收入和成本。

在确定与投资方案相关的现金流量时，应遵循的最基本的原则是只有增量现金流量才是与项目相关的现金流量。所谓增量现金流量，是指接受或拒绝某个投资方案后，企业总现金流量因此发生的变动。只有那些由于采纳某个项目而引起的现金支出增加额，才是该项目的现金流出；只有那些由于采纳某个项目而引起的现金流入增加额，才是该项目的现金流入。

为了正确计算投资方案的增加现金流量，需要正确判断哪些支出会引起企业总现金流量的变动，哪些支出不会引起企业总现金流量的变动。在进行这种判断时，要注意以下四个问题。

1.区分相关成本和非相关成本

相关成本是指与特定决策有关的、在分析评价时必须加以考虑的成本。例如差额成本、未来成本、重置成本、机会成本等都属于相关成本。与此相反，与特定决策无关的、在分析评价时不必加以考虑的成本是非相关成本。例如沉没成本、过去成本、账面成本等往往是非相关成本。

2.重视机会成本

在投资方案的选择中，如果选择了一个投资方案，则必须放弃投资于其他途径的机会。其他投资机会可能取得的收益是实行本方案的一种代价，被称为这项投资方案的机会成本。机会成本不是通常意义上的“成本”，它不是一种支出或费用，而是失去的收益。这种收益不是实际发生的，而是潜在的。机会成本总是针对具体方案的，离开被放弃的方案就无从计量确定。

机会成本在决策中的意义在于它有助于全面考虑可能采取的各种方案，以便为既定资源寻求最为有利的使用途径。

3.要考虑投资方案对公司其他部门的影响

采纳一个新的项目后，该项目可能对公司的其他部门造成有利或不利的影响。

例如新建车间生产的产品上市后，原有其他产品的销路可能减少，而且整个公司的销售额也许不增加甚至减少。因此公司在进行投资分析时，不应将新车间的销售收入作为增量收入来处理，而应扣除其他部门因此减少的销售收入。当然也可能会发生相反的情况，新产品上市后将促进其他部门的销售增长，这要看新项目和原有部门是竞争关系还是互补关系。

4.对净营运资金的影响

在一般情况下，当公司开办一个新业务且销售额增长后，对于存货和应收账款等流动资产的需求也会增加，公司必须筹措新的资金以满足这种额外需求；另外，公司扩充使应付账款与一些应付费用等流动负债也会同时增加，从而降低公司流动资金的实际需要。所谓净营运资金的需要，指增加的流动资产与增加的流动负债之间的差额。

当投资方案的寿命周期快要结束时，公司将与项目有关的存货出售，应收账款变为现金，应付账款和应付费用也随之偿付，净营运资金恢复到原有水平。通常在进行投资分析时，假定开始投资时筹措的净营运资金在项目结束时收回。

4.2.3 所得税和折旧对现金流量的影响

由于所得税是企业的一种现金流出，它的大小取决于利润大小和税率高低，而利润大小受折旧方法的影响，因此讨论所得税问题必然会涉及折旧问题。

折旧对投资决策产生影响，实际是由所得税存在引起的。因此，这两个问题要放在一起讨论。

1.税后利润

如果问一位企业家，他的工厂厂房租金是多少，他的答案会比实际每个月付出的租金要少一些。因为租金是一项可以减免所得税的费用，所以应以税后的基础来观察。凡是可以减免税负的项目，实际支付额并不是真实的成本，而应将因此而减少的所得税考虑进去。扣除了所得税影响以后的费用净额，称为税后成本。

税后利润＝(总收入－总成本）×（1－税率）

例4-1 燕鸣公司目前的损益状况如表4-1所示。燕鸣公司正在考虑一项广告计划，实施广告计划前后对应的收入和成本如表4-1所示，所得税率为25%，该项广告计划实施前后的税后利润差异是多少？

表4-1　燕鸣公司收入与成本表　　单位：元

项目	目前（不做广告）	做广告
销售收入	20 000	25 000
成本和费用	8 000	8 000
新增广告		3 000
税后利润	9 000	10 500

从表4-1可以看出，虽然实施广告计划，销售收入增加了5 000元，成本和费用增加了3 000元，使得其税前利润增加了2 000元，但是由于税收的影响，税后净利润仅仅增加了1 500元。

2.折旧的抵税作用

加大成本会减少利润，从而使所得税减少。如果不计算折旧，企业的所得税将会增加许多。折旧可以起到减少税负的作用，这种作用称为“折旧抵税”或“税收挡板”。

例4-2 假设燕鸣公司和燕宏公司的全年销售收入、付现成本均相同，所得税率为25%。两者的区别是燕鸣公司有一项目可计提折旧的资产，每年折旧额相同。两家公司的现金流量如表4-2所示。

表4-2　折旧对税负的影响　　单位：元

项目	燕鸣公司	燕宏公司
销售收入	50 000	50 000
费用：		
付现成本	20 000	20 000
折旧	4 000	0
合计	24 000	20 000
税前净利	26 000	30 000
所得税（25%）	6 500	7 500
税后净利	19 500	22 500
营业现金流入：		
净利	19 500	22 500
折旧	4 000	0
合计	23 500	22 500

燕鸣公司的利润虽然比燕宏公司少3 000元，但现金流入却多1 000元，其原因在于有4 000元的折旧计入成本，导致应税所得减少4 000元，从而少纳税1 000元（4 000×25%）。这笔现金保留在企业里，不必缴出。从增量分析的观点来看，由于增加了一笔4 000元的折旧，企业获得了1 000元的现金流入。折旧对税负的影响可按下式计算：

$$
\begin{aligned}
\text{税负减少额} &= \text{折旧额} \times \text{税率} \\
&= 4\,000 \times 25\% \\
&= 1\,000\text{（元）}
\end{aligned}
$$

3.税后现金流量

在加入所得税因素以后，现金流量的计算有三种方法。

（1）根据现金流量的定义计算

根据现金流量的定义，所得税是一种现金支付，应当作为每年营业现金流量的一个减项。

$$\text{营业现金流量} = \text{营业收入} - \text{付现成本} - \text{所得税} \tag{4-1}$$

（2）根据年末营业结果计算

企业每年现金增加来自两个主要方面：一是当年增加的净利；二是计提的折旧，以现金形式从销售收入中扣回，留在企业里。这里的折旧是指广义的折旧，包括各种长期资产的摊销和减值准备提取。

营业现金流量=后净利润＋折旧　　　　（4-2）

公式（4-2）与公式（4-1）是一致的，可以从公式（4-1）直接推导出：

营业现金流量＝营业收入－付现成本－所得税

＝营业收入－（营业成本－折旧）－所得税

＝营业利润＋折旧－所得税

＝税后净利润＋折旧

（3）根据所得税对收入和折旧的影响计算

根据前面讲到的税后成本、税后收入和折旧抵税可知，由于所得税的影响，现金流量并不等于项目实际的收支金额。

税后成本＝支出金额×（1－税率）

税后收入＝收入金额×（1－税率）

税负减少＝折旧×税率

因此，现金流量应当按下式计算：

营业现金流量＝税后收入－税后成本＋税负减少

＝收入×（1－税率）－付现成本×（1－税率）＋折旧×税率（4-3）

这个公式也可以根据公式（4-2）直接推导出来：

营业现金流量＝税后净利＋折旧

＝（收入－成本）×（1－税率）＋折旧

＝（收入－付现成本－折旧）×（1－税率）＋折旧

＝收入×（1－税率）－付现成本×（1－税率）－折旧×（1－税率）＋折旧

＝收入×（1－税率）－付现成本×（1－税率）－折旧＋折旧×税率＋折旧

＝收入×（1－税率）－付现成本×（1－税率）＋折旧×税率

上述公式中最常用的是公式（4-3），因为企业的所得税是根据企业总利润计算的。在决定是否投资某个项目时，往往使用差额分析法确定现金流量，并不知道整个企业的利润及与此有关的所得税，这就妨碍了公式（4-1）和（4-2）的使用。公式（4-3）并不需要知道企业的利润是多少，使用起来比较方便。尤其是有关固定资产更新的决策，没有办法计量某项资产给企业带来的收入和利润，以至于无法使用前两个公式。

例4-3 燕鸣公司准备购入一台设备以扩充生产能力，现有甲、乙两个方案可供选择。甲方案需投资500 000元，使用寿命5年，采用直线法计提折旧，5年后设备无残值。5年中每年的销售收入（现销）为200 000元，每年的付现成本为50 000元。乙方案需投资540 000元，采用直线法计提折旧，使用寿命也为5年，5年后残值收入的账面价值和市场价值均为40 000元。5年中每年的销售收入为280 000元，付现成本第一年为80 000元，以后随着设备陈旧逐年将增加修理费5 000元，另需垫支流动资金50 000元。假设所得税税率为25%，试计算两个方案的现金流量。

两个方案每年的折旧额：

$$甲方案每年折旧额=\frac{500\ 000}{5}=100\ 000\ （元）$$

$$乙方案每年折旧额=\frac{540\ 000-40\ 000}{5}=100\ 000\ （元）$$

用表4-3计算两个方案的营业现金流量，然后结合初始现金流量和终结现金流量，编制两个方案的全部现金流量。如表4-4所示。

表4-3　投资项目的营业现金流量计算表　　单位：元

项目	第1年	第2年	第3年	第4年	第5年
甲方案：					
销售收入（1）	200 000	200 000	200 000	200 000	200 000
付现成本（2）	50 000	50 000	50 000	50 000	50 000
折旧（3）	100 000	100 000	100 000	100 000	100 000
税前净利（4）＝（1）－（2）－（3）	50 000	50 000	50 000	50 000	50 000
所得税（5）＝（4）×25%	12 500	12 500	12 500	12 500	12 500
税后净利（6）＝（4）－（5）	37 500	37 500	37 500	37 500	37 500
现金流量（7）＝（1）－（2）－（5）＝（3）＋（6）	137 500	137 500	137 500	137 500	137 500

（续表）

项目	第1年	第2年	第3年	第4年	第5年
乙方案：					
销售收入（1）	280 000	280 000	280 000	280 000	280 000
付现成本（2）	80 000	85 000	90 000	95 000	100 000
折旧（3）	100 000	100 000	100 000	100 000	100 000
税前净利（4）＝（1）－（2）－（3）	100 000	95 000	90 000	85 000	80 000
所得税（5）＝（4）×25%	25 000	23 750	22 500	21 250	20 000
税后净利（6）＝（4）－（5）	75 000	71 250	67 500	63 750	60 000
现金流量（7）＝（1）－（2）－（5）＝（3）＋（6）	175 000	171 250	167 500	163 750	160 000

表4-4　投资项目现金流量合计表　　单位：元

项目	第0年	第1年	第2年	第3年	第4年	第5年
甲方案：						
固定资产投资	－500 000					
营业现金流量		137 500	137 500	137 500	137 500	137 500
现金流量合计	－500 000	137 500	137 500	137 500	137 500	137 500
乙方案：						
固定资产投资	－540 000					
流动资金垫支	－50 000					
营业现金流量		175 000	171 250	167 500	163 750	160 000
固定资产残值						40 000
流动资金回收						50 000
现金流量合计	－590 000	175 000	171 250	167 500	163 750	250 000

在表4-3和表4-4中，第0年代表第一年年初；第1年代表第一年年末；第2年代表第二年年末。在现金流量的计算中，为了简化计算，一般都假定各年投资在年初一次进行，把各年营业现金流量看作各年年末一次发生，把终结现金流量看作最后一年年末发生。

4.3 投资现金流量的计算

对投资项目评价时使用的指标分为两类：一类是非贴现指标，即没有考虑时间价值因素的指标，主要包括回收期、会计收益率等；另一类是贴现指标，即考虑了时间价值因素的指标，主要包括净现值、现值指数、内含报酬率等。根据分析评价指标的类别，投资项目评价分析的方法也被分为非贴现的分析评价方法和贴现的分析评价方法两种。

4.3.1 非贴现的分析评价方法

非贴现的方法不考虑时间价值，把不同时间的货币收支看成等效的。这些方法在选择方案时起辅助作用。

1.回收期法

回收期，是指投资引起的现金流入累积到与投资额相等所需要的时间，记为PP。它代表收回投资所需要的年限。回收期限越短，方案越有利。

若用符号CF_o表示初始投资，CF_t表示项目经营期间的税后净现金流量，PP表示回收期，则有

$$\sum_{t=1}^{PP} CF_t = CF_o$$

在原始投资一次支出，每年现金净流入量相等时，回收期可直接计算：

$$PP = \frac{原始投资额}{每年现金净流入量}$$

例4-4 根据**例4-3**的有关资料，分别计算甲、乙两个方案的回收期。

甲方案每年的营业现金净流入量相等，故可直接计算：

$$PP_{甲} = 3 + \frac{500\,000}{137\,500} = 3.64（年）$$

乙方案每年的现金流量不等，所以应先计算其各年尚未回收的投资额，如表4-5所示。

表4-5　投资回收额计算表　　单位：元

年度	每年净现金流量	年末尚未回收的投资额
1	175 000	415 000
2	171 250	243 750
3	167 500	76 250
4	163 750	—
5	250 000	—

$$PP_{乙}=3+\frac{76\ 250}{163\ 750}=3.47\text{（年）}$$

回收期法计算简便，并且容易为决策人所正确理解。它的缺点在于不仅忽视时间价值，而且没有考虑回收期以后的收益。事实上，有战略意义的长期投资往往早期收益较低，而中后期收益较高。回收期法优先考虑急功近利的项目，可能导致放弃长期成功的方案。它是过去评价投资方案最常用的方法，目前作为辅助方法使用，主要用来测定方案的流动性而非营利性。

2.会计收益率法

会计收益率是投资项目寿命周期内平均的年投资报酬率，等于投资项目年平均净收益和初始投资额的比值，记为*ARR*。在决策中，*ARR*大于或等于企业目标收益率时，项目可行。

$$ARR=\frac{年平均净收益}{初始投资额}\times100\%$$

例4-5　根据**例4-3**的有关资料，分别计算甲、乙两个方案的会计收益率。

$$ARR_{甲}=\frac{37\ 500}{500\ 000}\times100\%=7.5\%$$

$$ARR_{乙}=\frac{(75\ 000+71\ 250+67\ 500+63\ 750+60\ 000)\div5}{590\ 000}\times100\%=11.44\%$$

会计收益率法借鉴一般会计核算中的收益和成本观念，在计算时使用会计报表上的数据，计算简便、易懂，应用范围很广。但由于其没有考虑货币的时间价值，有时会导致错误的决策，一般只作为辅助方法使用。

4.3.2 贴现的分析评价方法

贴现的分析评价方法，是指考虑了货币时间价值的分析评价方法，亦被称为贴现现金流量分析技术。

1.净现值法

净现值，是指特定方案未来现金流入的现值与未来现金流出的现值之间的差额，记为NPV。若$NPV \geqslant 0$，项目可以接受；反之，则不可接受。

按照这种方法，所有未来现金流入和流出都要按预定贴现率折算为它们的现值，然后再计算它们的差额。如净现值为正数，即贴现后现金流入大于贴现后现金流出，该投资项目的报酬率大于预定的贴现率；如净现值为0，即贴现后现金流入等于贴现后现金流出，该投资项目的报酬率相当于预定的贴现率；如净现值为负数，即贴现后现金流入小于贴现后现金流出，该投资项目的报酬率小于预定的贴现率。

净现值的计算公式为：

$$NPV = \sum_{k=0}^{n} NCF_k \times (P/A,i,k) - \sum_{k=0}^{n} OCF_k \times (P/A,i,k)$$

式中：NCF_k ——第k年的现金流入量；

OCF_k ——第k年的现金流出量；

k ——投资涉及的年限；

i ——预定的贴现率。

例4-6 根据**例4-3**的有关资料，假设资本成本为10%，分别计算甲、乙两个方案的净现值。

$$\begin{aligned} NPV_{甲} &= 137\,500 \times (P/A,10\%,5) - 500\,000 \\ &= 137\,500 \times 3.791 - 500\,000 \\ &= 21\,262.5(元) \end{aligned}$$

$$\begin{aligned} NPV_{乙} = & 17\,500 \times (P/F,10\%,1) + 171\,250 \times (P/F,10\%,2) \\ & + 167\,500 \times (P/F,10\%,3) + 163\,750 \times (P/F,10\%,4) \\ & + 250\,000 \times (P/F,10\%,5) - 590\,000 \\ = & 103\,522.5(元) \end{aligned}$$

净现值法所依据的原理是：假设预计的现金流入在年末肯定可以实现，并把原始投资看成是按预定贴现率借入的。当净现值为正数时，偿还本息后该项目仍有剩余的收益；当净现值为0时，偿还本息后一无所获；当净现值为负数时，该项目收益不足以偿还本息。

净现值法具有广泛的适用性，在理论上也比其他方法更完善。净现值法应用的主要问题是如何确定贴现率。一种办法是根据资金成本来确定，另一种办法是根据企业要求的最低资金利润率来确定。前一种办法，由于计算资金成本比较困难，故限制了其应用范围；后一种办法根据资金的机会成本，即一般情况下可以获得的报酬来确定，使用起来比较容易。

2.现值指数法

所谓现值指数，是指未来现金流入现值与现金流出现值的比率，亦称现值比率、现值指数，记为*PI*。现值指数可以看成1元原始投资可获得的现值净收益，因此可以作为评价方案的一个指标。$PI \geqslant 1$，项目可接受；反之，项目则不可接受。

现值指数的计算公式为：

$$PI = \sum_{k=0}^{n} NCF_k \times (p/F,i,k) \div \sum_{k=0}^{n} OCF_k \times (p/F,i,k)$$

例4-7 根据**例4-3**的有关资料，假设资本成本为10%，分别计算甲、乙两个方案的现值指数。

$$\begin{aligned} PI_{甲} &= 137\,500 \times (P/A,10\%,5) \div 500\,000 \\ &= 137\,500 \times 3.791 \div 500\,000 \\ &= 1.04 \end{aligned}$$

$$\begin{aligned} PI_{乙} = &[175\,000 \times (p/F,10\%,1) + 171\,250 \times (p/F,10\%,2) \\ &+ 167\,500 \times (p/F,10\%,3) + 163\,750 \times (p/F,10\%,4) \\ &+ 250\,000 \times (p/F,10\%,5)] \div 590\,000 \\ = &1.17 \end{aligned}$$

甲、乙两个方案的现值指数都大于1，故两个方案都可进行投资，但因乙方案的现值指数更大，故应采用乙方案。

现值指数法的主要优点是可以进行独立投资机会获利能力的比较。现值指数是一个相对数指标，反映投资的效率；而净现值是绝对数指标，反映投资的效益。

3.内含报酬率法

内含报酬率法是根据方案本身内含报酬率来评价方案优劣的一种方法。所谓内含报酬率，是指能够使未来现金流入量现值等于未来现金流出量现值的贴现率，或者说是使投资方案净现值为0的贴现率，记为*IRR*。若*IRR*大于或等于筹资的资本成本，则项目可接受；反之，若*IRR*小于资本成本，则项目不可接受。

净现值法和现值指数法虽然考虑了时间价值，可以说明投资方案高于或低于某一特定的投资报酬率，但没有揭示方案本身可以达到的具体的报酬率是多少。内含报酬率是根据方案的现金流量计算的，是方案本身的投资报酬率。

内含报酬率的公式为：

$$\sum_{k=0}^{n} NCF_k \times (p/F, IRR, k) - \sum_{k=0}^{n} OCF_k \times (p/F, IRR, k) = 0$$

内含报酬率的计算，通常需要用"逐步测试法"。首先估计一个贴现率，用它来计算方案的净现值。如果净现值为正数，说明方案本身的报酬率超过估计的贴现率，应提高贴现率后作进一步测试；如果净现值为负数，说明方案本身的报酬率低于估计的贴现率，应降低贴现率后作进一步测试。经过多次测试，寻找出使净现值接近于0的贴现率，即为方案本身的内含报酬率。

例4-8 根据**例4-3**的有关资料，分别计算甲、乙两个方案的内含报酬率。

由于甲方案每年的*NCF*相等，因而，可采用如下方法计算内含报酬率：

$$\text{年金现值系数}=\frac{\text{初始投资额}}{\text{每年}NCF}$$

$$=\frac{500\,000}{137\,500}=3.636$$

查年金现值系数表，寻找第5期中系数3.636所指的利率。查表结果表明，与3.636接近的现值系数分别指向10%和12%。可用插值法计算如下：

$$IR R_{\text{甲}}=10\%+\left(2\%\times\frac{3.790\,8-3.636}{3.636-3.604\,8}\right)$$

$$=11.65\%$$

乙方案每年的NCF不相等，必须逐次进行测算。根据**例4-6**的资料，已知乙方案的净现值为正数，说明它的投资报酬率大于10%，因此，应提高贴现率作进一步测试。假设以17%为贴现率进行测试，其结果净现值为－9 332元。下一步降低到16%重新测试，结果净现值为4 905元。可以使用插值法来计算：

$$IRR_{乙}=16\%+\left(1\%\times\frac{0-4\ 905}{-9\ 332+4\ 905}\right)=16.34\%$$

从以上计算得出的两个方案的内含报酬率可以看出，乙方案的内含报酬率较高，故乙方案的效益比甲方案好。

内含报酬率法考虑了资金的时间价值，反映了投资项目的真实报酬率，概念也易于理解。但这种方法的计算过程比较复杂，特别是每年的NCF不相等，一般要经过多次测算才能求得。

4.4 投资决策实务

1.固定资产更新决策

在信息化社会，科学技术在不断发展，固定资产更新周期大大缩短。这是因为旧设备往往消耗大，维修费用高。当生产效率更高，原材料、燃料、动力的消耗更低的设备出现时，尽管旧设备还可以继续使用，但企业也会对固定资产进行更新。因此，固定资产更新决策便成为企业长期投资决策的一项重要内容。

作固定资产更新决策时，需要考虑所得税对设备处置价值和残值的影响。因为出售设备时，如果设备的处置价值高于其账面净值，会计上认为出售过程中存在处置收益，对这部分处置收益需要交纳所得税，设备处置的现金流量就会减少；如果设备的处置价值低于账面净值，则意味着出售过程中存在处置损失，对这部分处置损失可以抵免所得税，此时设备处置的现金流量就会增加。因此，设备处置的现金流量计算公式如下：

设备处置的现金流量＝设备处置价值－（处置价值－账面净值）×所得税税率

此外，如果设备会计上的账面残值与税法规定的残值不同，也会受到所得税的影响。当会计残值高于税法规定的残值时，税法认定设备存在清理变现收益，需要交纳所得税；反之则产生了清理损失，可以抵免一部分所得税。计算公式如下：

清理固定资产的现金流量＝实际残值－（实际残值－税法规定残值）×所得税税率

例4-9 燕鸣公司考虑用一台新的、效率更高的设备来代替旧设备，以减少成本、增加收益。旧设备6年前购入，原购置成本为50 000元，预计期末残值为4 000元，估计还可以使用4年。如果现在销售可得价款35 000元，使用该设备每年可获收入55 000元，每年的付出成本为25 000元。该公司现准备用一台新设备来代替原有的设备，新设备的购置成本为30 000元，估计可使用4年，期满有残值4 000元。使用新设备后，每年收入可达60 000元，每年付出成本为20 000元。若税法规定设备的残值为设备购置成本的10%，该公司的资本成本为10%，所得税率为25%，新、旧设备均用直线折旧法计提折旧（见表4-6）。试作出该公司是继续用旧设备还是对其进行更新的决策。

表4-6　新旧设备状况一览

项目	旧设备	新设备
原价	50 000元	30 000元
预计使用年限	4年	4年
已经使用年限	6年	0年
税法残值	5 000元	3 000元
最终报废残值	4 000元	4 000元
目前变现价值	35 000元	30 000元
年营业收入	55 000元	60 000元
年付现成本	25 000元	20 000元

（1）分析旧设备的现金流量

首先，计算继续使用旧设备的初始现金流量：

旧设备每年可以抵扣的折旧额＝(50 000－5 000)÷10＝4 500（元）

此时处置旧设备的账面净值＝50 000－4 500×6＝23 000（元）

旧设备处置的现金流量＝35 000－(35 000－23 000)×25%＝32 000（元）

此时处置旧设备的现金流量就是旧设备期初现金流量的负值，所以继续使用旧设备的初始现金流量为－32 000元。

其次，计算继续使用旧设备每年的税后现金净流量：

每年的税后现金净流量＝55 000×(1－25%)－25 000×(1－25%)+

4 500×25%＝23 625（元）

最后，计算继续使用旧设备至最终的期末现金净流量，即清理旧设备的现金净流量：

清理旧设备的现金净流量＝4 000－(4 000－5 000)×25%＝4 250（元）

（2）分析新设备的现金流量

首先，计算购置新设备的初始现金流量：

新设备的初始现金流量＝－30 000（元）

其次，计算使用新设备每年的税后现金净流量：

新设备每年可以抵扣的折旧额＝(30 000－3 000)÷4＝6 750（元）

每年的税后现金净流量＝60 000×(1－25%)－20 000×(1－25%)+

67 50×25%＝31 687.5（元）

最后，得出清理新设备的现金净流量：

清理新设备的现金净流量＝4 000－(4 000－3 000)×25%＝3 750（元）

利用总额净现值法：

$$NPV_{旧}=23\,625\times(P/A,10\%,4)+4\,250\times(P/F,10\%,4)-32\,000$$
$$=45\,790.88\text{（元）}$$

$$NPV_{新}=31\,687.5\times(P/A,10\%,4)+3\,750\times(P/F,10\%,4)-30\,000$$
$$=73\,006.41\text{（元）}$$

新设备的净现值大于旧设备的净现值，因此应该买入新设备。

利用差额净现值法，计算净现值的差量：

$$\Delta NPV=8\,062.5\times(P/A,10\%,4)-500\times(P/F,10\%,4)+2\,000$$
$$=27\,215.53\text{（元）}$$

由于差额净现值法计算得到的差额净现值大于0，说明新设备的净现值大于旧设备的净现值，应该买入新设备。

2.资本限量情况下的投资决策

当企业有两个项目可以投资，但是在金钱和精力等方面不允许企业投资全部的项目时，企业要作出分析判断，选择投资哪个项目。根据资金情况，一是资金总量不受限制的情况下，可按每一个项目的净现值大小排序；二是在资金总量受到限制时，则需要按照现值指数大小结合净现值进行组合排序，从中选出净现值之和最大的组合。

例4-10 燕鸣公司有A、B、C、D和E 5个投资项目为非互斥项目，有关的原始投资额、净现值和现值指数如表4-7所示。

表4-7　五个投资项目的资料

项目	A	B	C	D	E
初始投资额	300万元	200万元	200万元	100万元	100万元
现值指数	1.4	1.2	1.5	1.22	1.3
净现值	120万元	40万元	100万元	22万元	30万元

当投资总额不受限制或者限额大于等于900万元时，按照方案现值指数大小排序，方案优先考虑的顺序为A、C、B、E和 D。

假设投资总额受限，限定总额为300万元时，可供选择的投资组合为A、B+D、B+E、C+D、C+E，其中“C+E”的净现值为130万元，大于其他组合的净现值，为最优方案。

思考题

1.什么是资本预算？研究资本预算的意义何在？

2.什么是现金流量？如何估算现金流量？

3.贴现现金流量指标有何优缺点？

练习题

1.企业计划进行某项投资活动，有甲、乙两个备选方案。有关资料如下：甲方案需原始投资150万元，其中固定资产投资100万元，流动资金投资50

万元，全部资金于建设期初一次投入。该项目经营期为5年，到期残值收入5万元。预计投产后年营业收入为90万元，年总成本为60万元。乙方案需原始投资210万元，其中固定资产投资120万元，无形资产投资25万元，流动资产投资65万元，全部资金于建设期初一次投入。该项目建设期2年，经营期5年，到期残值收入8万元，无形资产自投产年份起5年摊销完毕。该项目投产后，预计年收入170万元，年经营成本80万元。该企业按直线法计提折旧，全部流动资金于终结点一次收回，所得税税率为25%，折现率为10%。

要求：根据以上资料，用净现值法评价甲、乙两方案是否可行。

2.某企业计划用新设备替换现有旧设备：旧设备预计尚可使用5年，目前变价净收入为6万元（假定与账面价值相同）。新设备投资额为15万元，预计使用5年。至第5年年末，新、旧设备的预计残值假设分别为10 000元和6 000元。使用新设备可使企业在未来5年内每年增加营业收入16 000元，增加付现成本5 000元。该企业按直线法计提折旧，所得税税率为25%。

要求：若该公司的资本成本为10%，确定应否用新设备替换现有旧设备。

3.某公司准备购入一台设备以扩充生产能力。现有甲、乙两个方案可供选择：甲方案需投资30 000元，使用寿命5年，采用直线法计提折旧，5年后设备无残值，5年中每年销售收入为15 000元，每年的付现成本为5 000元。乙方案需投资36 000元，采用直线法计提折旧，使用寿命也是5年，5年后有残值收入6 000元。5年中每年收入为17 000元，付现成本第一年为6 000元，以后随着设备陈旧，逐年将增加修理费300元，另需垫支营运资金3 000元。假设所得税税率为25%，资金成本为10%。要求：

（1）计算两个方案的净现值；

（2）计算两个方案的现值指数；

（3）计算两个方案的内含报酬率；

（4）试判断应选哪个方案。

第5章　长 期 筹 资

学习指导

学习重点：熟悉长期筹资的种类和利弊，掌握长期借款种类、申请条件和保护性条款等，掌握和熟练计算长期债券融资的发行定价，理解可转换债券的基本要素，熟悉租赁融资种类和操作程序。

学习难点：如何对股票、债券进行估价。

案例导读：

福莱特玻璃（06865.HK）公司是我国最大的光伏玻璃原片制造商之一，主要从事光伏玻璃的设计、开发、生产及销售，产品售往我国及国外光伏组件生产商。根据相关法律法规以及公司的财务状况及投资计划，该公司董事会于2021年6月16日批准建议发行A股可转换债券。此次发行的可转换债券总额将不超过人民币40亿元（含人民币40亿元）。该项长期资金的筹集计划将用于多项投资项目，其中19.45亿元将用于年产75万吨太阳能装备用超薄超高透面板制造项目，6.58亿元将用于分布式光伏电站建设项目，1.97亿元将用于年产1500万平方米太阳能光伏超白玻璃技术改造项目，12亿元将用于补充流动资金项目。

福莱特玻璃公司此次拟发行的A股可转换债券的初始转换价不得低于发售文件刊发日期前20个交易日的公司A股的平均交易价格（如交易价格已于该20个交易日内因除权或除息而作出调整，则调整前每个该等交易日的平均交易价格应参照除权或除息的A股价格作出调整）与A股在发售文件刊发日期前的交易日的平均交易价格中的较高者。A股可转换债券的期限将自发行日期起计6

年。A股可转换债券的利息将每年支付一次，而本金及最后一年的利息将于到期时支付。

长期筹资是指筹集可供企业长期（一般为1年以上）使用的资金，长期筹资的资本主要用于企业新产品、新项目的开发与推广，生产规模的扩大，设备的更新与改造等。因此，长期筹得的资金具有资本成本高、还款时间长、主要投向长期项目的特点。长期筹资一般采用股权筹资方式（吸收直接投资、发行股票和留存收益）以及债务融资（金融机构长期借款、发行债券和融资租赁）等筹资方式，并且主要来自资本市场。企业在考虑长期筹资时，一般总是根据当时、当地的资本市场状况，全面考虑运用哪种或哪几种长期资本。

从风险角度来说，股票筹资比债务筹资对企业更有利，因为它不需要归还，企业可以长期使用，不像负债要增加新的财务风险。

从便利角度来说，内部权益资本最便捷；其次是对特定金融机构的借款；发行债券和股票等筹资方式的审批手续较为复杂，筹资的便利性较差。

讨论：作为财务部门的负责人，面临投资机会时，高管如何选择最符合企业发展利益的长期投资渠道?

5.1 长期借款

长期借款，是指企业向银行或者其他非银行金融机构借入的使用期限超过1年（不含1年）的借款，主要用于构建固定资产和满足长期流动资金占用的需要。我国股份制企业的长期借款主要是向金融机构借入的各项长期性借款，例如从各专业银行、商业银行取得的贷款，还涉及向财务公司、投资公司等金融企业借入的款项。

5.1.1 长期借款的种类

长期借款的种类繁多，企业可以根据自身的情况和各种借款的条件进行选择。目前，我国各金融机构的长期借款可按如下标准进行分类：

（1）按照付息方式与本金的偿还方式，长期借款可被分为分期付息到期还本长期借款、到期一次还本付息长期借款和分期偿还本息长期借款。

（2）按照币种，可分为人民币长期借款和外币长期借款。

（3）按照用途，可分为固定资产投资借款、更新改造借款、科技开发和新产品试制借款等。

（4）按照发放贷款机构，可分为政策性银行贷款、商业银行贷款等。此外，企业还可从信托投资公司取得实物或货币形式的信托投资贷款，从财务公司取得各种中长期贷款等。

（5）按照有无担保，可分为信用贷款和抵押贷款。信用贷款指不需企业提供抵押品，仅凭其信用或担保人信誉而发放的贷款。抵押贷款是指要求企业以抵押品作为担保的贷款。长期贷款的抵押品常常是房屋、建筑物、机器设备、股票、债券等。

5.1.2 长期借款的条件

金融机构对企业发放贷款的原则是按计划发放、择优扶植、有物资保证、按期归还。企业申请贷款一般应当具备如下条件：

（1）借款企业应具有法人资格，独立核算，自负盈亏。

（2）借款企业在宏观上，其经营方向和业务范围应符合国家政策；在微观上，借款用途应属于银行贷款办法规定的范围，并提供有关借款项目的可行性报告。

（3）借款企业具有一定的物资和财产保证，如果由第三方担保，则担保单位应具有相应的经济实力。

（4）借款企业具有偿还贷款的能力，并且每个经营周期都应有足够的净现金流入量用于支付当期本息。

（5）财务管理和经济核算制度健全，资金使用效益以及企业经济效益良好。

（6）借款企业应当在有关金融部门开立账户、办理结算。

具备上述条件的企业申请借款程序：企业提出借款申请，并附上资金使月的可行性报告；银行或其他金融机构审批；签订借款合同；发放贷款，监督贷款的使用；按期归还贷款本息。

5.1.3 长期借款的保护性条款

由于长期借款具有期限长、风险大的特点，按照国际惯例，银行通常对借款企业提出一些有助于保证贷款按时足额偿还的条件。在贷款合同中明确涉及这些条件，形成了合同的保护性条款。归纳起来，保护性条款可大致分为如下两类：

1.一般性保护条款

一般性保护条款应用于大多数合同，但也会根据具体情况有所差异。主要涉及：（1）对借款企业流动资金保持量的规定，其目的在于保持借款企业资金的流动性和偿债能力；（2）对支付现金股利和再购入股票的限制，其目的在于限制现金外流；（3）对净经营性长期资产总投资规模的限制，其目的在于减小企业日后不得不变卖固定资产以偿还贷款的可能性，仍着眼于保持借款企业资金的流动性；（4）限制其他长期债务，其目的在于防止其他贷款人取得对企业资产的优先求偿权；（5）借款企业定期向银行提交财务报表，其目的在于及时掌握企业的财务情况；（6）不准在正常情况下出售较多资产，以保持企业正常的生产经营能力；（7）如期缴纳税费和清偿其他到期债务，以防被罚款而造成现金流失；（8）不准以任何资产作为其他承诺的担保或抵押，以避免企业负担过重；（9）不准贴现应收票据或出售应收账款，以避免有负债；（10）限制租赁固定资产的规模，其目的在于防止企业负担巨额租金以致削弱其偿债能力，还在于防止企业以租赁固定资产的方式摆脱对其净经营性长期资产总投资和负债的约束。

2.特殊性保护条款

特殊性保护条款是针对某些特殊情况而出现在部分借款合同中的，主要包括：（1）贷款专款专用；（2）不准企业投资短期内不能收回资金的项目；（3）限制企业高级职员的薪金和奖金总额；（4）要求企业主要领导人在合同有效期间内担任领导职务；（5）要求企业主要领导人购买人身保险。

此外，短期借款筹资中的周转信贷协定、补偿性余额等条件，也同样适用于长期借款。

5.1.4 长期借款的优缺点

1.长期借款的主要优点

（1）筹资迅速。发行各种证券筹集长期资金所需要的时间一般比较长，作好证券发行的准备以及发行证券都需要一定的时间。而向金融机构借款与发行证券相比，一般借款所需时间较短，可以迅速获取资金。

（2）借款弹性大。企业与金融机构可以直接接触，可以通过直接商谈来确定借款的时间、数量、利益、偿付方式等条件。在借款期间，如果企业情况发生了变化，也可以与金融机构进行协商，修改借款合同。借款到期以后，如果有正当理由，还可以延期归还。

（3）长期借款还具有成本低、能够有效发挥财务杠杆作用、易于企业保守财务秘密等优点。

2.长期借款的主要缺点

（1）筹资风险大。企业的长期借款需要定期还本付息。尤其在面临经营不力的情况时，可能会产生不能偿付的风险，甚至会导致破产。

（2）使用限制多。企业与金融机构签订的借款合同中，一般都会有较多的限制性条款，这些条款可能会限制企业的经营活动。

（3）筹资数量有限。企业通过长期借款获取的资金数量也是有限的，不足以弥补企业长期资金缺口，还需要多种筹资渠道进行补充。

5.2 长期债券

5.2.1 长期债券概述

1.债券的概念

债券是发行人按照法定程序发行，约定在一定期限内还本付息的有价证券。具体而言，它是固定收益证券的一种，是政府、金融机构、工商企业等机构直接面向社会公众发行债务进行资金筹措，并且承诺按照规定利率支付利息，按照约定条件偿还本金的一种债权债务凭证。债券既是资金借入者向资金借出者出示的借据，同时也是债券投资人获取债券本金和利息的凭证。

债券的本质是债权的证明书，具有法律效力。债券购买者与发行者之间是一种债权债务关系。债券发行人即债务人，债券购买者（或债券持有人）即债权人。债券投资既可以获取利息收益，也可以在债券市场波动的情况下，通过低买高卖等方式投资，以赚取资本利得。现在债券投资已经成为多样化投资组合中的一种重要形式。

这里所说的债券，主要是指期限在1年以上的公司债券，其发行的目的通常是为建设大型项目筹集大笔长期资金。

债券的基本要素包括：

（1）票面价值。债券要标明面值和币种。

（2）债务人与债权人。债务人依照法定程序发行债券，取得一定时期内资金的使用权以及由此带来的利益，同时又承担着按期还本付息的债务风险和义务。债权人在一定期间内转让资金的使用权，有依法或按合同规定拥有取得利息和到期收回本金的权利。

（3）债券的价格。债券是一种可以买卖的有价证券。从理论上讲，债券的价格由债券面值、收益率和供求关系决定。

（4）还本期限。债券应标明还本期限，这也体现了债券在规定的期限内还本付息的特点。

（5）债券利率。债券是按照规定的利率定期支付利息的。利率一般是根据政府的相关法规确定的，或者是根据资金市场情况进行判定的，必要时，由债务人和债权人（或其代表）加以协商。债券面值乘以票面利率就是债券每年支付的利息。

2.债券的种类

债券可按不同标准进行分类。

（1）记名债券与无记名债券

记名债券在券面上标明了持券人的姓名或名称，债务人只对记名人偿本，持券人凭印鉴支取利息。记名债券的转让，由债券持有人以背书等方式进行，并告知发行公司将受让人的姓名或名称载于公司债券存根簿。无记名债券在券面上不标记持券人的姓名或名称，还本付息以债券为凭，一般实行见票付息，其转让由债券持有人将债券交付给受让人后即发挥效力。

（2）抵押债券与信用债券

抵押债券又称有担保债券，是指发行公司以具体资产（通常是固定资产）的留置权（债权人要求权）作为担保的债券。它按担保品的不同，又可分为不动产抵押债券、动产抵押债券、信托抵押债券。信托抵押债券，是指公司以其特有的有价证券为担保而发行的债券。

抵押债券还可按抵押品的先后担保顺序分为第一抵押债券（财产首次担保发行）和第二抵押债券（同一资产再次担保发行）。公司解体清算时，只有在第一抵押债券持有人的债权已获清偿后，第二抵押债券持有人才有权索偿剩余的财产，因此后者要求的利率相对较高。

信用债券又称无担保债券，没有任何公司资产作为担保，是完全凭信用发行的债券。所以在公司清算时，信用债券的持有人是公司的普通债权人。这种债券通常是由实力雄厚、信誉良好的公司发行的，利率一般略高于抵押债券。尽管这类债券没有担保，但是持有人可以通过在债券契约中加入限制性条款来保护自身利益。

（3）固定利率债券与浮动利率债券

固定利率债券的利率在发行债券时即已确定并载于债券券面。

浮动利率债券的利率水平在发行债券之初不固定，而是根据有关利率（如银行存贷款利率水平等）加以确定。

（4）参与公司债券与非参与公司债券

参与公司债券的持有人除可获得预先规定的利息外，还享有一定程度参与发行公司盈余分配的权利，所获参与分配的方式与比例必须事先规定。实际上，这种债券一般很少。

非参与公司债券的持有人则没有参与盈余分配的权利。公司债券大多为非参与公司债券。

（5）一次到期债券与分次到期债券

一次到期债券，是指发行公司于债券到期日一次集中清偿所发行的全部债券本金。

分次到期债券有两种情形：一种是设计分批到期偿还；另一种是对同一债券的本金分次偿付，于债券到期日偿清本金。公司发行这类债券可以分散其集中还本的财务负担。

（6）收益公司债券、可转换公司债券和附认股权证债券

收益公司债券，公司只有在有盈余的时候，才会对收益债券支付利息。在某一年份，未支付的利息可以累积。如果公司在未来年份有盈利，则必须在盈余允许的范围内支付这些累积未支付的利息。通常累积未支付的利息义务仅限于不超过3年的时间。这种债券承诺向投资者支付固定收益，但可靠性较低。尽管如此，收益债券仍优先于次级债券、优先股以及普通股。与优先股不同的是，该债券的利息可以税前扣除。收益债券在投资者中没有吸引力，主要在债务重组时才发行。

可转换公司债券，是债券持有人可按照发行时约定的价格将债券转换成公司的普通股股票的债券。发行可转换为股票的公司债券的公司，应规定转换办法，并应按转换办法为债券持有人换发股票。债券持有人有权选择是否将其所持债券转换为股票。该债券利率一般低于普通公司的债券利率。发行这种债券，既可为投资者增加灵活的投资机会，又可为发行公司调整资本结构或减缓财务压力提供便利。

附认股权证债券，是指股份有限公司发行的附有认股权证的债券。这是债券持有人依法享有的按照约定价格（执行价格）认购股票的一种长期选择权，是债券加上认股权证的产品组合。这种认股权通常随债券发放，具有与可转换公司债券类似的属性。附认股权证公司债券的票面利率与可转换公司债券一样，通常低于一般的公司债券。

（7）上市债券与非上市债券

按照国际惯例，公司债券与股票一样，也有上市与非上市之分。上市债券是经有关机构审批，可以在证券交易所买卖的债券。

债券上市对发行公司和投资者都有一定的好处：1）上市债券因其符合一定的标准，信用度较高，能卖较好的价钱；2）债券上市有利于提高发行公司的知名度；3）上市债券成交速度快，变现能力强，更易于吸引投资者；4）上市债券交易便利，成交价格比较合理，有利于公平筹资和投资。

发行公司欲使其债券上市，需要具备规定的条件与标准，并提出申请，办理一定的手续。

3.发行债券的资格与条件

公司发行债券，应具备规定的发行资格和条件。

（1）发行主体的资格

根据我国《公司法》的规定，股份有限公司、国有独资公司、两个以上的国有企业设立的有限责任公司以及两个以上的国有投资主体投资设立的有限责任公司，具有发行公司债券的资格。

（2）资金用途

债券发行的资金用途包括：固定资产投资和技术改造、更新；生产经营；偿还债务，改善资本结构；并购和资产重组以及股票回购等。

（3）发行债券的条件

发行债券需要符合规定的条件，一般包括发行债券最高限额、发行公司自有资本最低限额、公司获利能力、债券利率水平等。

根据我国《公司法》的规定，发行公司债券必须符合下列条件：

1）公司的生产经营符合法律、行政法规和公司章程的规定，符合国家产业政策，筹集的资金投向符合国家产业政策；

2）股份有限公司的净资产额不低于人民币3 000万元，有限责任公司的净资产额不低于人民币6 000万元；

3）本次发行后累计公司债券余额不超过最近一期末净资产额的40%，金融类公司的累计公司债券余额按金融企业的有关规定计算；

4）最近三个会计年度实现的年均可分配利润不少于公司债券一年的利息；

5）经资信评级机构评级，债券信用级别良好；

6）公司内部控制制度健全，内部控制制度的完整性、合理性、有效性不存在重大缺陷；

7）国务院规定的其他条件。

此外，发行公司债券所筹集资金，必须按审批机关批准的用途使用，不得用于弥补亏损和非生产性支出。

如发行可转换公司债券，还应当符合股票发行的条件。

发行公司发生下列情形之一的，不得再次发行公司债券：1）前一次发行的公司债券尚未募足的；2）对已发行的公司债券或者其债务有违约或者延迟支付本息的事实，且仍处于继续状态的。

5.2.2 长期债券的定价

公司债券的发行价格是债券发行时所使用的价格，亦即投资者购买债券时所支付的价格。公司在发行债券之前，必须依据有关因素，运用一定的方法确定债券的发行价格。

1.债券发行价格的影响因素

公司债券发行价格的形成受诸多因素的影响，具体可以概括为如下四个：

（1）债券面额。债券面额是影响债券发行价格的最基本因素。一般而言，债券面额越大，发行价格越高。但是如果不考虑利息因素，债券面额是债券到期的价值，即债券的未来价值，而不是债券的现在价值（即发行价格）。

（2）票面利率。债券的票面利率是债券的名义利率，通常在发行债券之前即已确定，并注明于债券票面上。一般而言，债券的票面利率越高，发行价格也越高；反之，就越低。

（3）市场利率。债券发行时的市场利率是衡量债券票面利率高低的参照系，两者往往不一致，共同影响债券的发行价格。一般来说，债券的市场利率越高，债券的发行价格越低；反之，就越高。

（4）债券期限。债券的期限，是指从现在至债券到期日的时间间隔。同银行借款一样，债券的期限越长，债权人的风险越大，要求的利息报酬就越高，债券的发行价格就可能较低；反之，可能较高。

债券的发行价格是上述四个因素综合作用的结果。债券的价值是发行者按照合同规定从现在至债券到期日所支付款项的现值。计算现值时使用的折现率，取决于当前的利率和现金流量的风险水平。

2.债券的价值

债券的价值是发行者按照合同规定从现在至债券到期日所支付的款项的现值。计算现值时使用的折现率，取决于当前的利率和现金流量的风险水平。

（1）债券估价的基本模型

典型的债券是固定利率，每年计算并支付利息，到期归还本金。按照这种模式，债券价值计算的基本模型为：

$$PV=\frac{I_1}{(1+i)^1}+\frac{I_2}{(1+i)^2}+\ldots+\frac{I_n}{(1+i)^n}+\frac{M}{(1+i)^n}$$

式中：*PV*——债券价值；

I——每年的利息；

M——到期的本金；

i——贴现率，一般采用当时的市场利率或投资人要求的必要报酬率；

n——债券到期前的年数。

例5-1 燕鸣公司拟于20×1年2月1日发行面值为1 000元的债券，其票面利率为8%，每年2月1日计算并支付一次利息，并于5年后的1月31日到期，同等风险投资的必要报酬率为10%，则债券的价值为：

$$PV=\frac{80}{(1+10\%)}+\frac{80}{(1+10\%)^2}+\frac{80}{(1+10\%)^3}+\frac{80}{(1+10\%)^4}+\frac{80+1\ 000}{(1+10\%)^5}$$

=80×(*P*/*A*, 10%, 5)+1 000×(*P*/*F*, 10%, 5)

=80×3.791+1 000×0.621

=303.28+621

=924.28（元）

通过该模型可以看出，影响债券定价的因素有折现率、利息率、计息期和到期时间。

（2）债券价值与折现率

债券估价模型的现金流量通常是不变的，而作为折现率的投资者的必要报酬率却是经常变化的，并因此导致债券价值的变动。投资者必要报酬率变化的原因，一方面是经济条件变化引起的市场利率的变化，另一方面是公司风险水平的变化。

债券价值与折现率有密切的关系。债券定价的基本原则是：折现率等于债券利率时，债券价值就是其票面面值；如果折现率高于债券利率，债券的价值就低于票面面值；如果折现率低于债券利率，债券的价值就高于票面面值。

在**例5-1**中，如果折现率是8%，则债券价值为：

PV=80×(*P*/*A*,8%,5)+1 000×(*P*/*F*,8%,5)

=80×3.992 7+1 000×0.680 6

=1 000（元）

在**例5-1**中，如果折现率是6%，则债券价值为：

$$\begin{aligned}PV&=80\times(P/A,6\%,5)+1\ 000\times(P/F,6\%,5)\\&=80\times4.212\ 1+1\ 000\times0.747\ 3\\&=1\ 084.29（元）\end{aligned}$$

例5-2 某一两年期债券，每半年付息一次，票面利率8%，面值1 000元。假设折现率是8%，计算其债券价值。

由于债券在一年内复利两次，给出的票面利率是以一年为计息期的名义利率，也称为报价利率。实际计息是以半年为计息期的实际利率，即8%的一半4%，也称“周期利率”。同样如此，由于债券在一年内复利两次，给出的折现率也是名义折现率，实际的周期折现率为8%的一半即4%。由于票面利率与要求的折现率相同，该债券的价值应当等于其面值（1 000元）。验证如下：

$$PV=\frac{40}{1.04}+\frac{40}{1.04^2}+\frac{40}{1.04^3}+\frac{40}{1.04^4}+\frac{1\ 000}{1.04^4}=1\ 000（元）$$

折现率也有实际利率（周期利率）和名义利率（报价利率）之分。凡是利率，都可以分为名义的和实际的。当一年内要复利几次时，给出的年利率是名义利率，名义利率除以年内复利次数得出实际的周期利率。对于这一规则，票面利率和折现率都需要遵守，否则就破坏了估价规则的内在统一性，也就失去了估价的科学性。在计算债券价值时，除非特别指明，否则折现率与票面利率采用同样的计息规则，包括计息方式（单利还是复利）、计息期和利息率性质（报价利率还是实际利率）。

（3）债券价值与到期时间

债券价值不仅受折现率的影响，而且受债券到期时间的影响。债券的到期时间，是指当前日至债券到期日之间的时间间隔。随着时间的推移，债券的到期时间逐渐缩短，至到期日时该间隔为0。

在折现率一直保持不变的情况下，不管它高于或低于票面利率，债券价值都随到期时间的缩短逐渐向债券面值靠近，至到期日债券价值等于债券面值。这种变化情况如图5-1所示。当折现率高于票面利率时，随着时间向到期日靠近，债券价值逐渐提高，最终等于债券面值；当折现率等于票面利率时，债券价值一直等于票面价值；当折现率低于票面利率时，随着时间向到期日靠近，债券价值逐渐下降，最终等于债券面值。

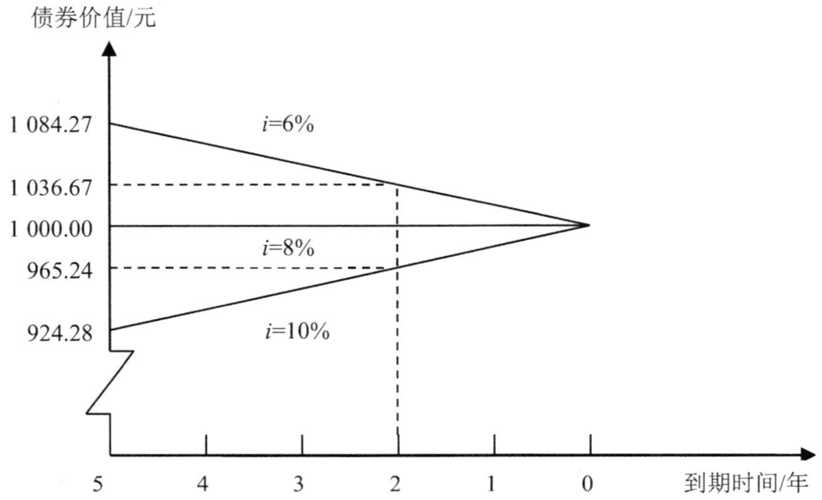

图5-1　债券价值与到期时间

在**例5-1**中，如果到期时间缩短2年，在折现率等于10%的情况下，债券价值为

$$PV=80\times(P/A,10\%,2)+1\ 000\times(P/F,10\%,2)$$
$$=80\times1.735\ 5+1\ 000\times0.826\ 4$$
$$=965.24\text{（元）}$$

在折现率保持不变（10%）的情况下，到期时间5年时债券价值为924.28元，3年后到期时间为2年时债券价值上升至965.24元，向面值1 000元靠近了。

在**例5-1**中，如果折现率为6%，到期时间为2年时，债券价值为

$$PV=80\times(P/A,\ 6\%,\ 2)+1\ 000\times(P/F,\ 6\%,\ 2)$$
$$=80\times1.833\ 4+1\ 000\times0.890\ 0$$
$$=1\ 036.67\text{（元）}$$

在折现率为6%并维持不变的情况下，到期时间为5年时债券价值为1 084.29元，3年后下降至1 036.67元，向面值1 000元靠近了。

在折现率为8%并维持不变的情况下，到期时间为2年时，债券价值为

$$PV=80\times(P/A,8\%,2)+1\ 000\times(P/F,8\%,2)$$
$$=80\times1.783\ 3+1\ 000\times0.857\ 3$$
$$=1\ 000\text{（元）}$$

在折现率等于票面利率时，到期时间的缩短对债券价值没有影响。

综上所述，当折现率（必要报酬率）一直保持至到期日不变时，随着到期时间的缩短，债券价值逐渐接近其票面价值。

如果必要报酬率在债券发行后发生变动，债券价值也会因此而发生变动。随着到期时间的缩短，必要报酬率变动对债券价值的影响越来越小。这就是说，债券价值对必要报酬率特定变化的反映越来越不灵敏。

在**例5-1**中，如果发行日折现率从8%上升到10%，债券价值从1 000元降至924.28元，下降了7.6%。在到期时间为2年时，折现率从8%上升至10%，债券价值从1 000元降至965.24元，仅下降了3.5%。

（4）债券价值与利息支付频率

前面的讨论均假设债券每年支付一次利息，实际上利息支付的方式有许多种，不同利息支付频率也会对债券价值产生影响。典型的利息支付方式有以下三种：

1）纯贴现债券

纯贴现债券，是指承诺在未来某一确定日期作某一单笔支付的债券。这种债券在到期日前，购买人不能得到任何现金支付，因此也称为“零息债券”。

纯贴现债券的价值：

$$PV = \frac{F}{(1+i)^n}$$

例5-3　有一纯贴现债券，面值1 000元，20年期。假设必要报酬率为10%，其价值为

$$PV = \frac{1\ 000}{(1+10\%)^{20}} = 148.6(\text{元})$$

例5-4　有一国库券，面值为1 000元，5年期，票面利率为12%，单利计息，到斯时一次还本付息。假设必要报酬率为10%，其价值为：

$$\begin{aligned} PV &= \frac{1\ 000 + 1\ 000 \times 12\% \times 5}{(1+10\%)^5} \\ &= \frac{1\ 600}{1.6105} \\ &= 993.48(\text{元}) \end{aligned}$$

在到期日一次还本付息债券，实际上也是一种贴现债券，只不过到期日不是按票面额支付而是按本利和作单笔支付。

2）平息债券

平息债券，是指利息在到期时间内平均支付的债券。支付的频率可能是一年一次、半年一次或每季度一次等。

平息债券价值的计算公式如下：

$$PV=\sum_{t=1}^{m}\frac{I/m}{\left(1+\frac{i}{m}\right)^{t}}+\frac{M}{\left(1+\frac{i}{m}\right)^{m}}$$

式中：m——每年的必要报酬率；

I——年付利息；

M——面值或到期日支付额。

例5-5 有一债券面值为1 000元，票面利率为8%，每半年支付一次利息，5年到期。假设必要报酬率为10%。

按惯例，报价利率为按年计算的名义利率，每半年计息时按年利的1/2计算，即按4%计息，每次支付40元。必要报酬率按同样的方法处理，每半年期的折现率按5%确定。该债券的价值为

$$\begin{aligned}PV&=802\times(P/A,5\%,5\times2)+1\,000\times(P/F,5\%,5\times2)\\&=40\times7.721\,7+1\,000\times0.613\,9\\&=308.87+613.90\\&=922.77(\text{元})\end{aligned}$$

该债券的价值比每年付息一次时的价值（924.28）降低了。债券价值随着支付频率的加快而下降的现象仅出现在折价出售的状态。如果债券溢价出售，则情况恰好相反。

例5-6 有一债券面值为1 000元，5年期，票面利率为8%，每半年付息一次。假设必要报酬率为6%，则债券价值为

$$\begin{aligned}PV&=40\times(P/A,3\%,10)+1\,000\times(P/F,3\%,10)\\&=40\times8.530\,2+1\,000\times0.744\,1\\&=341.21+744.10\\&=1\,085.31(\text{元})\end{aligned}$$

该债券每年付息一次时的价值为1 084.29元，每半年付息一次时其价值增加到了1 085.31元。

3）永久债券

永久债券，是指没有到期日，永不停止定期支付利息的债券。英国和美国都发行过这种公债。对于永久债券，通常政府都保留了回购债券的权利。优先段实际上也是一种永久债券，如果公司的股利支付没有问题，将会持续地支付固定的优先股息。

永久债券的价值计算公式如下：

$$PV=\frac{\text{利息额}}{\text{必要报酬率}}$$

例5-7 有一优先股，承诺每年支付优先股息40元。假设必要报酬率为10%，则其价值为

$$PV=\frac{40}{10\%}=400(\text{元})$$

3. 债券的收益率

债券的收益水平通常用到期收益率来衡量。到期收益率，是指以特定价格购买债券并持有到期日所能获得的收益率。它是使未来现金流量等于债券购入价格的折现率。

计算到期收益率的方法是求解含有贴现率的方程，即

购进价格＝每年利息×年金现值系数＋面值×复利现值系数

$$V=I\times(P/A,i,n)+M\times(P/F,i,n)$$

式中：V——债券的价格；

I——每年的利息；

M——债券面值；

n——到期的年数；

i——贴现率。

例5-8 燕鸣公司20×1年2月1日用平价购买了一张面值为1 000元的债券，其票面利率为8%，每年2月1日计算并支付一次利息，并于5年后的1月31日到期。该公司持有债券至到期日，计算其到期收益率。

$$1\,000=80\times(P/A,i,5)+1\,000\times(P/F,i,5)$$

解该方程要用“试误法”。

用$i=8\%$计算：

$$\begin{aligned}&80\times(P/A,8\%,5)+1\ 000\times(P/F,8\%,5)\\&=80\times3.992\ 7+1\ 000\times0.680\ 6\\&=1\ 000(\text{元})\end{aligned}$$

可见，平价发行的每年付一次息的债券，其到期收益率等于票面利率。

如果债券的价格高于面值，则情况将发生变化。例如买价是1 105元，则：

$$1\ 105=80\times(P/A,i,5)+1\ 000\times(P/F,i,5)$$

通过前面试算已知，$i=8\%$时等式的右方为1 000元，小于1 105，可判断收益率低于8%，降低贴现率进一步试算：

$$\begin{aligned}&80\times(P/A,6\%,5)+1\ 000\times(P/F,6\%,5)\\&=80\times4.212+1\ 000\times0.747\\&=336.96+747\\&=1\ 083.96(\text{元})\end{aligned}$$

由于贴现结果仍小于1 105，还应进一步降低贴现率。用$i=4\%$试算：

$$\begin{aligned}&80\times(P/A,4\%,5)+1\ 000\times(P/F,4\%,5)\\&=80\times4.452+1\ 000\times0.822\\&=356.16+822\\&=1\ 178.16(\text{元})\end{aligned}$$

贴现结果高于1 105，可以判断，收益率高于4%。用插值法计算近似值：

$$R=4\%+\frac{1\ 178.16-1\ 105}{1\ 178.16-1\ 083.96}\times(6\%-4\%)=5.55\%$$

从此例可以看出，如果买价和面值不等，则收益率和票面利率不同。

如果该债券不是定期付息，而是到期时一次还本付息或用其他方式付息，那么即使平价发行，到期收益率也可能与票面利率不同。

例5-9 燕鸣公司20×1年2月1日购买了一张面额为1 000元的债券，其票面利率为8%，按单利计息，5年后的1月31日到期，一次还本付息。计算其到期收益率。

$$1\ 000=1\ 000\times(1+5\times8\%)\times(P/F,i,5)$$

$$(P/F,i,5)=1\ 000\div1\ 400=0.714$$

通过查询复利现值表可知，5年期的现值系数等于0.714时，$i=7\%$。

到期收益率是指导选购债券的标准，它反映债券投资按复利计算的真实收益率。

5.2.3 债券信用评级

1.债券信用评级

债券信用评级大多是企业债券信用评级，公司公开发行的债券通常需要由债券评信机构评定等级。债券信用评级（bond credit rating）是对具有独立法人资格的企业发行某一特定债券，按期还本付息的可靠程度进行评估，并标示其信用程度的等级。这种信用评级，是为投资者购买债券和证券市场债券的流通转让活动提供信息服务。国家财政发行的国库券和国家银行发行的金融债券，由于有政府的保证，不参加债券信用评级。地方政府或非国家银行金融机构发行的某些有价证券，则有必要进行评级。债券的信用评级对与发行公司和购买人都有重要影响。

2.评级原因

（1）进行债券信用评级最主要的原因是方便投资者进行债券投资决策。投资者购买债券是要承担一定风险的，如果发行者到期不能偿还本息，投资者就要承受损失，这种风险称为信用风险。债券的信用风险因发行后偿还能力不同而有所差异。但是对广大投资者尤其是中小投资者而言，由于受时间、知识和信息的限制，无法对众多债券进行分析和选择，因此需要专业机构对准备发行的债券还本付息的可靠程度进行客观、公正和权威的评定，也就是进行债券信用评级，以方便投资者决策。

（2）债券信用评级的另一个重要原因，是减少信誉高的发行人的筹资成本。债券评级是度量违约风险的一个重要指标，债券的等级对债务融资的利率以及公司的债务成本具有直接的影响。一般来说，资信等级越高的债券，越容易得到投资者的信任，能够以较低的利率发行；而资信等级低的债券，风险较大，只能以较高的利率发行。另外，许多机构投资者将投资范围限定在特定等级的债券内。

3.等级标准

每家信用评级机构都有自身的评级定义和划分。目前，国际上流行的债券等级是三等九级。AAA级为最高级，AA级为高级，A级为上中级；BBB级为中级，BB级为中下级，B级为投机级；CCC级为完全投机级，CC级为最大投机级，C级为最低级。除AAA级和CCC级以下等级之外，每个级别可用“＋”或“－”符号进行微调，表示略高或略低于本等级。总体而言，债券的分级标准可归纳为如下几类：

（1）A级债券是最高级别的债券，其特点是：1）本金和收益的安全性最大；2）它们受经济形势影响的程度较小；3）它们的收益水平较低，筹资成本也低。对于A级债券来说，利率的变化比经济状况的变化更为重要。因此，一般人们把A级债券称为信誉良好的“金边债券”，对特别注重利息收入的投资者或保值者而言是较好的选择。

（2）B级债券。这类债券对那些熟练的证券投资者来说特别有吸引力，因为这些投资者不情愿只购买收益较低的A级债券，而甘愿冒一定风险购买收益较高的B级债券。B级债券的特点是：1）债券的安全性、稳定性以及利息收益会受到经济中不稳定因素的影响；2）经济形势的变化对这类债券的价值影响很大；3）投资者冒一定风险，但收益水平较高，筹资成本与费用也较高。因此，对B级债券的投资，投资者必须具有选择与管理证券的良好能力。对愿意承担一定风险，又想取得较高收益的投资者，投资B级债券是较好的选择。

（3）C级是投机性或赌博性的债券。从正常投资角度来看，没有多大的经济意义，但对于敢于承担风险，试图从差价变动中取得巨大收益的投资者，C级债券也是一种可供选择的投资对象。

我国的债券评级工作正在开展，但尚无统一的债券等级标准和系统评级制度。根据中国人民银行的相关规定，凡是向社会公开发行的企业债券，需要经过人民银行认可的资信评级机构进行评级。这些机构对发行债券的企业素质、财务质量、项目状况、项目前景和偿债能力进行评分，以此评定信用等级。

4.评级机构

目前国际上公认的最具权威性的信用评级机构，主要有美国标准普尔公司和穆迪投资者服务公司。上述两家公司负责评级的债券很广泛，包括地方政府债券、公司债券、外国债券等。由于它们占有详尽的资料，采用先进科学的分析技术，又有丰富的实践经验和大量专门人才，因此它们所作出的信用评级具有很高的权威性。标准・普尔公司信用等级标准从高到低可划分为：AAA级、AA级、A级、BBB级、BB级、B级、CCC级、CC级、C级和D级。穆迪投资服务公司信用等级标准从高到低可划分为：Aaa级、Aa级、A级、Baa级、Ba级、B级、Caa级、Ca级、C级。两家机构信用等级划分大同小异。前四个级别债券信誉高，风险小，是“投资级债券”；从第五级开始往后的债券信誉低，是“投机级债券”。

标准・普尔公司和穆迪投资服务公司都是独立的私人企业，不受政府的控制，也独立于证券交易所和证券公司。它们所作出的信用评级不具有向投资者推荐这些债券的含义，只是供投资者决策时参考，因此它们对投资者负有道义上的义务，但并不承担任何法律上的责任。

5.2.4 长期债券筹资的优缺点

从债券发行主体来看，公司利用长期债券进行筹资既有利又有弊。因此，公司应扬长避短，看准时机，尽可能获得最大的收益。在营业及盈利稳定，或者预期盈利将大幅度上升时，公司比较适合以长期债券筹资。因为在这种情况下，财务杠杆作用将给企业带来较大的利益。但在发行债券前，公司财务主管仍然要考虑使用长期债券的其他利弊。

1.债券筹资的优点

（1）筹资规模较大。债券属于直接融资，发行对象分布广泛，市场容量相对较大，且不受金融中介机构自身资产规模以及风险管理的约束，可以筹集到的资金数量较多。此外，在公司发行可转换债券以及可提前赎回债券的情况下，便于公司主动地合理调整资本结构。

（2）债券成本较低。相对于股票的股息，债券的利息具有税盾效应，可以在所得税前扣除，发行公司可享受税收上的利益，公司实际负担的债券成本一般低于股票成本。此外，可利用财务杠杆。无论发行公司盈利多少，债券持有人一般只收取固定的利息。尤其是对于长期业绩稳定的企业而言，财务杠杆效应可使得更多的收益分配给股东或留在公司经营，从而增加股东和公司的财富。

（3）具有长期性和稳定性。债券的期限一般较长，且债权投资人一般不能在债券到期之前向企业索取本金，因而债券筹资方式具有长期性和稳定性特点。金融机构对较长期限借款的比例往往会有一定的限制。同时，债券持有人无权参与发行公司的管理决策，因此，公司发行债券不会像增发新股票那样可能会分散股东对公司的控制权。这有助于保障股东的控制权。

（4）有助于优化资源配置。由于债券是公开发行的，是否购买债券取决于市场上投资者自己的判断，并且投资者可以方便地交易并且转让所持有的债券，有助于加速市场竞争，优化社会资源的配置效率。

2.债券筹资的缺点

（1）发行成本高。企业公开发行公司债券的程序比较复杂，需要聘请保荐人、会计师、律师、资产评估机构以及资信评级机构等中介，发行的成本较高。

（2）信息披露成本高。发行债券需要公开披露募集说明书以及引用的审计报告、资产评估报告、资信评级报告等多种文件。债券上市后也需要披露定期报告和临时报告，信息披露成本较高。同时也对保守企业的经营、财务等信息以及其他商业机密不利。

（3）限制条件较多。发行债券的契约书中的限制条款通常比优先股，长、短期债务以及融资租赁都更为严格，从而限制了公司对债券筹资方式的使用，甚至影响公司的正常发展和以后的筹资能力。

（4）财务风险较高。债券有固定的到期日，并需定期支付利息，发行公司必须承担按期付息偿本的义务。在公司经营不景气时，亦需向债券持有人付息偿本，这会给公司带来更大的财务困难，有时甚至导致破产。

5.3 股票融资

5.3.1 股票的特点及种类

股票是股份公司所有权的一部分，也是公司发行的所有权凭证，是股份公司为筹集资金而发行给各个股东，来证明其在公司拥有的净资产所有权并借以取得股息的一种有价证券，它是一种具有法律效力的凭证。股票是资本市场的长期信用工具，可以转让、买卖，股东凭借它可以分享公司的利润，但也要承担公司运作错误所带来的风险，同时不能要求公司返还其出资。每股股票都代表股东对企业拥有一个基本单位的所有权。每家上市公司都会发行股票，而持有股票的人称为股东，每个股东所拥有的公司所有权份额的大小，取决于其持有的股票数量占公司总股本的比重。股份比重越大，股东在公司中所享有的权利与义务也越大。

1.股票的基本特征

股票具有永久性、风险性、流通性、参与性和收益性五大特点。

（1）永久性，是指股票一般没有固定的期限。股票所载有的权利的有效性是始终不变的，因为它是一种无限期的法律凭证。投资者一旦购买了某公司的股票，中途不能要求退股抽回资金；当然，公司破产或者公司减少公司资本而注销股份或与持本公司股票的其他公司合并的情况例外，即股票的有效期与股份公司的存续期间相联系，两者是并存的关系。

（2）股票的风险性。股票在交易市场上作为交易对象，同商品一样，有自己的市场行情和市场价格。由于股票价格要受到诸如公司经营状况、供求关系、银行利率、大众心理等多种因素的影响，其波动有很大的不确定性。此外，无期限性也进一步影响了风险性，股票一旦购买便不能退还本金，当股票发行公司发生经营亏损或破产时，股东必须按其所持股份比例来不同程度地为公司偿债。因此，股票是一种高风险的金融产品。

（3）流通性，是指股票作为一种有价证券，可以在资本市场上自由转让、买卖和流通，也可以作为负债融资的抵押品。流通性通常以可流通的股票数量、股票成交量以及股价对交易量的敏感程度进行衡量。可流通股数越多，成交量越大，价格对成交量越不敏感（价格不会随着成交量一同变化），股票的流通性就越好，反之就越差。通过股票的流通和股价的变动可以看出人们对于相关行业与上市公司的发展前景和盈利潜力的判断，股票的流通性有利于促进社会资金的合理分配和高效利用。

（4）参与性，是指股东具有参与股份公司股利分配、追索净资产的权利，参与公司经营决策的权利以及承担有限责任的义务。股票持有者的投资意志和享有的经济利益，通常是通过出席股东大会行使股东权来体现的。股东参与公司决策的权利大小，取决于其所持有的股份的多少。从实践中来看，只要股东持有的股票数量达到左右决策结果所需的实际数时，就能掌握公司的决策控制权。

（5）收益性，是指股东凭其持有的股票，有权从公司领取股息或红利，获取投资的收益。股息或红利的大小，主要取决于公司的盈利水平和公司的盈利分配政策。股票的收益性，还表现在股票投资者可以获得价差收入或实现资产保值增值。通过低价买入和高价卖出股票，投资者可以赚取价差利润。

2.股票的种类

股份有限公司根据有关法规的规定以及筹资和投资者的需要，可以发行不同种类的股票。有关股票的分类如表5-1所示。

表5-1　股票的种类

	划分标准	股票种类
股票的基本分类	股东权利和义务	普通股股票：最基本的、标准的股票
		优先股股票：具有特殊优待的股票
	股票是否记名	记名股票：在股票票面记载承购人姓名的股票
		不记名股票：不在股票票面记载承购人姓名的股票
	股票有无面值	有面值股票：股票票面注明一定金额的股票
		无面值股票：股票票面没有注明一定金额的股票
	股票投票权利	单权股票：仅有单一投票权的股票
		多权股票：具有多数投票权的股票
	能否赎回	可赎回股票：按协议到期赎回的股票
		不可赎回股票：标准的无期限的股票
	每张股票所代表的股份	单一股票：每张股票代表一股的股票
		多数股票：每张股票代表多股的股票

此外，在我国公司实务中，股票还有以下三种分类：

（1）按股票持有者不同，可分为国家股、法人股、个人股和外资股。国家股是有权代表国家投资部门或机构以国有资产投入而形成的股份。法人股是具有法人资格的企事业单位和社会团体以其可支配的资产向公司投入形成的股份。个人股是社会公众以个人合法财产投入公司形成的股票。外资股，是指股份公司向外国和我国香港、澳门、台湾地区投资者发行的股票。

（2）按上市底单和所面对的投资者进行分类，可分为A股、B股和H股。

A股是在中国大陆注册、在中国大陆上市的普通股股票，是以人民币标明面值并以人民币认购和交易的股票。B股也被称为人民币特种股票，是指那些在中国大陆注册、在中国大陆上市的特种股票，是以人民币标明面值，以外币认购和交易的股票。B股公司的注册地和上市都在境内。需要注意的是，B股和H股是向外国和我国港澳台地区的投资者发行的，并以人民币标明面值。B种股票在沪市和深市上市，H种股票则在香港上市。

（3）根据业绩进行分类，股票还可以分为如下几类：ST股，即境内上市公司连续两年亏损，被作特别处理的股票；垃圾股，即经营亏损或违规的公司的股票；绩优股，即公司经营很好，业绩很好，每股收益0.5元以上的股票；蓝筹股，即在其所属行业内占有重要支配性地位、业绩优良，成交活跃、红利优厚的大公司的股票；红筹股，即在香港上市，但由中资企业直接控制或持有三成半股权以上的上市公司股份；题材股，即具有某种特别内涵的股票，而这一内涵通常会被当作一种选股和炒作题材。

3.相关概念

（1）票面价值

票面价值是股份公司在所发行的股票票面上标明的票面金额，它以元/股为单位，其作用之一是确定每股股票在公司全部资本中所占的份额及标明公司股东对每股股份所负有限责任的最高限额。票面价值的另一个作用是在首次发行股票时，将股票面值作为发行定价的一个依据。一般来说，股票的票面价值要低于其实际价值和股票的发行价格。但是在流通市场中，股票面值与股票价格基本无关。一般而言，在我国上海和深圳证券交易所流通的股票，其面值均为1元/股。在财务报表中，“普通股本”项目按票面价值入账，超过面额部分记入“资本公积——超面值缴入资本”科目。

（2）设定价值

设定价值主要是针对西方国家发行的无面值股票。当公司发行无面值股票时，需要为无面值股票设定一个价值，作为“普通股本”的入账依据。设定价值的计算如下：

$$P_p = \frac{V_p}{Q_p}$$

式中：P_p——股票的设定价值；

V_p——核定股本；

Q_p——核准发行股票股数。

发行无面值股票的优势表现在公司增值时便于股票分割，显示出一定的灵活性。我国目前禁止发行无面值股票。

（3）账面价值

账面价值，是指每股普通股股份拥有本公司的账面净资产值。其计算公式为

$$P_b = \frac{A_b - B_b - C}{Q}$$

式中：P_b——股票的账面价值；

A_b——公司资产总额；

B_b——企业负债；

C——优先股所享受的权益；

Q——流通在外的普通股股数。

（4）清算价值

清算价值，是指一旦公司破产或者倒闭后进行清算时，每股股份所代表的实际价值。从理论上讲，股票的每股清算价值应该与其账面价值相一致。但是公司在破产清算时，其资产清算是按当时的市价进行交易的，而在进行资产处置时，售价一般都会低于实际价值。所以股票的清算价值很难与财务报表上的按历史成本披露的账面价值相一致。需要注意的是，股票清算价值只是在股份公司因破产或者其他原因丧失法人资格而进行清算时才被用作确定股票价值的依据，在股票发行和流通过程中则没有意义。清算价值公式为

$$P_t = \frac{A_t - B_t - C - D}{Q}$$

式中：P_t——股票的清算价值；

A_t——公司资产清算价值；

B_t——清算负债；

D——清算费用。

（5）投资价值

投资价值，是指投资者对某种股票投资时，根据历史资料和未来预期对某种股票进行分析得到的一种估计价值。具体计算见前文股票的价值。

（6）发行价格

发行价格，是指发行公司将股票公开出售给社会公众或特定的投资者所采用的价格。此价格多由承销银团和发行人根据市场情况协商定出。发行价格的确定有两种方法：一是固定价格方式，即在发行前由主承销商和发行人根据市盈率发来确定新股发行价格（新股发行价＝市盈率的倍数（每股税后利率）×发行市盈率）；二是区间寻价方式，又叫竞价确定法，即确定新股发行价格的上限和下限，在发行时根据集合竞价的原则，以满足最大成交量的价格作为确定的发行价，这种发行方式多在增发新股时使用。新股的发行主要取决于每股税后利润和发行市盈率这两个因素。

（7）市场价格

市场价格，是指股票在二级市场上的交易价格。股票的市场价格是不断变化，让人难以捉摸的。一般来说，股票的市场价格由股票的价值决定，但同时受到许多其他因素的影响。其中，供求关系是直接的影响因素，其他因素（例如公司内部经营业绩、外部宏观环境以及投资者心理预期等多方面因素）都是通过作用于供求关系而影响股票价格的。由于影响股票价格的因素复杂多变，所以股票的市场价格呈现出高低起伏的波动性特征。

5.3.2 股票的价值及收益率

1.股票的价值

与债券内在价值的估值原理类似，股票的价值是指股票期望提供的所有未来现金流的现值之和。这里所说的股票价值是股票的理论价值，不等于股票的市场价格。当股票的理论价值与市场价格出现差异时，投资者可以通过套利赚取差价。

（1）股票评价的基本模式

股票带给持有者的现金流入包括两部分：股利收入和出售时的售价。股票的内在价值由一系列的股利和将来出售股票时售价的现值构成。

如果股东永远持有股票，他只获得股利，是一个永续的现金流入。这个现金流入的现值就是股票的价值：

$$V=\frac{D_1}{(1+R_s)^1}+\frac{D_2}{(1+R_s)^2}+\cdots+\frac{D_t}{(1+R_s)^n}$$
$$=\sum_{t=1}^{n}\frac{D_t}{(1+R_s)^t}$$

式中：V——股票现在的价值；

D_t——t 年的股利；

R_s——贴现率（最低的股票投资报酬率）；

t——年份。

如果投资者不打算永久地持有该股票，而在一段时间后出售，他的未来现金流入是几次股利和出售时的股价：

$$V=\sum_{t=1}^{n}\frac{D_t}{(1+R_s)^t}+\frac{V_n}{(1+R_s)^n}$$

按此思路，买入时的价值V（一年的股利现值加上一年后股价的现值）和一年后的价格P_1（第二年股利在第二年年初的价值加上第二年年末股价在第一年年初的价值）为：

$$V=\frac{D_1}{1+R_s}+\frac{P_1}{1+R_s} \tag{5-1}$$

$$P_1=\frac{D_2}{1+R_s}+\frac{P_2}{1+R_s} \tag{5-2}$$

将公式（5-2）代入公式（5-1）：

$$V=\frac{D_1}{1+R_s}+\left(\frac{D_2}{1+R_s}+\frac{P_2}{1+R_s}\right)\div(1+R_s)$$
$$=\frac{D_1}{(1+R_s)^1}+\frac{D_2}{(1+R_s)^2}+\frac{P_2}{(1+R_s)^2}$$

如果不断继续上述代入过程，则可以得出：

$$V=\sum_{t=1}^{\infty}\frac{D_t}{(1+R_s)^t} \tag{5-3}$$

公式（5-3）是股票评价的一般模式。它在实际应用时，面临的问题是如何预计每年的股利，以及如何确定贴现率。

股利的多少，取决于每股盈利和股利支付率两个因素。对其估价的方法是历史资料的统计分析，例如回归分析、时间序列的趋势分析等。股票评价的基本模型要求无限期地预计历年的股利（D_t），实际上是不可能做到的。因此应用的模型都是各种简化方法，如每年股利相同或固定比率增长等。

贴现率的主要作用是把所有未来不同时间的现金流入折算为现在的价值。折算现值的比率应当是投资者所要求的收益率。

（2）零成长股票的价值

假设未来股利不变，其支付过程是一个永续年金，则股票价值为：

$$V = D \div R$$

例 5-10 每年分配股利 2 元，最低报酬率为 16%，则：

$$V = 2 \div 16\% = 12.5(\text{元})$$

也就是说，该股票每年带来 2 元的收益，在市场利率为 16%的条件下，它相当于 12.5 元资本的收益，所以其价值是 12.5 元。

当然，市场上的股价不一定就是12.5元，还要看投资人对风险的态度，可能高于或低于12.5元。

如果当时的市价不等于股票价值，例如市价为 12 元，每年固定股利 2 元，则其预期报酬率为

$$R = 2 \div 12 \times 100\% = 16.67\%$$

可见，市价低于股票价值时，预期报酬率高于最低报酬率。

（3）固定成长股票的价值

企业的股利不应当是固定不变的，而应当是不断成长的。各公司的成长率不同，但平均来说应等于国民生产总值的成长率，或者说是真实的国民生产总值增长率加通货膨胀率。

假设 ABC 公司今年的股利为 D，则 t 年的股利应为

$$D_t = D_0 \times (1+g)^t$$

若 $D_0 = 2$，$g = 10\%$，则 5 年后的每年股利为：

$$D_t = D_0 \times \left(1+g\right)^5 = 2 \times \left(1+10\%\right)^5 = 2 \times 1.611 = 3.222(\text{元})$$

固定成长股票的股价计算公式如下：

$$V=\sum_{t=1}^{\infty}\frac{D_0\left(1+g\right)^t}{\left(1+R_s\right)^t} \tag{5-4}$$

当g为常数，并且$R_s>g$时，公式（5-4）可作简化。

将公式（5-4）两边同乘以$(1+R_s)/(1+g)$后再减公式（5-4），可得

$$\frac{V\left(1+R_s\right)}{\left(1+g\right)}-V=D_0-\frac{D_0\left(1+g\right)^n}{\left(1+R_s\right)^n}$$

当$n\to\infty$时，$D_0\left(1+g\right)^n/\left(1+R_s\right)^n\to 0$

$$\frac{V\left(1+R_s\right)}{1+g}-V=D_0$$

$$\frac{V\left(R_s-g\right)}{\left(1+g\right)}=D_0$$

$$V=\frac{D_0\left(1+g\right)}{\left(R_s-g\right)}=\frac{D_1}{\left(R_s-g\right)}$$

式中：D_1为第一年的股利。

例5-11 燕鸣公司报酬率为16%，年增长率为12%，D_0 =2元，则股票的内在价值为

$$D_1=2\times\left(1+12\%\right)=2\times 1.12=2.24\text{（元）}$$

$$P=\left(2\times 1.12\right)\div\left(0.16-0.12\right)=56\text{（元）}$$

（4）非固定成长股票的价值

在现实生活中，有的公司股利是不固定的。例如在一段时间里高速成长，在另一段时间里正常固定成长或固定不变。在这种情况下，要分段计算，才能确定股票的价值。

例5-12 一个投资人持有燕鸣公司的股票，他的投资最低报酬率为15%。预计燕鸣公司未来3年股利将高速增长，成长率为20%。在此以后转为正常增长，增长率为12%。公司最近支付股利是2元。现计算该公司股票的内在价值。

首先，计算正常增长期的股利价值，如表5-2所示。

表5-2 股利价值计算表

年份	股利（D_t）/元	现值因数	现值/元
1	2×1.2＝2.4	0.870	2.088
2	2.4×1.2＝2.88	0.756	2.177

（续表）

年份	股利（D_t）/元	现值因数	现值/元
3	2.88×1.2＝3.456	0.658	2.274
合计（3年股利的现值）			6.539

其次，计算第三年年底的普通股内在的价值。

$$P_3=\frac{D_4}{R_s-g}=\frac{D_3\left(1+g\right)}{R_s-g}=\frac{3.456\times1.12}{0.15-0.12}=129.02\text{（元）}$$

计算其现值：

$$PVP_3=129.03\times(P/F,15\%,3)$$
$$=129.02\times0.658$$
$$=84.9\text{（元）}$$

最后，计算股票目前的内在价值。

$$P_0=6.539+84.90=91.439\text{（元）}$$

2. 股票的收益率

前面主要讨论如何估计股票的价值，以判断某种股票被市场高估或低估。现在，假设股票价格是公平的市场价格，证券市场处于均衡状态，在任一时点，证券价格都能完全反映有关该公司的任何可获得的公开信息，而且证券价格对新信息能迅速作出反应。在这种假设条件下，股票的期望收益率等于其必要的收益率。

根据固定增长股利模型可知，当前股价P_0为

$$P_0=\frac{D_1}{\left(R-g\right)}$$

如果把公式移项整理，求R，可以得到：

$$R=\frac{D_1}{P_0}+g \tag{5-5}$$

由公式（5-5）可知，股票的收益率可以分为两个部分，第一部分是D_1/P_0，叫作股利收益率，它是由预期现金股利除以当前股价计算出来的。第二部分是增长率g，叫作股利增长率。由于股利的增长速度也就是股价的增长速度，因此g可以解释为股价增长率或资本利得收益率。g的数值可以根据公司的可持续增长率估计。P_0为当前股价，只要能预计出下一期的股利，就可以估计出股东预期报酬率。在有效的市场中，它就是与该股票风险相适应的必要报酬率。

例5-13 有一只股票的价格为20元，预计下一期的股利是1元，该股利将以大约10%的速度持续增长。该股票的期望报酬率为

$$R=\frac{D_1}{P_0}+g$$
$$=\frac{1}{20}+10\%$$
$$=15\%$$

下一期股价预计为

$$P_1=\frac{D_1\times(1+g)}{(R-g)}$$
$$=\frac{1\times(1+10)}{(15\%-10\%)}$$
$$=22（元）$$

如果现在用20元购买该股票，年末将收到1元股利，并且得到2元的资本利得：

总报酬率＝股利收益率＋资本利得收益率

$=(1\div20+2\div20)\times100\%=15\%$

这个例子验证了股票期望报酬率模型的正确性。该模型可以用来计算特定公司风险情况下股东要求的必要报酬率，即公司的权益资本成本。也就是说，股东期望或者说要求公司赚取15%的收益。如果股东的要求大于15%，他就不会进行这种投资；如果股东的要求小于15%，就会争购该股票，使得价格升上去。既然股东们接受了20元的价格，就表明他们的要求是15%的期望报酬率。

5.3.3 普通股

普通股是相对于优先股而言的一类股票，这类股票没有特别权利，是最基本的、最标准的股份。它是股份公司发行的具有表决权和剩余索取权的一类股票。普通股没有一定的到期日，也没有固定的股利。股利是否发放以及发放数量主要取决于公司的经营状况和财务状况。此外，普通股具有股票的一般特征，通常每一份股权包含对公司财产享有的平等权利。

1.普通股股东的权利

普通股股东具有如下权利：

（1）表决权或投票权，即有权就公司重大问题进行发言和投票表决。普通股股东持有一股者便有一股的投票权，持有两股者便有两股的投票权。任何普通股股东都有资格参加公司最高级会议即每年一次的股东大会，但如果不愿参加，也可以委托代理人来代替其行使投票权。

（2）优先认购新股的权利。当公司增发新普通股时，现有股东有权优先（可能还可以低价）购买新发行的股票，以保持其对企业所有权的原百分比不变，从而维持其在公司中的权益。

（3）股利分配请求权。持有普通股的股东有权获得股利，但必须是在公司支付了债息和优先股的股息之后才能分得。普通股的股利收益没有上下限，视公司经营状况好坏、利润大小而定，公司税后利润在按一定的比例提取了公积金并支付优先股股息后，再按股份比例分配给普通股股东。但如果公司亏损，则得不到股息。

（4）剩余财产请求权。当公司因破产或结业而进行清算时，普通股股东有权分得公司剩余资产，但普通股股东必须在公司的债权人、优先股股东之后才能分得财产，财产多时多分，少时少分，没有则只能作罢。由此可见，普通股股东与公司更加息息相关、荣辱与共。

（5）对公司账目和股东大会决议具有审查权以及对公司事务的质询权。

（6）此外，普通股股东还享有公司章程规定的其他权利。

2.普通股筹资的特点

普通股筹资的特点如表 5-3 所示。

表5-3　普通股筹资的特点

优点	（1）没有固定的股利负担。股利的支付与否和支付多少，可视公司盈利和经营需要而定。公司有盈余并且认为适合分配股利，就可以发放股利；如果盈利低，或者虽有盈利但是资金短缺或有更好的投资机会，就可以不分或少分。由于普通股筹资没有固定的到期还本付息的压力，所以筹资风险较小。 （2）没有固定到期日。发行普通股筹措资本具有永久性，无到期日，不需归还，除非公司清算。这对保证公司对资本的最低需要、维持公司长期稳定发展极为有益。因此，普通股可以作为公司长期股权激励的一种形式。 （3）能够增加公司信誉。股本与留存收益是公司债务所面临风险的缓冲地带。较多的自有资金，可以为债权人提供较大的保障。因而，普通股筹资既可以提高公司

（续表）

优点	的信用价值，同时也为使用更多的债务资金提供了强有力保证。 （4）筹资限制较少。利用优先股或者债务进行融资，通常有较多的限制，这往往会影响公司经营的灵活性，而普通股融资则可以避开这些障碍。 此外，由于普通股的预期收益较高并可在一定程度上抵消通货膨胀的影响（通常在通货膨胀期间，不动产升值时普通股也随之升值），因此普通股筹资容易吸收资金
缺点	（1）普通股的资本成本较高。首先，从投资者的角度来讲，投资于普通股风险较高，相应地要求有较高的投资报酬率。其次，对于筹资公司来讲，普通股股利从税后利润中支付，不像债券利息那样作为费用从税前支付，因而不具有抵税作用。此外，普通股的发行费用一般也高于其他证券。 （2）发行普通股增加新股东，通常会分散公司的控制权，增加公司被收购的风险。此外，新股东分享公司未发行新股前积累的盈余，会降低普通股的每股净收益，从而可能引发股价的下跌。 （3）发行股票，特别是上市后，需要履行严格的信息披露制度，接受公众的监督，信息披露成本上升，公司的商业机密容易泄露，成为证券交易市场的炒作题材。 （4）股票上市会增加公司被收购的风险。股票上市后，其经营状况会受到社会的广泛关注，一旦公司经营或者财务出现问题，可能面临被收购的风险

5.3.4 优先股

优先股与普通股同属于公司的自有资金，一般没有一定的到期日。但优先股具有固定的股利，相对普通股又有优先的权利。

1.优先股股东的权利

优先股股东的“优先”权体现在：（1）股利的优先分配权。即公司支付股利时，可先于普通股且享受固定数额的股息，即优先股的股息率都是固定的。（2）剩余资产的优先追索权。在公司解散、分配剩余财产时，优先股在普通股之前分配。即公司财产的变价收入用来清偿所有债务之后的剩余部分，先用来补偿优先股股东，然后才是普通股股东。优先股股票可由公司赎回。由于股份有限公司需向优先股股东支付固定的股息，优先股股票实际上是股份有限公司的一种举债集资的形式，但优先股股票又不同于公司债券和银行贷款，这是因为优先股股东分取收益和公司资产的权利只能在公司满足了债权人的要求之后才能行使。

此外，优先股一般不上市流通，也无权干涉企业经营，优先股股东一般没有表决权，也不能参与公司剩余盈余的分配。只有在涉及优先股股东利益的有关问题时才有权参加表决。

2.优先股的主要条款及相关分类

发行优先股时，一般会附有很多条款，这些条款主要有以下四种：

（1）累积股利条款

几乎所有的优先股都附有累积股利条款，规定在任何营业年度内，未支付的股利可累积起来，与以后的营业年度的盈利一起支付。通常，一个公司只有把所积欠的优先股股利全部支付以后，才能支付普通股股利。具有这样特征的优先股称为累积优先股。但是累积的优先股利未必一定能够在将来得到偿付，如果公司不打算向普通股支付股利，则就没有必要付清积欠的优先股利。

（2）参与剩余盈余分配条款

该条款规定了优先股股东是否可以参与公司剩余盈余的分配以及参与程度。参与优先股，是指在优先股取得固定股利、普通股也按规定分得股利后，优先股股东还有权与普通股股东一起参加剩余利润的分配的股票。按参与程度的不同，又可分为部分参与优先股和完全参与优先股。前者是优先股的参与分享以一定额度为限，后者则指优先股与普通股共同等额分享公司剩余盈余。但通常情况下，公司发行的优先股不能参与公司剩余盈余的分配。

（3）投票权条款

一般来说，优先股股东没有投票权。但公司在特定时期内不能支付优先股股利以及公司违反了优先股股东与公司签订的协议中的限制条款时，优先股股东具有一定的投票权。但是，这种投票权所能发挥的作用可能是微不足道的。

（4）回收条款

优先股像普通股一样，没有到期日。但优先股对于公司而言，有固定的股利负担，公司往往希望在某些特殊的情况下可以通过赎回优先股，或者把优先股转换成普通股等手段减轻公司的财务负担，增加公司融资的弹性。因而，也就产生了可赎回优先股和可转换优先股的概念。具体情况在赎回条款、偿付基金条款和可转换条款中规定。

3.优先股筹资的特点

优先股筹资的特点如表 5-4 所示。

表5-4 优先股筹资的特点

优点	（1）财务负担轻。优先股筹资具有一定的弹性，优先股股利不是发行公司必须偿付的一项法定债务，如果公司财务状况恶化，可以暂时不支付优先股股利；且优先股有时可以收回，或转换成普通股，有利于减轻公司的财务负担。 （2）财务上灵活机动。由于优先股股票没有规定最终到期日，它实质上是一种永续性借款。优先股股票的收回由企业决定，企业可在有利条件下收回优先股股票，具有较大的灵活性。 （3）财务风险小。由于从债权人的角度来看，优先股属于公司股本，从而巩固了公司的财务状况，提高了公司的举债能力，此外，优先股同普通股一样，作为企业的自有资金，可降低企业资产负债率，改善企业资本结构。优先股没有固定的到期日，不用偿还本金，因此财务风险小。 （4）不减少普通股股票收益和控制权。与普通股股票相比，优先股股票每股收益是固定的，只要企业净资产收益率高于优先股股票成本率，普通股股票每股收益就会上升；另外，优先股股东没有经营管理投票权，所以可保持普通股股东的控制权。 （5）与债券相比，优先股使公司能够保有抵押性的资产
缺点	（1）资金成本高。与普通股一样，优先股股票股利也不能抵减所得税，因此其成本高于债务成本。这是优先股股票筹资的最大不利因素。 （2）股利支付的固定性。虽然公司可以不按规定支付股利，但这会影响企业形象，进而对普通股股票市价产生不利影响，损害到普通股股东的权益当然，如在企业财务状况恶化时，这是不可避免的；但是如企业盈利很高，想更多地留用利润来扩大经营时，由于股利支付的固定性，便成为一项财务负担，影响了企业的扩大再生产。 （3）优先股发行的限制条件多，降低了公司经营的灵活性。 （4）优先股的优先权利，对于一般的普通股股东来说，降低了他们的收益水平，增加了投资回报风险

5.4 可转换债券

5.4.1 可转换债券的性质

可转换债券（convertible bond）是持有人可以在一定期间内按照约定的条件将债券转换成公司的普通股股票的债券。它是一种混合型金融产品，兼具债权和股权的特征。这种债券的特殊性在于其所特有的转换性。作为现代金融创新的一种产物，可转换债券在某种程度上兼具了债务性证券与所有权证券的双重功能。可转换债券将传统的债券与股票的筹资功能结合起来，兼具了普通股所不具备的固定收益和一般债券不具备的升值潜力。

5.4.2 可转换债券的基本要素

可转换债券的基本要素包括标的股票、票面利率、转换价格、转换比率、转换期限、赎回条款、回售条款、转换调整条款与保护条款。这些要素基本上决定了可转换债券的转换条件、转换价格、市场价格等总体特征。

1.标的股票

可转换债券作为期权的二级派生产品与期权一样也有标的物。它的标的物一般是发行公司自己的普通股股票，不过也可以是其他公司的股票，如该公司的上市子公司。

2.票面利率

可转换公司债券的票面利率（或可转换优先股股票的股息率），是指可转换债券作为一种债券时的票面利率（或优先股股息率）。发行人根据当前市场利率水平、公司债券资信等级和发行条款确定。可转换债券的票面利率一般大大低于普通债券的票面利率，其上限是同期银行存款利息率。可转换债券的持有者看重的是转换为股票获得资本利得的好处，因此如果发行公司的预期收益增长前景良好，可以将票面利率设计得低一些。

3.转换价格

转换价格，是指可转换债券在存续期间内债券持有者据以转换为每股普通股份所支付的价格。转换价格一般比债券发售日股票市场价格高出10%～30%。在发行公司股票除权时，可转换债券的转股价格要相应调整。转换价格等于可转换债券面值与转换比例的比值。

4.转换比率

转换比率，是指一定面额可转换债券在既定的转换价格下可转换成普通股股票的股数。在债券面值和转换价格确定的前提下，转换比率等于债券面值与转换价格的比值。

5.转换期限

转换期限，是指可转换债券转换为股票的起始日至结束日的期间。转换期可以与债券的期限相同，也可以短于债券的期限。转换期间的规定通常有四种情形：发行日至到期日，发行日至到期前，发行后某日至到期前，发行后某日至到期日。至于选择哪种，要看公司的资本使用状况、项目情况、投资者要求、可转换债券的期限等。由于转换价格高于公司当前股价，投资者一般不会在发行后立即行使转换权，采取前两种类型能吸引更多投资者；如果公司现有股东不希望过早稀释控制权，可采用后两种类型。我国《上市公司证券发行管理办法》规定，自发行结束之日起6个月后方可转换为公司股票，转股期限由公司根据可转换公司债券的存续期限以及公司财务状况决定。

6.赎回条款

赎回，是指发行人在发行一段时间后，可以提前赎回未到期的发行在外的可转换公司债券。发行公司为了避免因市场利率下降而带来的损失，同时为了避免可转换债券的持有者过分享受因公司收益大幅度提高所产生的回报，通常设计有赎回条款。赎回条款通常包括赎回期、赎回价格、赎回条件等。赎回条件一般是当公司股票在一段时间内连续高于转换价格达到一定幅度时，公司可按照事先约定的赎回价格买回发行在外尚未转股的可转换公司债券。公司在赎回债券之前要向投资者发出赎回通知，此时投资者必须在转股与售给发行公司之间作出选择。正常情况下，投资者会选择前者。可见，赎回条款最主要的功能是强制可转换债券的持有者积极行使转股权，因此又被称为加速条款。

7.回售条款

回售条款是在可转换债券发行公司的股票价格达到某种恶劣程度时，债券的持有者按事先约定的价格将可转换债券卖给发行公司的有关规定。与赎回一样，回售条款也有回售时间、回售价格和回售条件等规定。设置回售条款是为了保护债券投资人的利益，回售对于投资者而言实际上是一种卖权，使他们能够避免遭受过大的投资损失，有利于降低投资者的持券风险。合理的回售条款可以使投资者获得安全感，因而有利于吸引投资者。

8.转换调整条款与保护条款

发行公司发行可转换债券之后，其股票价格可能出现巨大波动。如果股价表现不佳，并且没有设计回售条款，公司可设计转换调整条款以保护公司利益，预防投资者到期集中挤兑引发公司破产的悲剧。转换调整条款又称向下修正条款，允许发行公司在约定时间内将转股价格向下修正为原转换价格的70%～80%。

5.4.3 可转换债券筹资评价

1.可转换债券筹资的优点

（1）节约利息支出

可转换债券使得公司能够以较低的利率收取资金。债权人同意接受较低利率是因为有机会分享未来发展带来的收益。可转换债券的票面利率低于同一条件下的普通股债券的利率，降低了公司前期的筹资成本。由于可转换债券的利率大大低于普通债券，使得发行公司在转换前所支付的利息费用很低，转换之后又节约了股票发行成本。

（2）稳定股票市价

可转换债券使得公司取得了以高于公司当前股价的转换价格进行普通股股票出售的可能性。因此在当前股权融资时机不佳时，发行可转换债券可以延迟当前低价股权融资，从而避免了进一步降低公司股票的市价。可转换债券的转换期限较长，即使在将来转为股票时，对公司股价的影响也较温和，从而有利于公司股价的稳定。

（3）增强筹资灵活性

发行可转换债券不影响公司偿还其他债务的能力，不会受到其他债权人的反对。同时，其投资者是公司的潜在股东，与公司利益冲突较少。如果公司对可转换债券的有关条款设计周到，将有助于公司主动调整资本结构，增强公司财务弹性。

2.可转换债券筹资的缺点

（1）增强了对管理层的压力

发行可转换债券之后，如果其股份长期低迷，持券者到期未能转股，会造成公司集中兑付债券本金的财务压力；或者，债券转换为股票后股价迅速大幅度下跌。这两者都会影响公司的声誉，破坏公司的财务形象。因此，管理层应当保持公司经济效益的稳定增长，以应对上述压力。

（2）回售风险

若可转换债券发行后，公司业绩虽然不错但公司股票却随大盘下跌，或者公司业绩不佳，股价长期低迷，在设计有回售条款的情况下，投资者集中在一段时间内将债券回售给发行公司，公司如果对此准备不足，将导致公司陷入财务支付危机之中。

（3）股价大幅度上扬风险

虽然可转换债券的转换价格高于其发行时的股票价格，但是如果转化时，公司股价大幅度上扬，持券者纷纷按较低转换价格行使转换权，这实际上会相对减少公司的筹资数量，投资者则获益过多。

（4）股价低迷风险

发行可转换债券后，如果股价没有达到转股需要的水平，可转换债券持有者没有如期转换普通股，则公司只能继续承担任务。在订有回售条款的情况下，公司短期内集中偿还债务的压力会更明显。尤其是有些公司发行可转换债券的目的是筹集权益资本，股价低迷使得原定目的无法实现。

5.5 租赁融资

5.5.1 租赁及其种类

1.租赁的概念

租赁是在一定期间内，出租人将资产的使用权让渡给承租人以获取货币补偿（租金）等对价的合同。租赁是一种以一定费用借贷实物的交易行为。在这项交易中，承租方不仅得到了所需的机器设备等的使用权，而且通过这一行为达到了最终筹集资金的目的。从出租方角度来看，其通过出租业务获取了租金，用于补偿资产的折旧及其他费用之后可获得一定的收益。出租方可以是专业的设备租赁公司，也可以是设备厂房处于闲置的一般企业。对于后者而言，这种出租有利于提高企业的经济效益，改善企业的资产质量，优化稀缺财务资源的配置。

2.租赁的要素

（1）租赁当事人

租赁合约的当事人至少包括出租人和承租人两方。出租人，租赁物品的所有者，拥有所租赁物品的所有权，将物品租给他人使用，收取报酬。承租人，出租物件的使用者，租用出租人物品，向出租人支付一定的费用。

（2）租赁标的

租赁标的，是指用于租赁的资产。早期租赁资产主要是土地和建筑物，20世纪50年代以后各种资产都进入了租赁领域，例如工厂和金融证券等。

（3）租赁期限

租赁期限，即租期，具体指租赁开始日期到终止日期的时间。

（4）租赁费用

租赁费用，即租金，是承租人在租期内获得租赁物品的使用权而支付的代价。租赁费用的报价形式和支付形式可以灵活多样，是协商一致的产物，没有统一的标准。租赁费用的经济内容包括出租人的全部出租成本和利润。出租成本包括租赁资产的购置成本、营业成本以及相关的利息。如果出租人收取的租赁费用超过其成本，剩余部分则为利润。

3.租赁的特征

租赁作为一种独特的信用形式，既有信用的一般特征，又有自己的独特特征，主要表现为以下几点：

（1）两权分离。租赁资产的所有权与使用权是相互分离的。银行信用也是所有权与使用权相分离，但载体是现实资金，租赁则是在资金与实物相结合基础上的分离。

（2）融资与融物相结合。不同于一般的借钱还钱、借物还物的信用形式。租赁是以商品形态与货币形态相结合提供的信用活动，它通过借物还钱，并以分期支付租金的方式来体现。租赁在向企业出租设备的同时，解决了企业的资金需求，具有信用、贸易的双重性质。融资与融物相结合使得作为专营租赁业务的专业租赁公司或兼营租赁业务的机构具有金融机构（融通资金）与贸易机构（提供设备）的双重职能。在租赁期内，租赁公司始终控制着设备的所有权，把握着资金的使用方向。

（3）租金的分期归流。在租金的偿还方式上，出租方的资金一般都采用一次投入、分期收回的方式；而承租方交付租金的次数和金额则由双方协商确定。对于承租方而言，通过租赁可以提前获得资产的使用价值，分期支付租金便于测算现金流出量，同时可以减少资金的占用，缓解自身的资金压力。

4.租赁的分类

（1）根据性质划分

根据性质一般可以分为经营租赁与融资租赁。

1）经营租赁，也称营业租赁或使用租赁。一般租赁期限较短，租金较低，风险较小；租赁物一般是通用的耐用物品，如电脑、汽车、房屋等；租赁期间，由出租方负责资产的维修、保养，并提供专门的技术服务；承租方可以提前解除租约（一般要提前通知出租方并予以一定赔偿）。从实质上来看，它是一种短期资金的融通方式。对于承租方来讲，经营租赁的租金可作为费用在税前扣除，这是十分有利的。经营租赁一般适用于季节性生产企业，或租赁资产的技术更新很快，或承租方资金虽然充裕可以购买但对所生产产品的畅销期长短没有把握等情形。

2）融资租赁。也称财务租赁或金融租赁。融资租赁是现代设备租赁的主要形式。它是指由出租方用资金购买承租方选定的设备，并按照签订的租赁协议或合同将设备租给承租方长期使用的一种融通资金方式。

（2）根据租赁期限划分

根据租赁期限的长短可以分为短期租赁和长期租赁。短期租赁的时间明显短于租赁资产的经济寿命，而长期租赁的时间接近租赁资产的经济寿命。

（3）根据租赁的撤销划分

根据租赁是否可以随时解除分为可以撤销租赁和不可撤销租赁。可以撤销租赁是指合同中注明承租人可以随时解除的租赁。通常提前终止合同，承租人要支付一定的赔偿。不可撤销租赁是在合同到期前不可以单方面解除的租赁。如果经出租人同意或者承租人支付一笔足够大的额外款项从而得到对方认可，不可撤销租赁也可以提前终止。

（4）根据租赁资产的维修划分

根据出租人是否负责租赁资产的维修（维护、保险和财产税等）分为毛租赁和净租赁。毛租赁，是指由出租人负责资产维护的租赁。净租赁，是指由承租人负责资产维护的租赁。租赁资产的维修，可以单独签订一个维修合同，与租赁合同分开处理。

（5）根据当事人的关系划分

根据当事人的关系，租赁还可进一步分为直接租赁、杠杆租赁和售后租回。

1）直接租赁，是指出租人（租赁企业或生产厂商）直接向承租人提供租赁资产的租赁形式。这种方式只涉及出租人和承租人。

2）杠杆租赁，是指涉及贷款者参与的一种租赁方式。租赁所涉及的资产价值昂贵时，出租方自己只支付引入所需款项（例如购买资产的货款）的部分资金（通常为资产价值的20%～40%），其余款项（60%～80%）则通过将该资产以抵押的方式，并以转让租金的权利作为额外担保向第三方（通常为银行）申请贷款解决，然后将购进的设备出租给承租方，租赁公司用收取的租金偿还贷款，该资产的所有权属于出租方。这样，出租方只用少量资金就撬动了巨额的租赁业务，就如同杠杆原理一样，故称为杠杆租赁。

3）售后租回，是指因承租方先将某资产卖给出租人，再将该资产租回的一种租赁形式。

一般而言，当企业面临财务困境、急需资金时，可以将原来归自己所有的资产售给出租方，然后以租赁的形式从出租方原封不动地租回资产的使用权。在这种租赁合同中，除资产所有者的名义改变之外，其余情况均无变化。这种租赁形式的好处是：一方面企业通过出售资产获得现金收入，暂时缓解了企业的财务危机；另一方面又能继续使用原资产，租赁费却可以分期支付，不影响企业日常生产经营活动的持续进行。

5.5.2 融资租赁的程序

融资租赁的程序如下：

（1）选择租赁公司，提出租赁申请。在确定采用融资租赁方式取得设备使用权的前提下，企业应对各个租赁公司的情况作广泛深入的摸底，选择比较好的租赁公司。申请时，应主要说明需要租入资产的名称、性能、数量、规格、生产厂商、交货地点等。

（2）承租方与出租方接触。出租方收到申请后，应向承租方介绍有关手续的办理程序、租金的计算方式、租金的支付期间与支付方式。出租方还要向承租方索要其他资料，如承租方的基本情况、财务报表、租赁项目的效益及现金流量情况。

（3）出租方租赁项目的审查。租赁双方达成初步意向后，能否向承租方提供租赁服务，需由出租方对租赁项目进行审查，以确保出租方的利益。审查的内容主要包括：租赁项目的可行性、承租方的资信与能力、租赁设备的先进性等。

（4）签订相关的租赁合同。经过出租方审查后，认为可行的，出租方与承租方进入实质性谈判阶段。双方达成共识后，签订租赁合同。出租方与供货方的供货合同，与贷款银行的贷款合同立即或同时进行。

（5）设备的交接及货款支付。供货商应根据合同规定的日期将设备直接交付承租方，承租方负责验货，办理交接手续。之后，供应商可根据承租方的收货凭证，向出租方收取货款。

（6）支付租金。融资租赁的租金一般采用年金形式。

（7）出租方向贷款银行归还借款。

（8）租赁期满租赁资产的处置。

5.5.3 租赁的优缺点

租赁是一种灵活的融资方式，是否采取该种方式融资，应该分析租赁融资的优缺点，扬长避短。

1.优点

（1）减少资金占用，提高资本周转度。当企业选择租赁时，表示企业不必动用大额资金去购置资产，既维持了充裕的周转资本，又能使用所需的资产。此外，租赁资产的期限可与出租人协商，使租期缩短（虽然租金相对提高），当业务不景气或者资产不适用时，可以不再续租。

（2）减少不确定性。当资产因科技发展而变得陈旧或者必须废弃时，其市场价格必然下降。租赁可以避免设备陈旧过时的风险，其将陈旧的风险转移到出租人身上，而不必自行承担。对于技术改造较快的资产设备，利用租赁更为有利。此外，租赁期满时，租赁资产价值的残值风险也不用承租人承担。

（3）维持企业的信用能力。租赁一般只在资产负债表附注中列明，而无须在资产负债表上列示。因此企业的财务结构可以保持不变，所以企业借款能力不受影响，维持了企业原有的信用能力。

（4）降低交易成本。租赁公司可以大批量地购置某种资产，从而获得优惠价格。对于租赁公司而言，由于信用、规模和其他原因，融资成本往往比承租人低。对于融资成本较高的企业而言，通过采用租赁融资形式，可以大大降低交易成本。

2.缺点

（1）租赁费用较高。通常而言，出租人会将自己的风险成本转嫁给承租人，并加上一定的利润空间，所以承租方所支付的租赁费用要比债务成本高。承租企业会增加固定支出，而固定支出的增加使企业风险加大，面临财务困境危机。

（2）筹资弹性较小。当租金支付期限和金额固定时，会增加企业资金调度难度。

（3）剩余残值的损失。由于资产的产权属于出租人，所以当租赁期满后退租时，承租人不能享用出租资产的剩余价值。如果租赁资产的剩余价值较大，甚至该资产有可能升值，承租人仍然要在租赁期满时交回给出租方。

（4）担保、抵押能力差。在租赁期间，承租人对租用设备无所有权，只有使用权，故承租人无权随意对设备进行改造，不能处置设备，也不能将其用于担保、抵押贷款。

思考题

1.分析一下长期借款的条件和优缺点。

2.债券有哪几种？影响长期债券定价的因素有哪些？

3.普通股股票有何特征？普通股股票筹资的利弊是什么？

4.优先股股票有何特征？利用优先股股票筹资的利弊是什么？

5.可转换债券有何特征？用其筹资有何利弊？

6.如何进行融资租赁决策？

练习题

1.某公司预计未来3年股利每年2元，第4年正常增长，g=5%。投资者要求的必要报酬率为10%。问股票价值为多少?

2.假定某公司发行一种债券,期限为10年,面值为1 000元。票面利率为12%,每半年付息一次。

（1）债券发行2年后，市场平均利率降为8%，该债券此时的价值为多少?

（2）假定债券发行2年后，市场平均利率升为14%，该债券此时的市价为900元，问该债券当时是否值得购买?

（3）假定债券发行2年后，市场平均利率降为8%，且8年内一直稳定在8%，那么，在这段时间内，债券价值发生了何种变化?

3.已知A公司股票的贝塔系数为1.5，市场上股票的平均报酬率为12%，无风险利率为8%。

（1）如果该股票为固定成长股票，该公司最近一次支付的股利为1.5元，成长率为4%，确定该股票的价值。

（2）如果该股票未来3年股利零增长，每期股利为1.5元，预计从第4年起转为正常增长，成长率为4%，确定该股票的价值。

（3）如果该公司最近一次支付的股利为1.5元，该股票未来3年高速增长，增长率为10%，3年后转为正常增长，成长率为4%，确定该股票的价值。

第 6 章　资本成本与资本结构

学习指导

学习重点：本章学习的重点在于理解资本成本相关概念，熟悉和掌握个别资本成本（债务和权益筹资方式）、总体的加权平均资本成本以及边际资本成本的具体计算；理解和掌握财务杠杆与经营杠杆对财务风险和经营风险的放大作用；明确和理解资本结构理论的发展脉络。

学习难点：如何合理地找到企业的边际资本成本，正确计算财务杠杆、经营杠杆和综合杠杆，如何选择企业的最优资本结构。

案例导读：

来自乐居财经的雪球专栏报道，自2021年10月开始，房地产企业销售下行，融资收紧，房地产企业日益承受着短期资金链的压力，资本结构不合理带来的"安全"问题成为困扰房企的噩梦，国际评级机构也持续下调房企信用评级。据亿翰智库近期的研究分析显示，自2021年9月，国际评级机构穆迪将中国房地产行业展望由"稳定"调整为"负面"，同时将多家房企评级展望调整为负面，行业信用风险担忧持续升温。

在面对相对严峻的外部形势时，祥生控股集团积极响应国家调控，一方面对行业形势作好预判，另一方面积极采取经营应对举措，主动降负债、去杠杆。祥生控股集团在债务扩张上一直坚持理性稳健的原则，合理规划资金，以企业信用为先，以改善信贷为目标，时刻关注企业运营情况，主动管理债务，不断推进债务结构持续优化。数据显示，祥生控股集团截止到2021年6月30日总有息负债余额与2020年年底基本持平。从类型上来说，银行贷款和资本市场直接融资占比分别为38.1%和11.2%，两者合计比例比2020年年底合计比例上升8.3个百分点，与此同时，其他融资占比是50.7%，比2020年年底下降8.3个百分点，使得公司债务结构得到进一步优化。祥生控股通过多种措施不断优化公司资本结构，降低融资风险，为朝着“健康可持续的品质标杆企业”目标迈进注入动力。

总体来看，财务杠杆的使用可以为企业带来收益，但企业应该时刻警惕过高杠杆带来的财务安全性问题，只有不断优化自身的资本结构，才能保持企业持久健康发展。

讨论：祥生控股集团如何把握财务风险大小，向目标资本结构动态调整?

6.1 资本成本

资本成本是财务管理中的重要概念。在市场经济环境下，公司通常要有偿使用任何资金，公司为筹集和使用资金需要付出代价。换个角度而言，投资者（股东和债权人）对个人投资需要索取必要的报酬率（或者合理贴现率）。例如为进一步满足公司未来发展的资金需求，优化公司资本结构，抓住市场发展机遇，持续提升公司核心竞争力，公司的财务总监需要及时和有效地论证筹划融资事项。具体融资方式可以选择公司内部的留存收益，或者借助外部的银行贷款、发行债券、发行股票。每一种融资方式都会对应不同的成本。作为财务总监，有职责收集有用信息来评估加权资本成本，从而帮助企业作出合理的筹资决策，获取最大资金使用价值。

6.1.1 资本成本概述

1.什么是资本成本

资本成本不是实际支付的成本，而是一种机会成本。在面临多个投资公司（或者项目方案）时，被舍弃的其他同等风险投资机会的期望报酬率便是本次决策的成本。例如投资人投资任何公司（项目方案）一般都是为了获得回报，而某特定企业（项目方案）是否值得投资，需要看该公司（项目方案）能否提供更多的报酬。为此，投资人需要比较该公司（项目方案）的期望报酬率与其他同等风险投资机会的期望报酬率。如果该公司（项目方案）的期望报酬率高于所有的其他投资机会，投资人就会投资于该公司（项目方案）。因此，资本成本也被称作投资项目的取舍收益率、最低可接受的收益率，还可以称为公司可以从现有投资项目中获取的，符合投资人期望的最小报酬率。

资本成本的概念涉及两个方面：一方面，资本成本与公司的筹资活动相关，从筹资人（公司）角度而言，它是指筹集和使用资金的成本，即筹资成本。债权投资人的收益就是筹资公司的债务成本，权益投资人的收益就是筹资公司的股权成本。投资人的税前必要报酬率就等于公司的税前资本成本。另一方面，资本成本与公司的投资活动相关，即投资的必要报酬率。公司的资本成本取决于投资人的必要报酬率，当公司的投资报酬率大于投资人的要求时，投资人会购买公司股票，推动股价上涨；反之，则股价下跌。此外，公司的资本成本与资本市场相关，当市场上其他投资机会的报酬率上升时，公司的资本成本也会上升。

2.公司的资本成本

公司的资本成本，是指组成公司资本结构的各种资金来源的成本组合，在数量上它等于各项资本来源的成本加权计算的平均数。对于公司资本成本的理解需要注意以下几点：

（1）资本成本是公司取得资本使用权的代价

资本成本包括资金筹集费和资金占用费两部分。资金筹集费，是指在资金筹集过程中支付的各项费用，如发行股票、债券支付的印刷费，发行手续费，律师费，资信评估费，公证费，担保费，广告费等。资金占用费，是指占用资金支付的费用，如股票的股息、银行借款和债券利息等。相比之下，资金占用费是筹资公司经常发生的，而资金筹集费通常在筹集资金时一次性发生，因此在计算资本成本时可作为筹资金额的一项扣除。

（2）资本成本可有多种计量形式

在比较各种筹资方式时，使用个别资本成本，包括普通股成本、优先股成本、长期借款成本、债券成本；在进行资本结构决策时，使用加权平均资本成本；在进行追加筹资决策时，则使用边际资本成本。

（3）不同公司的资本成本不同

由于不同公司的经营业务存在差异（经营风险不同）、资本结构不同（财务风险不同），因此各公司间的资本结构不同。公司的经营风险和财务风险越大，投资人要求的报酬率就越高，公司的资本成本也就越高。

一个公司资本成本的高低取决于三个因素：1）无风险利率，是指无风险投资所要求的报酬率。典型的无风险投资是政府债券投资。2）经营风险溢价，是指由于公司未来前景的不确定性导致的要求报酬率增加的部分。一些公司的经营风险比另一些公司高，那么投资人报酬率的要求也会相应增加。3）财务风险溢价，是指高财务杠杆产生的风险。公司的负债率越高，普通股收益的变动性越大，股东要求的报酬率也就越高。

3.投资项目的资本成本

投资项目的资本成本，是指项目本身所需投资资本的机会成本，每个项目都有自己的机会成本。

因为不同投资项目的风险不同，所以要求的最低报酬率也不同。投资项目的风险程度往往与相对应的报酬率正相关。作为投资项目的资本成本，即项目的必要报酬率，其高低取决于资本运用于什么项目，又受到筹资来源的影响。

如果公司新的投资项目的风险与企业现有资产平均风险相同，则项目资本成本等于公司资本成本；如果新的投资项目的风险高于企业现有资产的平均风险，则项目资本成本高于公司资本成本；如果新的投资项目的风险低于企业现有资产的平均风险，则项目资本成本低于公司的资本成本。因此，每个项目的资本成本不同，并表现为项目风险的函数。

4.资本成本的用途

资本成本的概念广泛运用于财务管理的许多方面。

（1）用于筹资决策

对于公司筹资来讲，资本成本是选择资金来源、确定筹资方案的重要依据。筹资决策的核心是决定资本结构。公司力求选择资本成本最低的筹资方式，通过选择最优的资本结构实现股东财富最大化。

（2）用于投资决策

对于公司投资来讲，资本成本是评价投资项目、决定投资取舍的重要标准。

当投资项目与公司现存业务相同时，公司资本成本是合适的折现率。但是投资项目与现有资产平均风险不同时，公司的资本成本不能作为项目现金流的折现率。不过公司的资本成本仍具有重要价值，它提供了一个调整的基础。根据项目风险与公司风险的差异，适当地调整或者调减可以估计项目的资本成本。

（3）用于营运资本管理

在进行营运资本管理时，可以将各类流动资产投资看作不同的“投资项目”，资本成本可以用来评估营运资本投资政策和营运资本筹资政策。例如用于流动资产的资本成本提高时，应当适当地减少营运资本投资额，并采用相对激进的筹资政策。决定存货的采购批量和存储量、制定销售信用政策和决定是否赊销等，都需要以资本成本为重要依据。

（4）用于企业价值评估

在经济活动中，往往会产生对企业价值进行评估的需求，例如企业并购、重组等。在制定公司战略时，需要知道每一种战略选择对企业价值的影响，也会涉及企业价值的评估。现金流量折现法是企业价值评估的主要方法之一，需要以公司的资本成本作为折现率。

（5）用于业绩评价

资本成本还可用作衡量公司经营成果的尺度。资本成本是投资人要求的必要报酬率，即经营利润率应高于资本成本，否则表明业绩欠佳。日益兴起的以价值为基础的业绩评价，其核心指标是经济增加值。计算经济增加值便需要使用公司的资本成本。

5.资本成本的影响因素

在市场经济环境中，多方面因素的综合作用决定着公司资本成本的高低，其中主要有无风险利率、市场风险溢价、税率、资本结构和投资政策。这些因素总体可以大致划分为外部因素和内部因素两大类，当这些因素发生变化时，就需要调整资本成本。

（1）外部因素

1）利率

市场利率上升，公司的债务成本也会相应提高，因为投资人的机会成本提高了，公司筹资时必须支付给债权人更多的报酬。根据资本资产定价模型，利率上升也会引起普通股和优先股的成本上升。个别公司无法改变利率，只能被动接受。

2）市场风险溢价

市场风险溢价由资本市场上的供求双方共同决定，个别公司无法控制。根据资本资产定价模型可以发现，市场风险溢价会影响股权成本。

3）税率

税率是政府政策，个别公司无法控制。税率的变化直接影响税后债务成本以及公司加权平均资本成本。此外，资本性收益的税务政策发生变化，会影响人们对于权益投资和债务投资的选择，并间接影响公司的最佳资本结构，进而影响加权平均资本成本。

（2）内部因素

1）资本结构

在计算加权平均资本成本时，通常要假定公司存在目标资本结构，并且已经确定。企业改变资本结构时，资本结构也会相应地变动。增加债务的比重，会使平均资本成本出现降低趋势，同时提高公司的财务风险。财务风险的提高，又会引起债务成本和股权成本的上升。因此，公司应当适度负债，寻求资本成本最小化的资本结构。

2）投资政策

公司的资本成本反映现有资产的平均风险。如果公司选择投资比现有资产风险更高的新项目，公司资产的平均风险就会提高，并促使资本成本上升。因此，资本成本会随着投资政策的变化而发生变动。

6.1.2 个别资本成本

个别资本成本，是指不同资本来源的成本。通常而言，资金因其来源不同，相应的资本成本也会存在差异。具体可分为债务资本成本（长期借款资本成本、债券成本）、权益资本成本（优先股成本、普通股成本）。

1.长期借款资本成本

长期借款成本包含借款利息以及融资费。长期借款利息一般作为财务费用计入税前成本费用内，产生抵税作用，因此公司实际负担的借款费用应从利息支出中扣除减少的所得税额。具体而言，一次还本、分期付息借款的成本计算公式如下：

$$L(1-F_l)=\sum_{t=1}^{n}\frac{I_t}{(1+K)^t}+\frac{P}{(1+K)^n} \tag{6-1}$$

$$K_l=K(1-T) \tag{6-2}$$

式中：K——所得税前的长期借款资本成本；

K_l——所得税后的长期借款资本成本；

P——第n年末应偿还的本金；

I_t——借款的年度利息；

L——长期借款筹资额（借款本金）；

F_l——长期借款筹资费用率；

T——公司所得税率。

公式（6-1）中：等号左边 $L(1-F_l)$ 表示借款的实际现金流入；等号右边表示借款引起的未来现金流出的现值总额，具体金额为各年利息支出的年金现值之和加上到期本金的复利现值。按照这种方法，实际上将长期借款的资本成本看作使这一借款的现金流入等于其现金流出现值的折现率。计算长期借款成本时，首先要借助公式（6-1），采用内插法求解借款的税前资本成本，再通过公式（6-2）将借款的税前资本成本调整为税后的资本成本。

例6-1 燕鸣公司取得8年期长期借款400万元，利率为10%（每年付息一次，到期一次性偿还本金），筹资费用为0.5%，所得税率为25%。求项长期借款的资本成本。

第一步，计算税前借款资本成本K：

$$L(1-F_l)=\sum_{t=1}^{n}\frac{I_t}{(1+K)^t}+\frac{P}{(1+K)^n}$$

$$400\times(1-0.5\%)=\sum_{t=1}^{8}\frac{400\times10\%}{(1+K)^t}+\frac{400}{(1+K)^8}$$

运用逐步测试法估算K值，首先将K=10%代入。查表可知，利率为10%，8年期的年金现值系数为5.334 9；利率为10%，8年期的复利现值系数为0.466 5。代入上式：

左边式子等于398，右边式子等于399.996。右边大于左边，应提高贴现率再试。

设K=12%，查表可知，利率为12%，8年期的年金现值系数为4.967 6；利率为12%，8年期的复利现值系数为0.403 9。代入上式：

左边式子等于398，右边式子等于360.264。

根据这些数据，运用插值法求K值：

$$\frac{K-12\%}{398-360.264}=\frac{10\%-12\%}{399.996-360.264}$$

解得，税前借款资本成本$K=10.1\%$

第二步，计算税后借款资本成本：

$$K_l=K\left(1-T\right)=10.1\%\times(1-25\%)=7.575\%$$

如果不考虑货币的时间价值，上述公式可以简化为如下公式：

$$K_l=\frac{I_t\left(1-T\right)}{L\left(1-F_l\right)}$$

式中：K_l——长期借款的资本成本；

I_t——借款的年度利息；

T——公司所得税率；

L——长期借款筹资额（借款本金）；

F_l——长期借款筹资费用率。

上述公式也可以转化为如下形式：

$$K_l=\frac{R_l\left(1-T\right)}{1-F_l}$$

其中，R_l——长期借款的利率。

当长期借款的筹资费（主要是借款的手续费）很小时，也可以忽略不计。

例6-2 沿用**例6-1**的资料，不考虑货币时间价值时，该项借款的资本成本计算如下：

$$K_l=\frac{400\times10\%\times(1-25\%)}{400\times(1-0.5\%)}=7.895\%$$

或：

$$K_l=\frac{10\%\times(1-25\%)}{1-0.5\%}=7.895\%$$

2.债券成本

债券的发行成本主要涉及利息和筹资费用。债券利息的处理与长期借款利息的处理相似，应以税后的债务成本为计算依据。债券的筹资费用一般比较高，不可在计算资本成本时省略。按照一次还本、分期付息的方式，债券资本成本的计算公式为

$$B(1-F_b)=\sum_{t=1}^{n}\frac{I_b}{(1+K)^t}+\frac{P}{(1+K)^n}$$

$$K_b=K(1-T)$$

式中：K——所得税前的债券成本；

K_b——所得税后的债券成本；

P——第n年末应偿还的本金；

I_b——债券年利息；

T——所得税率；

B——债券筹资额；

F_b——债券筹资费用率。

例6-3 燕鸣公司发行总面额为1 000元的30年期债券，票面利率为10%，发行费用率为面值的1%，公司所得税率为25%，该债券的成本为：

$$1\ 000\times(1-1\%)=\sum_{t=1}^{30}\frac{1\ 000\times10\%}{(1+K)^t}+\frac{1\ 000}{(1+K)^{30}}$$

经查表可知，利率为10%，30年期的年金现值系数为9.426 9；利率为10%，30年期的复利现值系数为0.057 3。代入上式：

$$1\ 000\times10\%\times9.426\ 9+1\ 000\times0.057\ 3-1\ 000\times(1-1\%)=9.99（元）$$

9.99元大于0，应提高贴现率再试。

经查表可知，利率为12%，30年期的年现金现值系数为8.055 2；利率为12%，30年期的复利现值系数为0.033 4。代入上式：

$$1\ 000\times10\%\times8.055\ 2+1\ 000\times0.033\ 4-1\ 000\times(1-1\%)=-151.08（元）$$

－151.08元小于0，运用插值法求得税前债券成本：

$$\frac{K-12\%}{151.08}=\frac{10\%-12\%}{9.99+151.08}$$

$$K = 12\% + \frac{151.08}{9.99 + 151.08} \times (10\% - 12\%) = 10.12\%$$

税后债券成本：

$$K_b = K(1-T) = 10.12\% \times (1-25\%) = 7.59\%$$

如果不将货币时间价值考虑在内，债券成本的计算与长期借款成本的计算一样，公式可以简化为

$$K_b = \frac{I_b(1-T)}{B(1-F_b)}$$

式中：K_b——债券资本成本；

I_b——债券年利息；

T——所得税率；

B——债券筹资额；

F_b——债券筹资费用率。

或：

$$K_b = \frac{R_b(1-T)}{1-F_b}$$

式中：R_b——债券利率。

例6-4 沿用**例6-3**的资料，用考虑货币的时间价值的办法，计算该债券的成本如下：

$$K_b = \frac{1\ 000 \times 10\% \times (1-25\%)}{1\ 000 \times (1-1\%)} = 7.576\%$$

或：

$$K_b = \frac{10\% \times (1-25\%)}{1-1\%} = 7.576\%$$

若债券溢价或折价发行，为更精确地计算资本成本，应以实际发行价格作为债券筹资额。

例6-5 假定燕鸣公司发行面额为1 000元的30年长期债券，票面利率为10%，发行费用率为1%，发行价格为1 100元，公司所得税率为25%。该债券成本为

$$K_b = \frac{1\ 000 \times 10\% \times (1-25\%)}{1\ 100 \times (1-1\%)} = 6.887\%$$

例6-6 假定上述公司发行面额为1 000元的30年期债券，票面利率为10%，发行费用率为1%，发行价格为900元，公司所得税率为25%。该债券的成本为

$$K_b = \frac{1\ 000 \times 10\% \times (1-25\%)}{900 \times (1-1\%)} = 8.418\%$$

3.优先股成本

公司发行的优先股是股利分配和财产清偿优先于普通股的股份。发行优先股要支付筹资费用，还要定期支付股利。优先股股息通常是固定的，近似于一种永续年金。但它与债券不同，股利在税后支付，且没有固定的到期日。优先股成本的计算公式为

$$K_p = \frac{D_p}{P_p(1-F_p)}$$

式中：K_p——优先股成本；

D_p——优先股每年的股利；

P_p——发行优先股总额；

F_p——优先股筹资费率。

例6-7 燕鸣公司按面值发行105万元的优先股，筹资费率为5%，每年支付10%的股利，则该优先股成本计算如下：

$$K_p = \frac{105 \times 10\%}{105 \times (1-5\%)} = 10.526\%$$

公司破产时，优先股的求偿权排在债券持有人之后，因此优先股股东的风险高于债券持有人，这就使得优先股的股息率一般要大于债券的利息率。另外，优先股股利要从税后盈余中支付，不减少公司的所得税，所以优先股的成本也会明显高于债券成本。

4.普通股成本

普通股成本，是指发行普通股所需的成本。这里的筹资成本，是指面向未来的成本，而不是过去的成本。增加普通股的方式有两类：一种是增发新股；另一种是留存收益转增普通股。留存收益是公司缴纳所得税后形成的，其所有权属于股东。股东将这一部分未分派的税后利润留存于公司，实质上是对公司追加投资。与优先股和债务成本相比，普通股成本的确定要复杂得多，这主要

是因为：其一，普通股年度股息不固定，甚至变化很大，因此预期确定的资金成本只是一个估计值；其二，公司经营各方面的变化都会直接或间接地影响普通股股利（亦即普通股资本成本）的增减变化。普通股成本的估计方法主要有三种：股利增长模型、资本资产定价模型和债券收益率风险调整模型。

（1）股利增长模型

股利增长模型是依据股票投资的收益率不断提高的思路来计算的。在正常经营条件下，这个指标应是正值而非负值。一般假定股票收益以固定的年增长率递增，则股权资本成本的计算公式为

$$K_c = \frac{D_c}{P_c(1-F_c)} + G$$

式中：D_c——预期下一年现金股利额；

F_c——普通股筹资费用率；

P_c——普通股当前市价；

G——普通股利年增长率。

上述公式适用于增发新股，如果是留存收益转增普通股，可以忽略普通股筹资费用率F_c，即采用如下公式：

$$K_c = \frac{D_c}{P_c} + G$$

例6-8 燕鸣公司普通股目前的市价为23元，估计年增长率为5%，本年发放股利2元/每股，则：

$$D_c = 2 \times (1+5\%) = 2.1\text{（元）}$$

$$K_c = \frac{2.1}{23} \times 100\% + 5\% = 14.13\%$$

（2）资本资产定价模型

资本资产定价模型是估计普通股成本的常用方法，按照资本资产定价模型，普通股成本等于无风险利率加上风险溢价。普通股成本计算公式为

$$K_s = R_f + \beta(R_m - R_f)$$

式中：R_f——无风险利率；

β——股票的贝塔系数；

R_m——平均风险股票报酬率；

R_m-R_f——市场风险溢价；

$\beta(R_m-R_f)$——股票的风险溢价。

例6-9 市场无风险利率为10%，平均风险股票的必要报酬率为14%，燕鸣公司普通股的贝塔系数为1.2。留存收益的成本为：

$$K_s=10\%+1.2\times(14\%-10\%)=14.8\%$$

（3）债券收益率风险调整模型

根据某项投资“风险越大，要求的报酬率越高”的原理，普通股股东对公司的投资风险大于债券投资者，因而会在债券投资者要求的收益率上再要求一定的风险溢价。依照这一理论，权益的成本公式为

$$K_s=K_b+RP_c$$

式中：K_b——税后债务成本；

RP_c——股东比债权人承担更大的风险所要求的风险溢价。

债务成本（长期借款成本、债券成本等）比较容易计算，但是风险溢价RP_c的确认较难。风险溢价是凭借经验估计出来的。一般认为，某公司普通股风险溢价对其自己发行的债券来讲，大约在3%～5%之间，当市场利率达到历史性高点时（风险较低），风险溢价通常较低，在3%左右；当市场利率处于历史性低点时（风险较高），风险溢价通常较高，在5%左右；而在通常情况下，常常采用4%的平均风险溢价。这样，普通股成本则为：

$$K_s=K_b+4\%$$

例如，对于债券成本为9%、中等风险的公司来讲，其普通股成本为

$$K_s=9\%+4\%=13\%$$

而对于债券成本为13%的另一家中等风险公司来讲，其普通股成本则为

$$K_s=13\%+4\%=17\%$$

6.1.3 加权平均资本成本

受制于多种因素，企业往往需要通过多种渠道筹集所需资金。为进行筹资决策，就要计算确定公司全部长期资金的总成本——加权平均资本成本。加权平均资本成本是公司全部长期资本的平均成本，一般按各种长期资本的比例加权计算，因此被称为加权平均资本成本。加权平均资本成本有三种权重可以供

选择，即账面价值权重、实际市场价值权重和目标资本结构权重。

1.账面价值权重

账面价值权重是根据公司资产负债表上显示的会计价值来衡量每种资本的比例。资产负债表提供了负债和权益的金额，其资料容易取得，计算也很方便。但是，账面结构反映的是历时的结构，不一定符合未来的状态。账面价值权重会歪曲资本成本，例如当资本的账面价值与市场价值差别较大时，如股票、债券的市场价格发生较大变动，计算结果会与实际有较大的差距，从而贻误筹资决策。

2.实际市场价值权重

为了克服账面价值权重的缺陷，个别资本占全部资本比重的确定还可以按市场价值或目标价值确定。实际市场价值权重是根据当前负债和权益的市场价值比例衡量每种资本的比例。这样计算的加权平均资本成本能反映公司目前的实际情况。由于市场价值不断变动，负债和权益的比例也随之变动，计算得到的加权平均资本成本数额也是经常变化的。为弥补证券市场价格变动频繁的不便，也可以选用平均价格。

3.目标资本结构权重

目标资本结构权重是根据市场价值计算的目标资本结构衡量每种资本要素的比例。公司的目标资本结构，代表了为实现股票价格最大化而进行的债务、优先股本以及普通股本的有效组合，也是未来如何筹资的最佳估计。如果公司向目标资本结构发展，那么目标资本结构权重更为合适。这种权重可以选用平均市场价格，回避证券市场价格变动频繁的不便；可以适用于公司评价未来的资本结构，而账面价值权重与实际市场价值权重仅仅反映过去和现在的资本结构，企业很难客观合理地确定证券的目标价值，又使得这种计算方法不易于推广。

加权平均资本成本的计算公式为

$$K_w = \sum_{j=1}^{n} K_j W_j$$

式中：K_w——加权平均资本成本；

K_j——第j个资本成本；

W_j——第j种个别资本占全部资本的比重（权数）。

例6-10 燕鸣公司账面反映的长期资金共500万元，其中长期借款100万元，应付长期债券50万元，普通股250万元，保留盈余100万元；其成本分别为6.7%，9.17%，11.26%，11%。该企业的加权平均资本成本为

$$6.7\%\times\frac{100}{500}+9.17\%\times\frac{50}{500}+11.26\%\times\frac{250}{500}+11\%\times\frac{100}{500}=10.09\%$$

例6-11 燕鸣公司按平均市场价值计量的目标资本结构是：40%的长期债务、10%的优先股、50%的普通股。长期债务的税后成本是3.9%，优先股的成本是8.16%，普通股的成本是11.8%。该企业的加权平均资本成本为

$$K_w=40\%\times3.9\%+10\%\times8.16\%+50\%\times11.8\%=8.28\%$$

6.1.4 边际资本成本

1.边际资本成本的概念

公司很难采用某一固定的资本成本来筹措无限多的资金。通常资本成本率在一定范围内不会改变，而在保持某一资本成本率的条件下可以筹集到的资金总限度称为保持现有资本结构下的筹资突破点。一旦筹资额超过突破点，即使维持现有的资本结构，其资本成本率也会增加。当公司追加筹资时，需要知道筹资额在什么数额上会引起资本成本的变化，这涉及了边际资本成本。边际资本成本，是指公司追加筹资的成本，追加一个单位的资本增加的成本称为边际资本成本。边际资本成本也是按加权平均法计算的，是追加筹资时所使用的加权平均成本。

公司从事新项目的投资，是一种边际投资，相应的筹资也是边际筹资，需要考虑整个公司的边际资本成本。公司所关心的不是它过去的筹资来源，而是新投资方案的资本来源，所以边际资本成本是公司追加筹资和投资过程中必须考虑的问题。

根据经济学原理可知，资本不会在同一价格水平上无限量地供应，也就是说，资本的需要量与资本成本成某种正比例关系。公司所需要的资本越多，资本的成本可能就越高。

2.边际资本成本的计算和应用

以下举例说明边际资本成本的计算和应用。

例6-12 燕鸣公司拥有长期资金400万元，其中长期借款60万元，资本成本3%；长期债券100万元，资本成本10%；普通股240万元，资本成本13%。加权平均资本成本为10.75%。由于扩大经营规模的需要，拟筹集新资金。经分析，认为筹集新资金后仍应保持目前的资本结构，即长期借款占15%，长期债券占25%、普通股占60%，并测算出了随筹资的增加各种资本成本的变化，如表6-1所示。

表6-1　资本种类与资本成本

资本种类	目标资本结构	新筹资额	资本成本
长期借款	15%	45 000元以内 45 000～90 000元 90 000元以上	3% 5% 7%
长期债券	25%	200 000元以内 200 000～400 000元 400 000元以上	10% 11% 12%
普通股	60%	300 000元以内 300 000～600 000元 600 000元以上	13% 14% 15%

（1）计算筹资突破点

因为花费一定的资本成本率只能筹集到一定限度的资金，超过这一限度，多筹集资金就要多花费资本成本，引起原资本成本的变化，于是就把在保持资本成本的条件下可以筹集到的资金总限度称为现有资本结构下的筹资突破点。在筹资突破点范围内筹资，原来的资本成本不会改变；一旦筹资额超过筹资突破点，即使维持现有的资本结构，其资本成本也会增加。筹资突破点的计算公式为

$$筹资突破点=\frac{可用某一特定成本筹集到的某种资金额}{该种资金在资本结构中所占的比重}$$

在花费3%资本成本时，取得的长期借款筹资限额为45 000元，其筹资突破点为

$$\frac{45\ 000}{15\%}=300\ 000（元）$$

而在花费5%资本成本时，取得的长期借款筹资限额为90 000元，其筹资突破点则为

$$\frac{90\ 000}{15\%}=600\ 000（元）$$

按此方法，资料中各种情况下的筹资突破点的计算结果如表6-2所示。

表6-2　资本种类与筹资突破点

资本种类	资本结构	资本成本	新筹资额	筹资突破点
长期借款	15%	3% 5% 7%	45 000元以内 45 000～90 000元 90 000元以上	300 000元 600 000元
长期债券	25%	10% 11% 12%	200 000元以内 200 000～400 000元 400 000元以上	800 000元 1 600 000元
普通股	60%	13% 14% 15%	300 000元以内 300 000～600 000元 600 000元以上	500 000元 1 000 000元

（2）计算边际资本成本

根据上一步计算出的筹资突破点，可以得到7组筹资总范围：1）30万元以内；2）30万～50万元；3）50万～60万元；4）60万～80万元；5）80万～100万元；（6）100万～160万元；7）160万元以上。对以上7组筹资范围分别计算加权平均资本成本，即可得到各种筹资范围的加权平均资本成本。计算结果如表6-3所示。

表6-3　边际资本成本计算表

筹资总额范围	资金种类	资本结构	资本成本	加权平均资本成本
30万元以内	长期借款 长期债券 普通股	15% 25% 60%	3% 10% 13%	3%×15%＝0.45% 10%×25%＝2.5% 13%×60%＝7.8% 0.45%＋2.5%＋7.8%＝10.75%
30万～50万元	长期借款 长期债券 普通股	15% 25% 60%	5% 10% 13%	5%×15%＝0.75% 10%×25%＝2.5% 13%×60%＝7.8% 0.75%＋2.5%＋7.8%＝11.05%

（续表）

筹资总额范围	资金种类	资本结构	资本成本	加权平均资本成本
50万～ 60万元	长期借款 长期债券 普通股	15% 25% 60%	5% 10% 14%	5%×15%＝0.75% 10%×25%＝2.5% 14%×60%＝8.4% 0.75%＋2.5%＋8.4%＝11.65%
60万～ 80万元	长期借款 长期债券 普通股	15% 25% 60%	7% 10% 14%	7%×15%＝1.05% 10%×25%＝2.5% 14%×60%＝8.4% 1.05%+2.5%+8.4%＝11.95%
80万～ 100万元	长期借款 长期债券 普通股	15% 25% 60%	7% 11% 14%	7%×15%＝1.05% 11%×25%＝2.75% 14%×60%＝8.4% 1.05%+2.75%+8.4%＝12.2%
100万～ 160万元	长期借款 长期债券 普通股	15% 25% 60%	7% 11% 15%	7%×15%＝1.05% 11%×25%＝2.75% 15%×60%＝9% 1.05%+2.75%+9%＝12.8%
160万元以上	长期借款 长期债券 普通股	15% 25% 60%	7% 12% 15%	7%×15%＝1.05% 12%×25%＝3% 15%×60%＝9% 1.05%+3%+9%＝13.05%

表6-3右侧计算得出的各种加权平均资本之差，就是随着筹资额增加而增加的边际资本成本。

以上计算结果用图形表达，可以更形象地看出各筹资总额增加时，加权平均资本成本的变化（见图6-1），公司可依此制定追加筹资的规则。

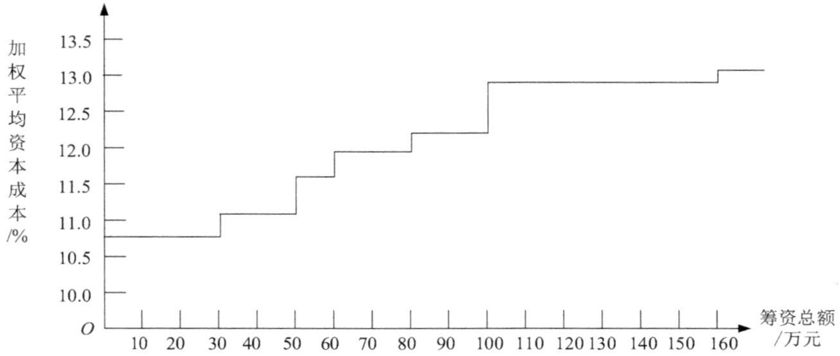

图6-1　加权平均资本成本变化

6.2 经营风险、财务风险与杠杆原理

公司的资本成本包括无风险利率和风险报酬率两个部分。

无风险利率是指能保证按时支付利息和本金的债券成本，包括：让渡资本使用权的报酬和因通货膨胀而造成的购买力下降的补偿。无风险利率受资本市场的供求关系和价格水平所制约，因此它是公司无法控制和决定的。

风险报酬率便是对不能按时支付本息的风险的补偿。股东或债权人将资金注入公司以期获得预期回报。与此同时，这两类投资人也需要承担相应的风险。而公司则必须给投资人一定的风险补偿。风险主要来自公司的经营风险和财务风险。任何一种风险的增大，都会降低公司的支付能力，提高公司的资本成本。因而必须努力降低公司的经营风险和财务风险，最大限度地降低公司资本成本，提高公司的整体收益。

6.2.1 经营风险与经营杠杆

1.经营风险和经营杠杆的概念

（1）经营风险

经营风险，是指企业未使用债务时经营的内在风险，特指公司因经营状况和环境的变化而影响其按时支付本息能力的风险。影响公司经营风险的因素很多，主要有以下几个方面：1）产品需求。市场对公司产品的需求稳定，则经营风险小；反之，经营风险就比较大。2）产品售价。产品售价稳定，经营风险则小；反之，经营风险大。3）产品成本。产品成本（固定成本和变动成本）的升降产生了巨大的风险，直接会导致利润的不稳定。产品成本变动越大，经营风险越大；反之，经营风险小。4）管理的水平。公司经营管理水平的高低直接关系到公司的生存。5）固定成本的比重。在公司全部成本中，固定成本所占的比重较大时，单位产品分摊的固定成本额便较大；若产品产量发生变动，单位产品分摊的固定成本也会随之变动，最后导致利润更大幅度地变动，经营风险就大；反之，经营风险就小。这种效应就是经营杠杆效应。6）其他因素。这一部分包括：外部条件的变化，如天灾、经济不景气、通货膨胀等；内部问题，如设备事故、产品的质量问题等。

（2）经营杠杆

提到杠杆，容易让人联想到机械杠杆。利用机械杠杆，在杠杆一边加一个力可以在另一边得到一个更大的力，因此杠杆有放大的效应。财务管理中的杠杆也具有这种效应，管理者可以利用它来提高获利能力。而经营杠杆是指在企业生产经营中由于存在固定成本而使利润变动率大于产销量变动率的规律，具体表示为在某一固定成本比重下，其销售量变动对息税前利润产生的作用。

公司的经营成本可以简单地分为固定成本和变动成本两个部分。在影响经营风险的诸多因素中，固定经营成本的影响是一个基本因素。所谓固定成本，是指不随销售量或产量变化的成本。当然从长期来看，所有的成本都是变化的。因此，这里分析的是短期的。在一定的销售量范围内，固定成本总额是一个与销售量无关的固定值。在公司的经营中，固定成本要分摊到全部产品上。生产的产品越多，每一件产品中固定成本的份额就越小。因此，随着销售量的增加，单位固定成本就会下降，从而使得单位产品的利润提高，息税前利润的增长率将大于销售量的增长率。与之相反的是，如果销售量降低会提高产品单位固定成本，从而使单位产品的利润减少，息税前利润的下降率将大于销售量的下降率。一般来说，固定成本主要包括以下的几部分：1）管理费用，如管理人员的工资、房屋的租金；2）营销费用，如固定的广告支出等；3）保险费；4）建筑物和设备的折旧费。

与固定成本相对的就是变动成本。变动成本，是指随着销售量或产量的变化而变动的那部分成本，有时也称为直接成本。单位产品的变动成本值是固定的，变动成本总额等于单位变动成本乘以销售量。因此，全部产品的总的变动成本随销售量或产量的变化而变化。变动成本的构成项目主要包括：1）直接人工成本；2）直接原材料成本；3）直接销售佣金；4）包装费用；5）产品的运输费用。

固定经营成本是引发经营杠杆效应的根源，只要公司存在固定成本，不论它的数量有多大，那么经营杠杆效应就一定存在。但是，企业销售量水平与盈亏平衡点的相对位置决定了经营杠杆的大小，即经营杠杆的大小是由固定经营成本和息税前利润共同决定的。固定成本的存在使营业利润（或亏损）在销售量变化时会产生一个成比例的变化。考虑一个简单的例子：ABC公司去年的销售额为10 000元，其固定成本为7 000元，变动成本为2 000元，于是其利润为1 000元。今年，ABC公司的销售额增长了50%，为15 000元，固定成本不变，仍为7 000元，变动成本同比例增加为3 000元，那么该公司今年的利润为5 000。其利润的增长幅度为400%［400%=(5 000−1 000)÷1 000×100%］。

这个例子充分地显示了经营杠杆的作用，它使得销售额的变动导致更大比例的利润的变动。经营杠杆是一把双刃剑，它可以将利润放大，同时，如果公司有亏损也同样会被放大。

2.经营杠杆系数

很多人认为，固定成本在总成本中所占的比例越高，这个公司的经营杠杆就越高；还有人认为，固定成本在销售总额中所占的比例越高，这个公司的经营杠杆就越高。为了澄清这两个观点，来看下面的例子。

例6-13 假设燕鸣公司旗下有A、B、C三家子公司，这三家公司的固定成本结构不同，有关情况如表6-4所示。需要分析的是：假设下一年度A、B、C三家公司的固定成本保持不变，当销售率增加50%时，三家企业的息税前利润的变动程度分别是多少？

表6-4　经营杠杆效应　　单位：元

经营情况	A公司	B公司	C公司
今年的情况：			
产品价格（P）	10	10	10
销售量（Q）	300	300	300
营业收入（S）	3 000	3 000	3 000
营业成本			
变动成本（VC）	1 800	1 800	1 800
固定成本（F）	0	600	800
盈亏平衡点（Q_{BE}）	0	150	200
息税前利润（$EBIT$）	1 200	600	400
成本比率（固定成本相对额）			
固定成本/总成本	0	0.25	0.308
固定成本/营业收入	0	0.2	0.27
下一年度，销售额增加50%后			

（续表）

经营情况	A公司	B公司	C公司
营业收入（*S*）	4 500	4 500	4 500
经营成本			
变动成本（*VC*）	2 700	2 700	2 700
固定成本（*F*）	0	600	800
息税前利润（*EBIT*）	1 800	1 200	1 000
*EBIT*变动百分比（$\Delta EBIT/EBIT$）	50%	100%	150%

计算的结果可以说明两个现象：

第一，当三家公司预计下一年度营业收入均增加50%时，A公司由于没有固定经营成本，它的息税前利润变动百分比也是50%，而B、C两家公司由于都存在固定成本，其息税前利润分别增长了100%和150%。这说明是固定成本引起了经营杠杆效应。

第二，C公司固定成本在总成本中所占的比例为30.77%［30.77%＝800÷(800＋1 800)×100%］，固定成本在营业收入中所占的比例为26.67%［26.67%＝800÷3 000×100%］。这两个指标均高于B公司（对应的指标为25%和20%）。因此，C公司的息税前利润的变化程度也更大。C公司增加了150%，而B公司只增加了100%。

经营杠杆放大了企业营业收入变化对息税前利润变动的影响程度，这种影响程度是经营风险的一种测度。经营杠杆的大小一般用经营杠杆系数来表示。

（1）经营杠杆系数的概念

公司的经营杠杆的高低通常用经营杠杆系数（degree of operating leverage，简称DOL）来衡量，它是公司计算利息和所得税之前的盈余（简称息税前利润*EBIT*）的变动率与营业收入（销售量）变动率之间的比值。它反映了公司的*EBIT*对销售收入波动的反应，用公式表示如下：

$$DOL=\frac{\text{息税前利润变化的百分比}}{\text{营业收入变化的百分比}}=\frac{\Delta EBIT/EBIT}{\Delta S/S}=\frac{\Delta EBIT/EBIT}{\Delta Q/Q}$$

式中：*DOL*——经营杠杆系数；

EBIT——变动前息税前利润；

$\Delta EBIT$——息税前利润的变动额；

Q——变动前的销售量；

ΔQ——销售量的变动量；

S——变动前的营业收入（销售额）；

ΔS——营业收入（销售额）的变动量。

如果假定公司的成本－销量－利润保持线性关系，变动成本在营业收入中所占的比例不变，固定成本也保持稳定，经营杠杆系数便可通过营业收入和成本来表示。经营杠杆系数越大，说明经营杠杆作用越大，经营风险也就越大；经营杠杆系数越小，表明经营杠杆作用越小，经营风险也越小。则DOL便可以通过营业收入和成本推导经营杠杆系数的两个新的公式：

$$DOL_Q = \frac{Q(P-V)}{Q(P-V)-F} \tag{6-3}$$

$$DOL_S = \frac{S-VC}{S-VC-F} = \frac{EBIT+F}{EBIT} \tag{6-4}$$

式中：Q——变动前的销售量；

P——产品的单位销售价格；

V——产品的单位变动成本；

F——总固定成本；

S——变动前的营业收入；

VC——变动成本总额。

公式（6-3）的推导过程如下：

设：M代表基期边际贡献，$M=Q(P-V)$；R代表产销量变动率，$R=\Delta S/S$。

因为产销量变动率与边际贡献变动率一致，所以，变动后的边际贡献为 $M+MR$ 。则：

$$\begin{aligned} DOL &= \frac{\Delta EBIT / EBIT}{\Delta S / S} = \frac{\Delta EBIT / EBIT}{R} \\ &= \frac{\Delta EBIT}{R(EBIT)} = \frac{(M+MR-F)-(M-F)}{R(EBIT)} \\ &= \frac{MR}{R(EBIT)} = \frac{M}{EBIT} = \frac{Q(P-V)}{Q(P-V)-F} \end{aligned}$$

以上两个公式的区别是，公式（6-3）是以销售量来表示经营杠杆，而公式（6-4）是以销售额来表示经营杠杆。在本质上两者是相同的。

对上面B、C两家公司使用公式可得：

$$B公司：DOL_B=\frac{3\,000-1\,800}{3\,000-1\,800-600}=2$$

$$C公司：DOL_C=\frac{3\,000-1\,800}{3\,000-1\,800-800}=3$$

计算结果表明，C公司的经营杠杆高于B公司。

B公司$DOL_B=2$的含义是：如果营业收入3 000元变动1%时，该企业的*EBIT*会变动2%。当然，变动并不仅仅指的是营业收入的增加，当公司的营业收入下降任何份额，*EBIT*都会产生这一份额2倍的下降。需要特别指出的是，用经营杠杆系数来衡量公司的经营杠杆时，必须指明是在哪一个销售水平之下。在不同的销售水平下，公司对销售变动的敏感程度是不同的。

在实际工作中，DOL_Q可以用来计算单一产品的经营杠杆系数；DOL_S除了用于单一产品外，还可以用于计算多种产品的经营杠杆系数。从上述公式可以看出，如果固定成本等于0，则经营杠杆系数为1，即不存在经营杠杆效应。当固定成本不为0时，通常经营杠杆系数都是大于1，即表现为经营杠杆效应。

（2）盈亏平衡点与经营杠杆系数

某公司生产A产品，固定成本为60万元，变动成本率为40%，当公司的销售额分别为400万元、200万元、100万元时，盈亏平衡点和经营杠杆系数分别为

$$盈亏平衡点\ S_{BE}=F\Big/\Big[1-\big(VC/S\big)\Big]=60\div(1-0.4)=100（万元）$$

$$DOL_{400}=\frac{400-400\times40\%}{400-400\times40\%-60}=1.33$$

$$DOL_{200}=\frac{200-200\times40\%}{200-200\times40\%-60}=2$$

$$DOL_{100}=\frac{100-100\times40\%}{100-100\times40\%-60}=\infty$$

$$DOL_{50}=\frac{50-50\times40\%}{50-50\times40\%-60}=-1$$

$$DOL_{20万元} = \frac{20 - 20 \times 40\%}{20 - 20 \times 40\% - 60} = -0.25$$

通过计算可以看出以下几点：

第一，在固定成本不变的情况下，经营杠杆系数说明了销售量增长或减少所引起利润增长或减少的幅度。

第二，在固定成本不变的情况下，销售量越大，经营杠杆系数越小，公司经营风险也就越小；反之，销售量越小，经营杠杆系数越大，公司经营风险也就越大。

第三，在销售量处于盈亏平衡点前的阶段，经营杠杆系数随着销售量的增加而递增；在销售量处于盈亏平衡点后的阶段，经营杠杆系数随着销售量的增加而递减；当销售量达到盈亏平衡点时，经营杠杆的作用接近于无限大；销售量数量距离盈亏平衡点越远，经营杠杆作用的程度越小。

综上所述，在其他因素不变的条件下，固定成本越高，经营杠杆作用越大；销售量越接近盈亏平衡点，经营杠杆作用的程度也越大。这说明，销售量很小的百分比变动会引起营业收益很大的百分比变动。

从公司管理的角度来看，营业收益波动的百分比越大，公司营业风险越大。在这种情况下，销售量上升固然可以大量增加营业收益，但销售量下降一点，却会使利润急剧减少，甚至出现亏损。所以，稳重的公司一般通过采取增加销售额、降低单位变动成本和固定成本的比重等措施，使经营杠杆系数下降，降低经营风险。但这些往往要受到条件的制约。

3.经营杠杆与经营风险的关系

从以上的分析中可以看到，公司的经营杠杆越高，经营利润对营业收入的变动也越敏感。因此，经营杠杆系数反映了公司所面临的经营风险的程度。

值得注意的是，经营杠杆本身并不是企业经营风险的来源。经营风险是由于销售和生产成本的变化性或不确定性引起的，经营杠杆只是放大了这些因素对营业利润变化的影响。如果公司的销售水平、成本结构相对稳定，或者固定不变，那么再高的经营杠杆也是没有意义的。

因此，不能将经营杠杆系数和公司的经营风险等同起来。实际上，经营杠杆系数显示了公司的“潜在风险”。所谓潜在风险，是指只有在销售和生产成本变动的前提下才存在的风险。由于销售和生产成本的变动可以说是绝对的，经营杠杆系数就会放大经营利润的变动性，也就放大了公司的经营风险。

作为公司的管理者，应该充分利用经营杠杆的作用。简单地讲，如果预计公司未来营业收入增长前景很好，管理者应该考虑增加经营杠杆度，比如考虑用机器代替部分人工，这样的结果是与新机器相关联的固定成本增加和变动成本减少（人工支出减少）。如果销售前景不看好，管理者则想办法降低经营杠杆效应。实证结果表明，作为一般准则，公司并不希望在很高的经营杠杆水平上经营。这是因为，销售水平很小的一点下降就可能导致经营的亏损。

6.2.2 财务杠杆与风险

1.财务风险与财务杠杆的概念

（1）财务风险

财务风险，是指企业运用了债务筹资方式而产生的丧失偿付能力的风险，也可以理解为由于举债经营而产生的应由普通股股东承担的附加风险。企业在经营中经常会借入资本进行负债经营，不论经营利润多少，债务利息是不变的。当企业在资本结构中增加了债务这类具有固定筹资成本的比例时，固定的现金流出量就会增加，特别是在利息费用的增加速度超过息税前利润增加速度的情况下，企业因负担较多的债务成本将引发对净利润减少的冲击作用，丧失偿债能力的概率也会增加，导致财务风险增加；反之，当债务资本比率较低时，财务风险较小。

（2）财务杠杆

在某一固定的债务与权益融资结构下，由于息税前利润率的变动而引起每股收益产生更大变动程度的现象被称为财务杠杆效应。固定融资成本是引发财务杠杆效应的根源，但是息税前利润与固定融资成本之间的相对水平决定了财务杠杆的大小，即财务杠杆水平的大小是由固定融资成本和息税前利润共同决定的。具体而言，在影响财务风险的因素中，债务利息或者优先股股息这类固定融资成本是基本因素。在息税前利润的一定范围内，债务融资的利息成本是不变的，随着息税前利润的增加，单位利润所负担的固定利息费用就会相对降低，从而单位利润可供股东分配的部分会相应增加，普通股股东每股收益的增长率将大于息税前利润的增长率；反之当息税前利润减少时，单位利润所负担的固定利息费用就会增加，从而单位利润可供股东分配的部分相应减少，普通股股东每股收益的下降率将大于息税前利润的下降率。如果不存在固定融资费用，则普通股股东每股收益的变动率将与息税前利润的变动率保持一致。

财务杠杆效应具有不确定性，可能是正向的、积极的，给公司带来丰厚的利润回报；也可能是负向的、消极的，给公司造成不良影响甚至巨额损失，使公司面临财务危机。一方面，财务杠杆具有正效应，即公司合理使用财务杠杆可以促使净资产收益率提高。具体来说，由于负债定期定额税前付息，只要公司的息税前利润率高于负债资本边际成本，便会引起净资产收益率的提高。因为支付固定融资成本之后，留下的任何利润都是属于普通股股东的。财务杠杆正效应是因为财务杠杆具有节税的效果（指由于债务利息从税前利润中扣减而少交的那部分所得税）及降低公司总资本成本的作用。财务杠杆正效应是公司负债经营的直接动机和目的。另一方面，财务杠杆负效应是与正效应相对而言的，它是指由于财务杠杆的不合理使用而导致公司净资产收益率的大幅度降低甚至为负。财务杠杆负效应是财务杠杆所带来的财务风险的结果，只要有一定的负债经营，就存在财务风险，就可能产生财务杠杆负效应，给公司造成不同程度的损失。

财务杠杆与经营杠杆的一个最明显的区别是：财务杠杆是可控的，而经营杠杆很多时候却不是。公司所采用的经营杠杆程度（固定经营成本的数额）有时候是由公司经营的物质需要确定的。比如一家汽车厂大量投资于厂房和设备，那么该公司将有很高的包含折旧的固定经营成本。此时，经营杠杆是无法选择的，这是由公司从事的行业决定的；而财务杠杆却始终是一个可选项目。没有公司被要求必须用长期负债和优先股融资。公司可以通过合理安排资本结构，适度负债，使财务杠杆利益抵消风险增大带来的不良影响。

实际上，财务杠杆是两步利润放大过程中的第二步。在第一步中，经营杠杆放大了销售变动对营业利润的影响；在第二步中，财务经理可以选择利用财务杠杆将前一步导致的营业利润变动对每股收益变动的影响进一步放大。

总之，公司的管理者必须对财务杠杆效应进行有效的管理控制，必须对财务风险进行正确、合理的分析和测定，并在此基础上制定出有效的对策。

下面研究一个例子，看看财务杠杆是如何起作用的。

例6-14 燕鸣公司旗下的A、B、C三家子公司经营业务相近，具体情况如表6-5所示。

表6-5　财务杠杆作用　　单位：元

项目	A公司	B公司	C公司
普通股股本	2 000 000	1 500 000	1 000 000
加权平均流通在外普通股股数（股）	20 000	15 000	10 000
债务（利率8%）	0	500 000	1 000 000
资本总额	2 000 000	2 000 000	2 000 000
资产负债率	0	25%	50%
息税前利润（*EBIT*）	200 000	200 000	200 000
债务利息	0	40 000	80 000
税前利润	200 000	160 000	120 000
所得税（税率为25%）	50 000	40 000	30 000
净利润	150 000	120 000	90 000
每股收益（*EPS*）	7.5	8	9
息税前利润增加额	200 000	200 000	200 000
息税前利润变动百分比（$\Delta EBIT/EBIT$）	100%	100%	100%
债务利息	0	40 000	80 000
税前利润	400 000	360 000	320 000
所得税（25%）	100 000	90 000	80 000
净利润	300 000	270 000	240 000
每股收益	15	18	24
每股收益变动百分比（$\Delta EPS/EPS$）	100%	125%	167%

计算结果表明：

第一，完全没有债务融资的A公司相对于具有债务融资的B、C两家公司而言，在息税前利润增加1倍的情况下（从200 000元增加到400 000元），每股收益也增加了1倍，说明每股收益与息税前利润同步化，即没有显现出财务杠杆效应；而B、C两家公司每股收益的变化率则分别为125%和167%，变动幅度均超过了息税前利润所增加的1倍，显现出财务杠杆效应。

第二，除了A公司没有负债以外，B、C公司的资产负债率分别为25%和50%。当B、C公司各自的资产负债率保持不变时，在息税前利润增加均1倍的情况下（从200 000增加到400 000），B、C公司的每股收益变化率分别为125%和167%，结果表明：资产负债率越高的公司显示出每股收益的变化程度越大，说明财务杠杆效应越明显。

第三，在A、B、C三家公司的资产负债率保持不变的情况下（分别为0、25%、50%），当息税前利润增加时（从200 000增加到400 000），债务利息占息税前利润的比例是下降的（A公司除外），B、C公司分别从20%和40%下降到了10%与20%，表明企业的财务风险是降低的。

2.财务杠杆系数

财务杠杆放大了企业息税前利润变化对每股收益变动的影响程度，这种影响程度是财务风险的一种测度。与经营杠杆相似，用财务杠杆系数（degree of financial leverage，简称DFL）来表示每股收益对公司的营业利润变动的敏感性。所谓财务杠杆系数，是指某一特定水平的营业利润上，每股收益变动率与息税前利润的变动率之间的比率。财务杠杆系数越大，表明财务杠杆作用越大，财务风险也就越大；财务杠杆系数越小，表明财务杠杆作用越小，财务风险也就越小。财务杠杆系数公式如下：

$$DFL=\frac{\text{每股收益变化的百分比}}{\text{息税前利润变化的百分比}}=\frac{\Delta EPS/EPS}{\Delta EBIT/EBIT} \tag{6-5}$$

式中：DFL——财务杠杆系数；

ΔEPS——普通股每股利润变动额；

EPS——变动前的普通股每股收益；

$\Delta EBIT$——息税前利润变动额；

$EBIT$——变动前的息税前利润。

上式也可以推导为另一种形式，如下所示：

$$EPS=\frac{(EBIT-I)(1-T)-d}{NS} \tag{6-6}$$

式中：T——所得税税率；

I——债务利息；

d——优先股股利；

NS——普通股股数。

因为利息费用、优先股股利固定不变，所以，普通股全部利润的变动额，应是息税前利润变动额减去所得税之后的余额。即：

$$\Delta EPS=\frac{\Delta EBIT\left(1-T\right)}{NS} \tag{6-7}$$

$$DFL=\frac{\Delta EPS/EPS}{\Delta EBIT/EBIT}=\frac{\Delta EBIT(1-T)}{(EBIT-I)(1-T)-d}\times\frac{EBIT}{\Delta EBIT}$$

$$=\frac{EBIT(1-T)}{(EBIT-I)(1-T)-d}=\frac{EBIT}{EBIT-I-\dfrac{d}{1-T}}$$

如果公司没有发行优先股，则公式可以简化为：

$$DFL=\frac{EBIT}{EBIT-I} \tag{6-8}$$

从公式（6-5）和公式（6-8）中可以发现，若公司没有负债和优先股，不论营业利润多少，财务杠杆系数始终为1；若公司有负债和优先股，则财务杠杆必然会大于1。越是运用负债和发行优先股筹资，公司息税前利润变动幅度越大，则每股收益变动幅度也越大，则财务风险越大。

根据上例的数据，可以计算出B公司和C公司的财务杠杆系数。

A公司：$DFL_A=\dfrac{(15-7.5)\div 7.5}{200\ 000/200\ 000}=1$

B公司：$DFL_B=\dfrac{(18-8)\div 8}{200\ 000\div 200\ 000}=1.25$

C公司：$DFL_C=\dfrac{(24-9)\div 9}{200\ 000\div 200\ 000}=1.67$

也可以用简化公式计算，结果为：

A公司：$DFL_A=\dfrac{200\ 000}{200\ 000-0}=1$

B公司：$DFL_B=\dfrac{200\ 000}{200\ 000-40\ 000}=1.25$

C公司：$DFL_C=\dfrac{200\ 000}{200\ 000-80\ 000}=1.67$

人们在计算财务杠杆系数时往往将构成财务杠杆要素的分析过于简化，只重视财务杠杆的静态分析，而忽略了动态的比较。比如在计算财务杠杆系数时，对于固定财务费用这一因素，人们常常认为只有利息费用。但事实上，凡是在本期内支出的固定性费用，如租赁费等，都具有类似的杠杆作用，在计算*DFL*系数时都应计算在内。为了避免这一类问题，要求操作者在计算财务杠杆系数时，采用一种动态的眼光，对公司中每一项与此有关的支出都认真给予考虑。

6.2.3 综合杠杆与总风险

1.总风险

公司总风险是经营风险与财务风险联合作用的结果，反映了经营风险与财务风险的组合效果。经营风险与财务风险二者相互独立。换言之，即便公司不存在财务杠杆，股东仍然要面临经营风险。对于使用财务杠杆的公司来说，它们的*DFL*放大了经营风险对每股收益变动性的影响。因此，对于经营比较稳定的企业，企业管理层可以考虑使用较大的财务杠杆，即承担一定的财务风险，从而使投资者收益有更大幅度的提高。而对本身经营风险就比较大的公司来说，采用很高的财务杠杆（即面临很大的财务风险）是不明智的。因此，公司在经营中，必须注意防范和控制公司的经营风险，否则过高的经营风险必然会更进一步扩大公司的财务风险，使负债经营陷入危机。

2.综合杠杆

综合杠杆，是指由于固定经营成本和固定融资成本的存在而导致的每股收益变动率大于营业收入变动率的杠杆效应。综合杠杆反映了经营杠杆和财务杠杆作用的叠加效应。公司利用综合杠杆效应可以分两步将销售额的变动反映为每股收益的变动。第一步，经营杠杆放大了销售变动对营业利润的影响；第二步，财务杠杆将前一步导致的营业利润变动对每股收益变动的影响进一步放大了。

综合杠杆直接考察了营业收入变化对每股收益的影响程度，综合杠杆作用的大小可以用综合杠杆系数（degree of combined leverage，简称DCL）表示，它的含义是公司在某特定产出（或销售）水平上每股收益变动百分比与营业收入变动百分比之间的比值。同时，综合杠杆系数也等于经营杠杆系数与财务杠杆系数的乘积。

它的计算公式为

$$
\begin{aligned}
DCL &= DOL \times DFL \\
&= \frac{\text{每股收益变化的百分比}}{\text{营业收入变化的百分比}} \\
&= \frac{\Delta EPS / EPS}{\Delta S / S} \\
&= \frac{Q \times (P - V)}{Q \times (P - V) - F - I}
\end{aligned}
$$

式中：ΔEPS——普通股每股收益变动额；

EPS——变动前的普通股每股收益；

ΔQ——销售量的变动量；

Q——变动前的销售量；

P——产品的单位销售价格；

V——产品的单位变动成本；

F——总固定成本；

I——债务利息。

风险与收益往往是共存的。公司的管理者需要在两者之间作出权衡。杠杆效应正是调节风险与收益关系的有力武器。在实践中，将经营杠杆和财务杠杆合理地组合，有助于企业找到合理的风险水平。

6.3 资本结构理论

资本结构理论是公司财务理论的重要组成部分，主要研究资本结构——长期债务资本与股东权益资本结构变动对公司价值的影响。从技术上讲，资本成本、财务风险与资本结构密切相关。综合资本成本最低，同时公司财务风险最小时的资本结构能实现公司价值最大化，因而是最理想的资本结构。在公司财务决策中，资本结构决策是一个涉及因素多、影响时间长的重大决策。

6.3.1 早期资本结构理论

1.资本结构理论概述

资本结构是企业最重要的财务决策。所谓资本结构，是指公司各种长期资本（长期债务资本和权益资本）筹集来源的构成和比例关系。资本结构理论主要研究资本结构发生变动对公司价值的影响。

资本结构理论是现代财务管理的核心内容之一。按照时间段划分，20世纪50年代以前的资本结构理论被称为“早期资本结构理论”，也被称为传统资本结构理论，主要包括三种理论观点：净利理论、营业净利理论和传统折中理论。该理论以资本成本分析为基础，以股东财富最大化为公司财务管理的目标。

现代公司资本结构理论源于20世纪50年代，美国著名经济学家莫迪格利安尼（Modigliani）和金融学家米勒（Miller）在1958年提出的MM理论为现代资本结构理论奠定了讨论的基石和出发点。到了20世纪70年代后期，以信息不对称理论为中心的新资本结构理论开始逐渐登上学术舞台。新资本结构理论试图从公司内部研究资本结构问题，把传统资本结构的权衡难题转化为结构或制度设计问题，从而给资本结构理论问题开辟了新的研究方向。近几年来，西方的资本结构理论着重于验证信息不对称下各种融资理论与公司实际运作之间的关系，以及探讨公司治理结构与资本结构的关系。

2.早期资本结构理论中的传统法

在分析早期资本结构理论时，采用了经济学上称为局部均衡分析的方法，即在研究主要因素对目标值的影响时，忽略其他因素对它的影响。通常以下列假定为基础：

（1）公司不缴纳所得税；

（2）公司资产的账面价值不变，公司资本只由普通股和长期债券组成，而资本结构则可以通过发行股票回购债券或者增发债券换回股票的方式来改变；

（3）净收益全部以股利的方式分配给股东，因此不存在内部留存收益；

（4）所有投资者对每家公司有着相同的预期营业利润，而且每家公司每年的营业利润固定不变，即增长率为0；

（5）证券市场是完美的或有效的，不考虑交易费用，信息充分公开，而且相同信用风险等级的投资者（个人或组织）可同公司一样，以相同的利率借款。

公司价值一般被定义为负债和所有者权益之和，用公式表示为

$$V = D + S \tag{6-9}$$

式中：V——公司价值；

D——负债的市场价值；

S——所有者权益的市场价值。

债权人对公司价值的求偿份额是固定的，因而S随着V的变动而变动。因此，每股市价的最大化取决于公司价值的最大化，股份公司的经理所追求的股东价值最大化等价于公司价值最大化。

另外，还作以下设定：$EBIT$为营业利润（息税前利润）；K_s表示权益成本，即股东要求的收益率；K_o表示公司资本加权成本；K_d表示公司债务成本，即债权人要求的收益率；E表示分配给股东的收益；I表示债券利息。根据资本成本理论，可以得到以下公式：

$$E=SK_o$$

$$I = DK_d$$

$$E = EBIT - I$$

由股票定价原理，公司股东权益价值S可以表示为

$$S = \frac{EBIT - K_d D}{K_s} \tag{6-10}$$

公司价值可以看作营业利润的资本化，即

$$V = \frac{EBIT}{K_o}$$

$$K_o = \frac{EBIT}{V}$$

由于$V=D+S$，所以

$$K_o = K_d \frac{D}{V} + K_s \frac{S}{V} = K_d \frac{D}{D+S} + K_s \frac{S}{S+D} \tag{6-11}$$

3.早期资本结构理论中的净利理论

（1）净利理论

净利理论是早期资本结构理论中的一个极端理论。它认为负债可以降低公司的资本成本，负债程度越高，公司的价值越大。它假设当资本结构中的负债比例提高时，负债成本和股票成本都保持不变。由于负债成本远远低于股票成本，因而当负债比重（D/V）上升、股票比重（S/V）下降时，加权平均资本成本K_o就会下降，公司的价值V就越大。当负债比率为100%时，公司加权平均资

本成本最低，公司价值获得最大值，如图6-2所示。

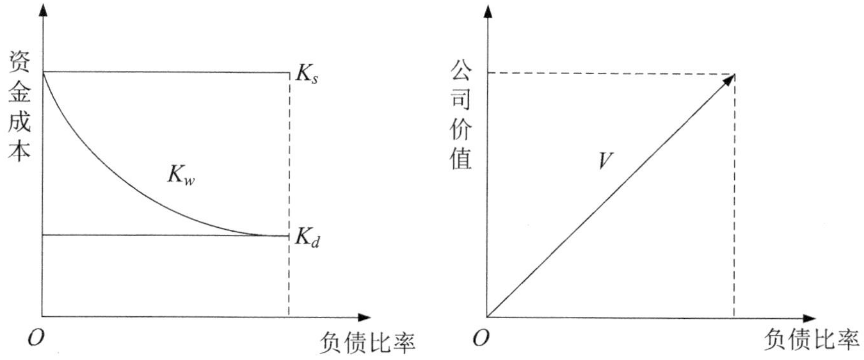

图6-2　净利理论下的资本结构示意图

在该理论下，公司最佳的资本结构是负债为100%时的资本结构。

（2）营业净利理论

营业净利理论是资本结构理论中的另一个极端理论。它认为不管财务杠杆如何变化，公司加权平均资本成本固定不变，由于公司每年的息税前利润固定不变，因此公司的价值（$V=EBIT/K_o$）不受负债比重变化的影响。这是因为公司利用财务杠杆时，随着负债比重的上升，即使负债成本本身不变，但由于加大了股票的风险，使股票成本上升，抵消了负债比重对加权平均资本成本的影响，使加权平均资本成本保持不变，公司价值也保持不变，如图6-3所示。

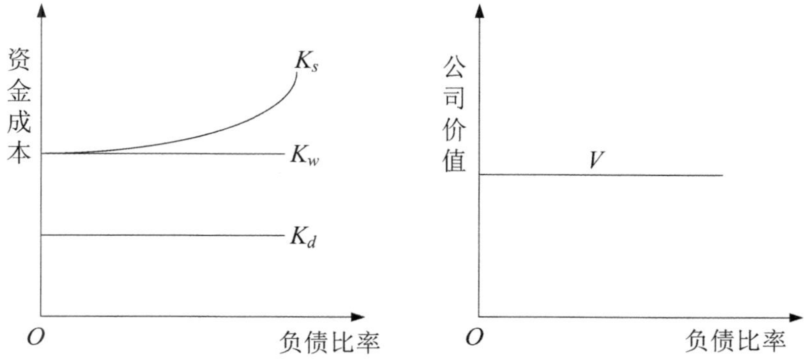

图6-3　营业净利理论下的资本结构示意图

在该理论下，公司不存在最佳资本结构，因为不论是何种负债-权益比，公司价值不变，即任意的资本结构都是等价的。

4.早期资本结构理论中的折中理论

传统折中理论是介于净利理论和营业净利理论之间的理论。它认为，公司利用财务杠杆尽管会导致股票成本的上升，但在一定程度上却不会完全抵消负债的低成本所带来的好处，因而会使加权平均资本成本下降，公司价值上升。但负债增加引起的财务风险的增大往往有个“度”，超过这个“度”后，股票成本的上升不能为负债的低成本所抵消，加权平均资本成本便会上升，公司价值下降。处在这个“度”时的负债比率就是公司的最佳资本结构，如图6-4所示。

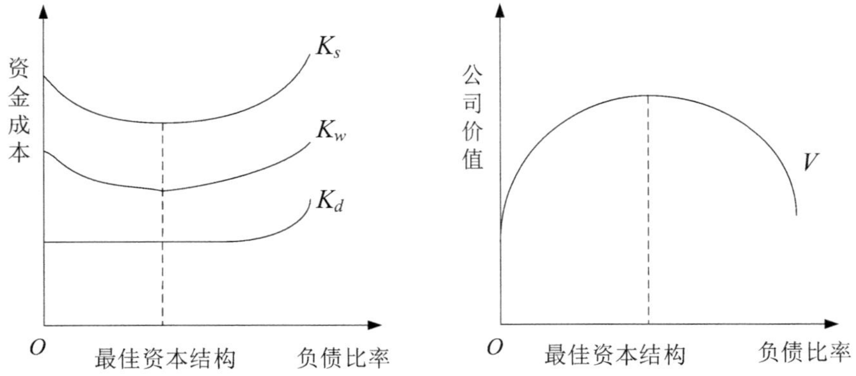

图6-4　传统折中理论下的资本结构示意图

在传统折中理论下，公司存在一个最佳资本结构，但是这个最佳资本结构却不能通过数学方法准确推算出来，仅是一种定性的解释。

6.3.2 现代资本结构理论

1.现代资本结构理论概述

一般认为，1958年MM理论的产生区分了早期资本结构理论和现代资本结构理论。MM理论是由美国著名财务学者莫迪格利安尼和米勒基于完善资本市场的假设条件提出的，它使资本结构研究成为一种严格的、科学的理论。MM资本结构理论所依据的直接和隐含的五个假设条件如下：

（1）公司经营风险可以用息税前利润的方差（标准差）来衡量，有相同经营风险的公司称为风险同类。

（2）投资者等市场参与者对公司未来的收益与风险的预期是相同的。

（3）完善的资本市场，即在股票和债券进行交易的市场中没有交易成本，且个人投资者与机构投资者的借款利率和公司相同。

（4）借债无风险，即公司或个人投资者的所有债务利率均为无风险利率，与债务数量无关，无论公司或个人举债多少，这个条件都不变。

（5）全部现金流是永续的，即所有公司预计是零增长率，因此具有“预期不变”的息税前利润，所有债券都是永续的。

MM理论的发展经历了“没有企业所得税”情景下的MM模型到含公司税的MM模型以及米勒模型等三个阶段。

2.无税 MM 理论

MM理论首先是根据其理论假设，无公司税和个人所得税并存在市场套利的情况下，以代数形式证明了以下三个命题：

命题1：在没有企业所得税的情况下，有负债企业的价值与无负债企业的价值相等，即无论企业是否有负债，企业的资本结构与企业价值无关。公式表达如下：

$$V_u = V_l = \frac{EBIT}{K_o} = \frac{EBIT}{K_{su}} \tag{6-12}$$

式中：V_u——无负债企业的价值；

V_l——有负债企业的价值；

$EBIT$——息税前利润，即全部资产的预期收益（永续）；

K_o——有负债企业的加权平均资本成本；

K_{su}——处于一定风险等级中的无负债企业的权益资本成本。

命题1的公式（6-12）说明了无论企业是否有负债，加权平均资本成本将保持不变，企业价值仅仅由预期收益决定，即全部预期收益（永续）按照与企业风险等级相同的必要报酬率所计算的现值；如果有负债企业的价值等于无负债企业的价值，就说明了有负债企业的加权平均资本成本，无论债务多少，都与风险等级相同的无负债企业的权益资本成本相等；企业加权资本成本与其资本结构无关，仅取决于企业的经营风险。

命题2：有负债企业的权益资本成本随着财务杠杆的提高而增加。有负债企业权益资本成本等于无负债企业的权益资本成本加上风险溢价，而风险溢价与以市价计算的财务杠杆（债务/股东权益）成正比。风险报酬是对有负债企业财务风险的补偿，其大小由无负债企业的股权资本成本与债务资本成本之差以及债务权益价值比决定。具体公式表达如下：

$$K_{sl}=K_{su}+RP=K_{su}+\left(K_{su}-K_{d}\right)\frac{D}{S}$$

式中：K_{sl}——有负债企业的权益资本成本；

K_{su}——无负债企业的权益资本成本；

RP——风险溢价；

K_d——税前债务资本成本；

D——有负债企业的债务市场价值；

S——权益的市场价值。

在不考虑所得税的情景下，命题1的一个推论是有负债企业的加权平均资本成本与无负债企业的资本成本相同，即$K_o=K_{su}$。企业加权平均资本成本的公式为

$$\frac{S}{S+D}\times K_{sl}+\frac{D}{S+D}\times K_{o}=K_{d}=K_{su}$$

上式变形后就可以得到MM理论的命题2。

命题2说明，有负债企业的股权资本成本随着负债程度的增大而增加。

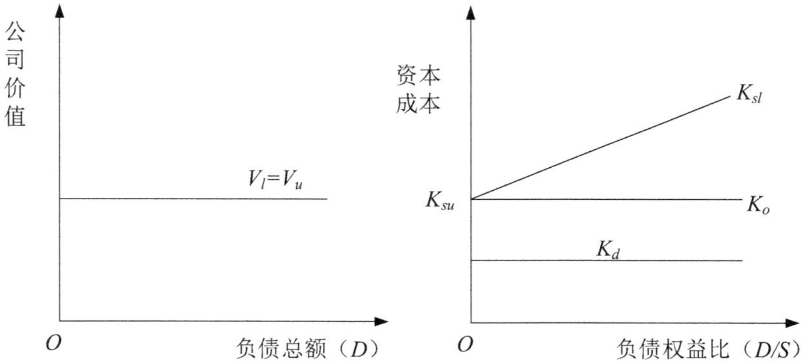

图6-5　无企业所得税情况下MM理论的命题1和命题2

命题3：$IRR \geqslant K_o = K_{su}$

式中：K_{su}——处于一定风险等级中的无负债公司的权益资本成本；

K_o——有负债的企业的加权平均资本成本；

IRR——内含报酬率。

命题3表明，内含报酬率大于加权平均资本成本及预期收益率是进行投资决策的基本前提。

无公司税的MM模型表明，公司总价值将不受资本结构的影响，即风险相同而只有资本结构不同的公司其总价值相等，且其市场价值取决于与预期风险程度相适应的预期收益率进行资本化的预期收益水平。

3.有税 MM 模型

由于事实上任何公司都要缴纳所得税，因而由于所得税的存在将改变原有MM模型的结论。MM理论认为，在公司税的影响下，负债因为利息作为财务费用在税前扣除，具有抵税作用，而会增加公司的价值，降低公司的资本成本。含公司税的MM模型同样包含三个命题。

命题1：有负债企业的价值等于具有相同风险等级的无负债企业的价值加上债务利息抵税收益的现值。公式如下：

$$V_l = V_u + T \times D \tag{6-13}$$

式中：T——企业所得税税率；

D——企业的债务数量。

债务利息的抵税价值$T \times D$又被称为杠杆收益，是企业为了支付债务利息从实现的所得税抵扣中获得的所得税支出节省，等于抵税收益的永续年金现金流的现值，即债务金额与所得税税率的乘积（将债务利息率作为贴现率）。

命题1的公式（6-13）表明，由于债务利息可以在税前进行抵扣，形成了债务利息的抵税收益，相当于增加了企业的现金流量，增加了企业的价值。随着企业负债比例的提高，企业价值也随着提高，在理论上全部融资来源于负债时，企业负债价值达到最大。

命题2：有负债企业的权益资本成本等于相同风险等级的无负债企业的权益资本成本加上与以市值计算的债务与权益比例成比例的风险报酬，且风险报酬取决于企业的债务比例以及所得税税率。公式如下：

$$K_{sl} = K_{su} + (K_{su} - K_d)(1-T)\frac{D}{S}$$

有税条件下MM命题2与无税条件下命题2所表述的有负债企业权益资本成本的基本含义一致，其仅有的差异是由（$1-T$）引起的。由于（$1-T$）<1，使得有税时有负债企业的权益资本成本比无税时的要小。

命题3：$IRR \geqslant K_{su}\left(1-\frac{DT}{S+D}\right)$

命题3表明，内含报酬率为新投资的临界率，只有那些收益率等于或大于这个临界率的项目才是可接受的。

4.米勒模型

米勒教授于1977年进一步提出了同时考虑企业所得税和个人所得税的资本结构理论，即米勒模型，拓展了MM理论。该模型认为，有税MM模型高估了公司负债的收益，实际上，个人所得税在某种程度上抵消了公司利息支付减税的收益。米勒模型是MM模型的推广。公式为

$$V_l = V_U + \left[1-\frac{(1-T_c)(1-T_s)}{1-T_d}\right]D$$

式中：T_c——公司所得税税率；

T_s——股票所得税税率；

T_d——债券所得税税率。

米勒模型表明：（1）括号1- $(1-T_c)(1-T_s)\times D$为负债收益。这一项代替了MM模型中的$T=T_c$即$V_l=V_u+TD$。（2）如果不考虑所有税，即$T_s=T_d=T_c=0$，那么括号内的项目将为0，$V_l=V_u$，与公式（6-12）相同。（3）如果仅考虑企业所得税，即$T_s=T_d=0$，那么括号内的项目将为$[1-(1-T_c)]=T_c$，与公式（6-13）相同。（4）如果股票和债券收益的个人所得税税率相同，即$T_s=T_d$，那么括号内的项目也将为T_c。（5）若$(1-T_c)(1-T_s)=1-T_d$，括号内的项目将为0，使用负债杠杆的价值也为0。这意味着公司负债减税的好处正好被股东个人所得税抵消。此时，资本结构对公司价值或资本成本无任何影响。这一结论又回到无公司税的MM模型上。

5.关于 MM 理论的评价

MM理论标志着现代资本结构理论的建立，奠定了资本结构研究的基础。

MM理论是在一系列严格假设条件下提出的，现实世界中很难满足这些假设。但是随着学者们逐步丰富假设，从不同视角对资本结构理论进行了大量研究，MM理论也得以不断修正与完善，形成了资本结构理论的完整体系，逐步完成了从传统观点向现代理论的过渡。MM模型采用经济学的分析方法和技术，力图通过企业资本结构的表面现象，探寻企业资本结构的规律，从而找出公司价值与资本结构的内在联系。本书将MM理论中的问题从如下几个方面进行了概括。

（1）套利机会

MM模型推导中涉及一个隐含假定，即个人投资者和公司负债彼此可以相互替代。然而现实情况是，个人借贷要比公司举债风险更大，个人需要承担无限连带责任，公司一般承担有限责任。MM模型假定个人可以像公司一样以无风险利率取得借款，而实际情况是个人借款的利率要高于公司。此外，由于实际经济中存在交易费用和其他相关交易成本，这也限制了公司股东权益和债权权益的转换，因此，上述这些实际情况限制了套利活动的发生，减少了套利机会。

（2）财务拮据成本和代理成本

MM理论的假设忽略了财务拮据成本和代理成本。随着公司负债的增加，公司风险增大，提高了公司发生财务危机甚至破产的可能性；另外，公司的管理者与债权人、股东之间存在委托代理关系会导致代理成本的出现。这些都在一定程度上降低了公司的价值。

（3）营业利润假定

在MM模型和米勒模型中均假定公司的营业利润即息税前利润是稳定不变的。而实际上，公司的营业利润受到很多因素的影响，并非固定不变。营业利润的增长会增加负债经营的好处，但如果营业利润下降，也会减少负债减税的好处，甚至出现无减税好处。

6.3.3 现代资本结构理论的新发展

1.权衡理论

MM理论忽视了财务拮据成本和代理成本，学者们对这些额外成本的研究建立了权衡模型。

（1）财务拮据成本

负债经营能够帮助企业取得抵税收益，然而债务也会给公司带来压力，因为公司必须支付利息和本金。尤其是对于未来现金流不稳定以及对经济冲击高度敏感的企业而言，如果过多地使用债务，就有可能无法完全偿还债务，会导致自身陷入财务困境，出现财务危机甚至破产，即财务拮据成本问题。

一般来说，陷入财务困境后所引发的财务拮据成本分为直接成本和间接成本。

1）直接成本是指公司因破产、进行清算或重组所发生的法律费用和管理费用等。一般包括以下情况：①公司所有者和债权人之间的争执常常会延缓公司资产的清偿，从而导致存货和固定资产在物质上的破损或过时。②律师费、法庭收费和行政开支费用会吞掉公司大量资金。财务拮据的直接成本是容易计量的，一般可以通过货币计量。

2）间接成本比直接成本大得多，主要是因财务困境会引发企业资信状况恶化以及持续经营能力下降导致的企业价值损失。间接成本通常难以估计，因为它涉及公司的信誉、无形资产，并且导致公司销售收入和资产的降低。这些间接成本主要包括以下情况：①当公司破产时，经理和雇员会失去工作。为了缓解燃眉之急，在短期内经理会采取行动，如推迟机器的大修、拍卖有价值的资产来获取资金，降低产品质量来节省成本等。②公司的客户和供应商往往会采取规避行为，这加速了公司的破产速度。例如在20世纪70年代，当克莱斯勒公司处于无力偿还的边缘时，许多克莱斯勒的忠实客户转向其他制造商。这些买主怀疑如果克莱斯勒破产，他们是否仍可获得部件和服务。财务拮据成本只会发生在有负债的公司，不会存在于无负债公司。负债越多，固定利息越大，收益下降的概率就越大，从而导致财务拮据及其成本发生的概率也越高。而财务拮据概率高将会降低公司价值，提高其资本成本。同时，财务拮据的概率高，股票持有者和债券持有者的要求收益率也会提高。

（2）代理成本

现代企业所有权与控制权的分离下的委托代理关系，会产生代理问题，而因为代理问题所产生的成本，即代理成本。代理成本理论认为，债务资本和权益资本都存在代理问题，资本结构由各方利益冲突引发的代理成本决定。这意味着最优资本结构可以用代理成本进行解释，而非仅仅是税盾效应和财务拮据成本。这种理论通过分析指出，公司债务的违约风险是财务杠杆系数的增函数：随着公司债务资本的增加，债权人的监督成本随之上升，债权人会要求更高的利率。这种代理成本最终要由股东承担，公司资本结构中债权比率过高会导致股东价值的降低。同时，债务资本也会产生代理收益，能够促使管理者更积极、更有效地经营公司。

2.优序融资理论

优序融资理论是由美国金融学家迈尔斯（Myers）和智利学者迈勒夫（Majluf）在1984年提出的。该理论认为，当企业存在融资需求时，优先考虑的是内部融资，其次是债务融资，最后才是权益融资。由于信息不对称的影响，作为内部人的管理者比外部投资者拥有更多更准确的企业信息，逆向选择问题的存在，会导致企业权益的市场价值被错误估计，会使得外部融资成本较高。因此，当企业面临资金短缺时，外部投资者会把发行股份视为企业价值高估的不利信号，导致股价下跌。为了避免这种价值破坏效应，公司管理层往往会避免增发新股，而是采取其他融资方式筹集资金，例如内源融资和发行债券等。

优序融资理论解释了当企业内部资金不足以满足净经营长期资产总投资资金需求时，更倾向于债务融资而不是股权融资。优序融资理论揭示了企业筹资时对不同筹资方式选择的顺序偏好。优序融资理论是在信息不对称的框架下研究资本结构的一个分析，具体而言，优序融资理论是为了避免信息不对称情况下产生逆向选择问题所作出的资本结构选择。信息不对称的存在还产生了另外一条路径，即道德风险下的代理成本，代表人物是詹森（Jensen）和梅克林（Mecklin）。他们在1976年首次探讨了企业资本结构与治理结构的关系问题，其出发点为代理成本理论。

3.代理理论

在资本结构的决策中，不完全契约、信息不对称以及股东和债权人与公司的管理者之间的利益冲突将影响投资项目的选择，特别是在企业陷入财务困境时，更容易引起过度投资问题与投资不足问题，导致发生债务代理成本。债务代理成本损害了债权人的利益，降低了企业价值，最终将由股东承担相应的损失。

（1）过度投资问题

过度投资问题，是指企业因为采用不盈利项目或者高风险项目而产生的损害股东以及债权人利益并且降低企业价值的现象。发生过度投资问题的两种情景：一是当企业高管与股东之间存在利益冲突时，高管为了追求自己利益而产生的过度投资行为；二是当企业股东与债权人存在利益冲突时，经理人代表股东利益采纳成功率低甚至净现值为负的高风险项目产生的过度投资问题。

现代企业制度下的一个重要特征是所有权与控制权的分离，经理与股东之间的利益冲突会表现为机会主义行为。具体表现为：经理人有构建“帝国大厦”倾向，尤其是当企业自由现金流充足时，即便企业没有好的投资项目，他们也希望通过扩大企业规模来增强自身对企业资源的掌控能力。他们往往随意支配企业自由现金流，甚至投资于净现值为负的项目，而不是还利于股东。此外，经理人也易出现过度自信心理偏差，自信地认为自身决策有助于提升股东价值，如果在没有真正意识到项目投资风险与价值的情况下进行投资，也会导致过度投资行为。为了抑制这种过度投资行为，可以通过提高债务筹资比例、增加债务利益支出、减少企业自有现金流的方式，实现对经理人员自利机会主义行为的制约。

股东与债权人之间的代理问题也会导致投资过度问题。当经理代表股东利益时，经理人与股东倾向于选择高风险项目，特别是当企业处在财务困境时期，很可能会投资于净现值为负的高风险项目。如果这一高风险项目成功了，股东将获得全部剩余收益，但是如果项目失败了，主要损失将由债权人承担。显然，企业股东凭借选择高风险项目提高了债务资金的风险水平，降低了债务价值，这种通过高风险项目的过度投资把债权人财富转移到股东手中的现象称为“资产替代问题”。

（2）投资不足问题

投资不足问题，是指企业放弃净现值为正的项目而使债权人利益受损进而降低企业价值的现象。投资不足问题发生在企业陷入财务困境且有比例较高的债务时，如果用股东的资金去投资一个净现值为正的项目，可以在增加股东权益价值的同时，增加债权人的债务价值。但是，当债务价值的增加超过权益价值的增加时，即从企业整体角度而言是净现值为正的新项目，而对股东而言则成为净现值为负的项目，投资新项目后将会发生财富从股东转移到债权人的现象。因此，如果股东事先预见到投资新项目后的大部分收益将由债权人获得并导致自身价值下降时，就会拒绝为净现值为正的新项目投资。陷入财务困境的企业股东如果预见采纳新投资项目会以牺牲自身利益为代价补偿债权人，因股东与债权人之间存在利益冲突，股东不会选择该项目进行投资。

（3）债务的代理成本和收益

债务的代理成本既可以表现为因过度投资问题使经理和股东受益而发生债权人价值向股东的转移，也可以表现为因投资不足问题而发生股东为避免价值损失而放弃给债权人带来的价值增值。然而，债务在产生代理成本的同时，也会伴生相应的代理收益。债务的代理收益将有利于减少企业的价值损失或增加企业价值，具体表现为债权人保护条款引入、对经理提升企业业绩的激励措施以及对经理随意支配现金流浪费企业资源的约束等。

当债权人意识到发生债务代理成本可能导致自身价值的损失时，会采取必要的措施来保护自身利益，通常是在债务合同中加入一些限制性条款，如提出较高的利率要求以及对资产担保能力的要求。此外，法律以及资本市场的相关规定也会出于保护债权人利益目的对发债公司作出一些限制性规定。这些保护债权人利益的措施有效地抑制了债务代理成本。如企业发生新债务时，理性的投资者会谨慎地关注企业的资信状况、盈利能力、财务政策、成长机会以及投资的预期收益与风向；新投资者与现有债权人和股东均会对新发生债务的预期收益以及对原有债务的影响作出合理判断，以避免发生企业价值受损的潜在风险。

（4）债务代理成本与收益的权衡

企业负债所引发的代理成本以及相应的代理收益，最终均反映在对企业价值产生的影响上。在考虑了企业债务的代理成本与代理收益后，资本结构的权衡理论可以扩充为如下形式：

$$V_l = V_u + TD - PV_{dc} - PV_{ac}$$

式中：PV_{dc}——预期财务拮据成本的现值；

PV_{ac}——代理成本的现值。

通过权衡模型的代数式可以得到如下结构：1）当$TD>PV_{dc}+PV_{ac}$时，即减税收益大于财务拮据成本和代理成本时，可以增加负债以趋近最佳资本结构；2）当$TD<PV_{dc}+PV_{ac}$时，即减税收益小于拮据成本和代理成本时，负债成本大于负债收益，表明债务规模过大；3）当$TD=PV_{dc}+PV_{ac}$时，即减税收益与财务拮据成本和代理成本相等时，意味着确定了最佳的资本结构。

权衡模型提供了确定最佳资本结构的基本思路，即最佳资本结构的确定应当在减税收益与财务拮据成本、代理成本之间进行审慎的权衡。通常，风险公司，即资产收益变动性大的公司的负债在其他条件不变的情况下应该少；使用有形资产如不动产和标准生产机械的公司可比那些资产价值仅为无形资产如专利权、商誉等的公司借到更多的款项，这是因为无形资产比有形资产更容易贬值；当前以最高税率支付税款，并在将来不会改变的公司，比现在或将来以较低税率交税的公司能承担更多的负债。

代理理论为资本结构影响企业价值的主要因素以及内在逻辑关系提供了一个基本的分析框架。权衡模型的局限性在于：这些结论并非与企业的实际做法完全一致。如同投资等其他财务决策一样，资本结构决策通常是由经理人员在符合自身利益的基本动机上综合考虑其他多种因素作出的。对由财务拮据和代理成本引起的价值降低几乎是主观臆断的。尽管知道这些成本将随负债而增加，但却无法知道它们之间确切的函数关系。

6.3.4 最佳资本结构决策

适度利用负债可以降低公司的资本成本，但是当债务比例过高时，杠杆利益会被债务成本抵消，公司面临较大的财务风险。因此，公司应当确定其最佳资本结构，使得加权平均资本成本最低，企业价值最大。要确定最佳资本结构，必须首先明确财务风险对每股收益的影响，其次探讨确定最佳资本结构的方法，最后还应分析影响公司资本结构的各种基本因素。由于每家公司都处于不断变化的经营条件和外部经济环境中，这使得确定最佳资本结构十分困难。资本结构决策分析方法很多，常见的方法有如下几种：

1.资本成本比较法

资本成本比较法，是指在不考虑各种融资方式在数量与比例上的约束以及财务风险差异时，通过计算各种基于市场价值的长期融资组合方案的加权平均资本成本，并根据计算结果选择加权平均资本成本最小的融资方案，确定为相对最优的资本结构。

例6-15 燕鸣公司初始成立时需要资本总额7 000万元，有以下三种筹资方案，如表6-6所示。

表6-6　各种筹资方案基本数据　　单位：万元

筹资方式	方案一		方案二		方案三	
	筹资金额	资本成本	筹资金额	资本成本	筹资金额	资本成本
长期借款	500	4.5%	800	5.25%	500	4.5%
长期债券	1 000	6%	1 200	6%	2 000	6.75%
优先股	500	10%	500	10%	500	10%
普通股	5 000	15%	4 500	14%	4 000	13%
资本合计	7 000		7 000		7 000	
其他资料：表中债务资本成本均为税后资本成本，企业所得税税率为25%						

三种方案的加权平均资本成本计算如下；

方案一：

$$K_{01}=\frac{500}{7\ 000}\times4.5\%+\frac{1\ 000}{7\ 000}\times6\%+\frac{500}{7\ 000}\times10\%+\frac{5\ 000}{7\ 000}\times15\%=12.61\%$$

方案二：

$$K_{02}=\frac{800}{7\ 000}\times5.25\%+\frac{1\ 200}{7\ 000}\times6\%+\frac{500}{7\ 000}\times10\%+\frac{4\ 500}{7\ 000}\times14\%=11.34\%$$

方案三：

$$K_{03}=\frac{500}{7\ 000}\times4.5\%+\frac{2\ 000}{7\ 000}\times6.75\%+\frac{500}{7\ 000}\times10\%+\frac{4\ 000}{7\ 000}\times13\%=10.39\%$$

通过计算发现，方案三的加权平均资本成本最低。因此，在适度财务风险条件下，企业应当按照方案三的各种资本比例筹集资金，由此形成的资本结构为相对最优的资本结构。

资本成本比较法仅以资本成本最低为选择标准，测算相对简单、快捷。但是这种方法只是比较了各种融资组合方案的资本成本，难以区别不同融资方案之间的财务风险因素差异，在实际计算中一般也难以确定各种融资方式的资本成本。

2.财务杠杆分析法

为了方便分析，将某公司的有关历史财务资料列在表6-7中。

表6-7　某公司的财务资料　　单位：万元

2020年12月31日资产负债表			
流动资产	1 000	负债	0
固定资产净值	1 000	普通股（100万股）	2 000
资产总计	2 000	负债与股东权益总计	2 000
2020年度损益表			
营业收入	2 000		
固定成本	400		
变动成本总额（60%）	1 200		
息税前利润（*EBIT*）	400		
利息	0		
税前净利润	400		
所得税（40%）	160		
税后净利润	240		
其他财务资料			
①每股收益（*EPS*）＝240/100＝2.4元 ②每股股息（*DPS*）＝240/100＝2.4元 ③每股面值＝2 000/100＝20元 ④每股市价＝P_0＝20元 ⑤市盈率（*P*/*EPS*）＝20/2.4＝8.33			

（1）财务杠杆作用对每股收益的影响

负债融资水平不同，其负债成本也不同，因而会直接影响到每股收益的大小，进而影响到每股价格的高低。为了说明该公司每股收益如何随着财务杠杆的变化而变化，可以计算在不同负债比率下的每股收益，如表6-8所示。

表6-8　不同负债比率下每股的盈余

公司运营业绩			
营业收入出现的概率	0.2	0.6	0.2
营业收入	1 000	2 000	3 000
固定成本	400	400	400
变动成本（60%）	600	1 200	1 800
成本合计（利息费用除外）	1 000	1 600	2 200
息税前利润（*EBIT*）	0	400	800

（续表）

当负债比率为 0%			
减：所得税（40%）	0	160	320
税后净利	0	240	480
每股收益	2.4		
预期每股收益	1.518		
每股收益标准差	1.96		
当负债比率为 50%			
减：利息费用（12%）	120	120	120
所得税（40%）	0	112	272
税后净利润	－120	168	408
每股收益（50 万股）	－2.4	3.36	8.16
预期每股收益	3.168		
每股收益标准差	3.348		

有关的计算公式如下：

息税前利润：$EBIT = S - VC - F$

每股收益：$EPS = (EBIT - I)(1 - T) / N$

预期每股收益：$(EPS) = \sum EPS_i \times P_i$

每股收益标准差：$(\sigma EPS) = \sqrt{\sum (EPS_i - (EPS))^2 \cdot P_i}$

式中：S——销售收入；

VC——变动成本；

F——固定成本；

I——利息；

EPS_i——不同销售额下的EPS；

P_i——不同销售额发生的概率；

N——股数。

上述计算表明，负债融资时其每股收益远远高于没有负债时的预期水平。通过不同负债比率下的预期每股收益及其风险的计算，可以总结财务杠杆的作用：每股收益主要受负债成本和普通权益成本均衡因素的影响，而每股收益会随着负债比率的提高而增加。因为，尽管负债比率上升，公司应支付的利息费用也随之增加。但是负债成本低于普通股权益成本，所以每股收益上升。从理论上来看，当负债比率达到50%，负债成本开始高于普通股权益成本时，其每股收益就开始下跌。与此同时，负债比率提高会使以每股收益标准差衡量的风险持续不断地增加。

因此，公司在决定使用财务杠杆时，必须在风险与报酬率之间慎重权衡，高水平财务杠杆固然可使预期每股收益增加，但公司风险也会随之提高。

（2）每股收益的无差别分析

每股收益的无差别分析是利用每股收益无差别点来进行的。所谓每股收益的无差别点，是指每股收益不受融资方式影响的销售水平。根据每股收益无差别点，可以分析判断在什么样的销售水平下适于采用何种资本结构。因为：

$$EPS=\frac{(EBIT-I)(1-T)}{N}=\frac{(S-VC-F-I)(1-T)}{N}$$

在每股收益无差别点上，无论是采用负债融资，还是采用权益融资，每股收益都是相等的。若以EPS_1代表负债融资，EPS_2代表权益融资，则：

$$EPS_1=EPS_2$$

$$\frac{(EBIT_1-I)(1-T)}{N_1}=\frac{(EBIT_2-I)(1-T)}{N_2}$$

根据表6-8中的资料，当公司使用50%的负债时，每股收益为

$$\begin{aligned}EPS_1&=(EBIT_1-1000\times0.12)\times0.6\div50\\&=0.012EBIT_1-1.44\end{aligned}$$

当公司完全使用权益融资时，每股收益为

$$\begin{aligned}EPS_2&=EBIT_2\times0.6\div100\\&=0.006EBIT_2\end{aligned}$$

因为$EPS_1=EPS_2$，所以

$$(EBIT_1-1000\times0.12)\times0.6\div50=EBIT_2\times0.6\div100$$

$$EBIT_1=EBIT_2=240$$

此时，$EPS_1=EPS_2=1.44$元/股。

根据表6-8中的资料，可以绘制出图6-6所示的$EBIT$-EPS分析图。

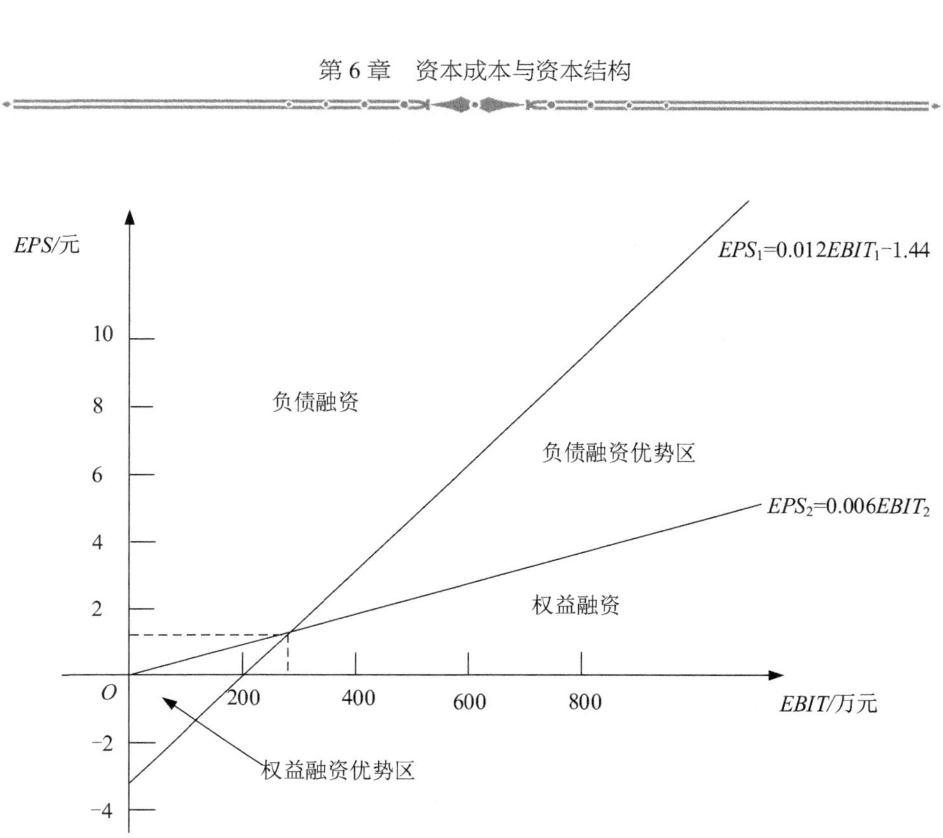

图6-6　*EBIT-EPS*分析图

从分析图中可以看出，当息税前利润低于240万元时，完全以权益资本融资，每股收益较高；当息税前利润高于240万元时，运用负债融资，公司可获得较高的每股收益。

图6-6清楚地反映了各种可供选择的融资方式对每股收益的影响。同时，财务人员可以确定每股收益的无差别点，并分析息税前利润低于该点的概率，为确定公司最佳资本结构提供准确依据。

（3）公司价值与加权平均资本成本的极大极小分析

财务管理的基本目标是使公司价值最大化或股价最高。然而，只有在风险不变的情况下，每股收益的增长才会直接促进股价提升，而实际上，随着每股收益的增长，风险会加大。如果每股收益的增加不足以补偿风险增加所需的报酬，尽管每股收益增加，股价仍然会下跌。所以，公司最佳资本结构应当是可使公司的总价值最高，而不一定是每股收益最大的资本结构。不同的资本结构将产生不同的加权平均资本成本，而加权平均资本成本的大小与公司价值的大小呈反向变化。在公司总价值最大的资本结构下，公司的资本成本也是最低的。

为了简化问题，假定公司只有两种资本：债券和普通股。债券的市场价值等于它的面值，公司股利支付率为100%，即所有的税后盈利全部以股利方式支付给股东，则公司的市场总价值应该等于其股票的价值S加上债券的价值B，即

$$V = B + S$$

式中：

$$S = \frac{(EBIT - I)(1 - T)}{K_S}$$

所以，

$$V = B + (EBIT - I)(1 - T)/K_S$$

采用资本资产定价模型计算股票的资本成本Ks：

$$K_S = K_F + \beta(K_M - K_F)$$

公司加权平均资本成本为

$$K_w = \frac{B}{V}K_b(1 - T) + \frac{S}{V}K_S$$

例6-16 某公司年息税前盈余为500万元，资金全部由普通股资本组成，股票账面价值为2 000万元，所得税税率为40%。该公司认为目前的资本结构不够合理，准备用发行债券购回部分股票予以调整。经咨询调查，目前的债务资本成本和权益资本成本的情况如表6-9所示。

表6-9 不同债务水平对公司债务资本成本和权益资本成本的影响

债券的市场价值B/百万元	税前债务资本成本K_b	股票β值	无风险报酬率R_f	平均风险股票必要报酬率R_m	权益资本成本K_s
0	—	1.2	8%	12%	12.8%
3	10%	1.3	8%	12%	13.2%
6	10%	1.4	8%	12%	13.6%
9	12%	1.55	8%	12%	14.2%
12	14%	1.7	8%	12%	14.8%
15	16%	2.1	8%	12%	16.4%

根据表6-9的资料，运用以上公式即可计算出筹借不同金额的债务时公司的价值和资本成本，如表6-10所示。

表6-10　公司市场价值和资本成本

公司的市场价值V/百万元 ①=②+③	债券的市场价值B/百万元/②	股票的市场价值S/百万元/③	市净率 $\frac{S}{3\,000-B}$	税前债务资本成本K_b	权益资本成本K_s	加权平均资本成本K_w
35.156 3	0	35.156 3	1.171 9	—	12.8%	12.8000%
35.386 4	3	32.386 4	1.199 5	10%	13.2%	12.590%
35.779 4	6	29.779 4	1.240 8	10%	13.6%	12.326%
34.985 9	9	25.985 9	1.237 4	12%	14.2%	12.399%
33.891 9	12	21.891 9	1.216 2	14%	14.8%	13.534%
31.463 4	15	16.463 4	1.097 6	16%	16.4%	14.158%

从表6-10中可以看出，初始情况下，企业没有长期债务，公司的市场价值就是其原有股票的市场价值。当公司用债务资本部分地替换权益资本时，一开始公司总价值上升，加权平均资本成本下降；在债务达到600万元时，公司的总价值最高，加权平均资本成本最低；债务超过600万元后，公司总价值下降，加权平均资本成本上升。因此，债务为600万元时的资本结构是该公司的最佳资本结构。

思考题

1.什么是资本成本？它与资金时间价值有什么区别与联系？

2.如何计算企业各单项资本的成本？

3.加权平均资本成本与边际成本有何不同？

4.什么是经营风险、财务风险、经营杠杆和财务杠杆？其系数如何计算？

5.什么是综合杠杆系数？其作用是什么？

6.财务杠杆对每股收益的影响如何？

7.如何进行资本结构的决策分析？

练习题

1.燕鸣公司旗下子公司B的股票贝塔系数为1.2，市场风险溢价率为7%，无风险报酬率为6%，去年的股利为2元每股，预期公司的增长率为8%，目前股价为30元。求权益的资本成本。

2.燕鸣公司旗下子公司C要筹集1 000万元的资金，公司的融资渠道主要有长期借款、发行债券、优先股和普通股，其资本结构为35%，25%，10%，30%，个别资本成本为6.5%，6.3%，11%，14.5%。根据以上资料计算该公司的综合资本成本。

3. 燕鸣公司旗下子公司D公司拥有长期资金500万元。其资本结构如下：长期借款80万元，长期债券120万元，普通股300万元。目前该公司的市场前景很好，因此管理层决定扩大经营规模，筹集新的资金。经过分析，管理层认为应保持目前的资本结构不变，并测算出了随着融资的增加各种资本成本的变化，如表1所示，求边际资本成本。

表1　各种资本的变化

资本种类	目前资本结构/%	新筹资额	资本成本/%
长期借款	16	45 000元以内	3
		45 000～90 000元	6
		90 000元以上	8
长期债券	24	200 000元以内	11
		200 000～400 000元	12
		400 000元以上	14
普通股	60	300 000元以内	14
		300 000～600 000元	16
		600 000元以上	17

4. 假定燕鸣公司旗下子公司H已经有2 000万元的长期资本，且都为普通股，股价为20元每股。现在公司希望再实现500万元的长期资本融资以满足扩大业务需要。有如下三种方案：（1）全部通过年利率10%的长期债券融资；（2）全部采用优先股融资，优先股股息率为12%；（3）完全采用普通股筹资，按照目前股价，主要增发25万股新股。现在知道公司每年的*EBIT*为400万元，公司所得税税率为25%，投资新项目后，公司每年的*EBIT*将为480万元。要求：计算各种筹资方式下的每股收益的无差别点。

第 7 章　营运资本管理

学习指导

学习重点：理解营运资本的概念及营运资本的持有与融资策略，掌握最佳现金持有量的决策，掌握商业信用资金成本及银行存款的利息成本计算。

学习难点：通过学习应收账款信用政策的决策和存货经济订货批量的决策，能够制定企业应收账款信用和存货经济订货批量的相关决策。

案例导读：

中美上海施贵宝制药有限公司是中国第一家中美合资制药企业。自1982年成立以来，就不断进行产品的更新换代和技术升级，现已推出近30个品种的心血管类、代谢类、抗生素等处方类治疗药物，以及多元维生素、解热镇痛和感冒咳嗽等非处方药物，在2000年就跻身全国医药工业企业百强榜和全国医药企业文化先进单位，其营业收入和利润指标均居上海医药行业首位。到目前为止，总投资额已达6 000万美元。

对于上海施贵宝制药有限公司这样一个由建设期转入经营期的大型企业来说，财务管理的重点也已由控制资本支出转变到实现销售收入和销售利润这个目标上来。公司认为，在当今市场竞争环境下，利用销售渠道的造血功能比利用银行贷款的输血功能更为有效。为此，公司采取了一系列有效的营销策略：

一是进行销售预测。首先，由董事会决定企业的经营方针、生产目标，制订五年滚动发展计划。其次，营销部门根据订单和市场需求预测，制订滚动发展的销售计划。再次，生产部门依据销售计划制订月生产计划。最后，将营销部门汇报的市场情况交经营委员会会议讨论，引进特色商品，制定销售策略。

二是采用商业折扣政策。对于一年超过100万元购货额的客户给予一定的批量折扣。如年购货额在10万～150万元的客户，给予10%商业折扣；年购货额在151万～300万元的客户，给予12%的商业折扣；年购货额在301万～600万元的客户，给予15%的商业折扣。

三是在全国各大中城市设立了18个办事处、14个中间分发库，组织了一支130多人的专职销售队伍，其中80%以上都具有医药专业知识。

四是每月对100多家大医院用药情况进行统计，每天有100多名销售代表访问五六处，并撰写走访报告。每年从国外请专家给医生作巡回学术报告，出资请国内专家到国外参加国际学术会议。

五是建立了完善的激励机制，即销售人员的报酬与销售额挂钩，不封顶，每季度公司还要评比销售“十大明星”，年终评比“十佳明星”，给予精神与物质奖励。

六是对不同药品采取与之相适应的销售方法。对处方药用直销方法，通过医院开处方销售；对非处方药除直销外，采取代销方法，借助商业渠道通过药房销售。

营销策略的成功使公司的销售额大幅上升，以每年70%的速度递增，2008年营业收入达2.25亿元，进入中国合资企业前十名。

但是，上海施贵宝制药有限公司意识到，一方面，激烈的市场竞争使企业越来越多地赊销以争取更多的客户；另一方面，由于我国市场化程度较低、法制不健全以及由此造成的诚信缺失，企业间相互拖欠货款的现象十分严重，造成企业应收账款数额居高不下，有的企业的长期应收账款额已经占到全部销售额的50%以上，形成了账面盈利而实际现金流量不足的局面，使企业面临巨大的商业风险。因此，单纯追求销售收入和销售利润，并不意味着企业财务管理目标的实现。只有在应收账款收回时，销售收入才能转化为现金。如果不能将销售收入迅速变为现金，盈利企业也会面临不能偿还到期债务的危机。因此，该企业决定采取积极有效的应收账款管理措施，运用信用政策保证销售收入的真正实现。

管理部门应采取怎样的应收账款管理办法，以确保销售收入的变现?

（资料来源：全国高校管理案例库研究编写组，《管理案例库教程》，中国科学技术出版社，2004年版。）

7.1 营运资本持有与融资策略

7.1.1 营运资本的特点和基本要求

营运资本，是指企业生产经营活动中占用在流动资产上的资金。营运资本有广义和狭义之分，广义的营运资本是指一个企业流动资产的总额；狭义的营运资本是指流动资产减去流动负债后的余额，又称净营运资本。

1.营运资本的特点

（1）营运资本的周转具有短期性

企业占用在流动资产上的资金，周转一次所用的时间较短，通常会在一年内或是一个营业周期内完成。

（2）营运资本具有流动性，且具体形态处于变动过程中

营运资本在一年内或超过一年的一个营业周期内就可完成一次循环，具有流动性。在企业的生产经营过程中，它一般总是在现金、原材料、在产品、产成品、应收款项之间，按照特定的顺序不断改变其实物形态。

（3）营运资本的存量具有波动性

伴随企业生产经营过程的进行和企业内外部条件的变化，营运资本占用数量也会呈现一定的波动。

（4）营运资本的来源具有多样性

营运资本的融资来源可以是各类债务融资和权益融资，其中债务融资包括短期借款、商业信用融资等多种形式。

2.营运资本管理的基本要求

（1）合理确定并控制营运资本的需要量

营运资本的数量与企业生产经营状况密切相关。当企业处于产销旺季时，流动负债的数量会随着流动资产数量的增加而增加；而在产销淡季时，二者的数量又会减少。因此，企业应结合本企业的实际经营状况，对营运资本的数量进行准确的分析。

（2）加速营运资本周转，提高资金效益

营运资本周转，是指营运资本从以现金形式投入生产经营过程开始，经过周转最终又转化为现金的过程。在其他因素不变的情况下，加速营运资本的周转速度，也就相应地提高了营运资本的利用效率。企业应加强内部责任管理，适度加速存货周转、缩短应收账款的收款周期、延长应付账款的付款周期，以改进资金的利用效果。

（3）合理确定流动资产的来源构成

企业应选择合适的筹资渠道及方式，力求以最小的代价谋取最大的经济利益，并使筹资与日后的偿债能力等合理配合。营运资本的管理就是对企业流动资产和流动负债的管理。既要保证有足够的资金满足生产经营的需要，又要保证能按时偿还各种到期债务。

7.1.2 营运资本的持有策略

总营运资本，即流动资产，将随着企业营业收入的变化而变化，营业收入数量规模越大，其所需的流动资产也就越多，但是它们之间并非线性的关系。因此，在一定营业收入下，需要持有多少营运资本是营运资本持有策略的核心问题。

1.营运资本持有的原则

营运资本持有量的高低，影响着企业的收益和风险。较高的营运资本持有量，使企业有较大把握按时支付到期债务，及时供应生产用材料和准时向客户提供产品，从而保证经营活动平稳地进行，风险性较小。但是，由于流动资产的收益性一般低于固定资产，较高的营运资本持有量会降低企业的收益性；而较低的营运资本持有量带来的结果正好相反，企业的收益率较高，但较少的现金、有价证券和较低的存货保险储备量却会降低偿债能力和采购的支付能力，造成信用损失、材料供应中断和生产阻塞，会加大企业的风险。

营运资本持有的目的，在于确定一个既能维持企业的正常生产经营活动，又能在减少或不增加风险的前提下，使企业实现最佳资产报酬率的营运水平。因此，在决定营运资本的适当数量或水平的时候，管理当局必须在盈利性与风险性之间进行全面的权衡，并作出合理的选择。

2.营运资本的三种持有策略

为了便于分析，假定企业的固定资产额保持不变。在其他条件相同的情况下，企业的流动资产持有水平越高，其流动性越强，意味着企业支付到期债务的能力越强、风险越小。但在某一特定的生产水平下，由于流动资产的收益性一般低于固定资产，所以流动资产所占比重越大，预期的资金盈利能力越低。相反，企业的流动资产持有水平降低，预期的盈利能力上升，但偿债能力与采购的支付能力将大大降低，会加大企业的风险。营运资本的三种持有策略是企业持有不同流动资产的有代表性的策略。图7-1显示了三种不同的营运资本持有策略。

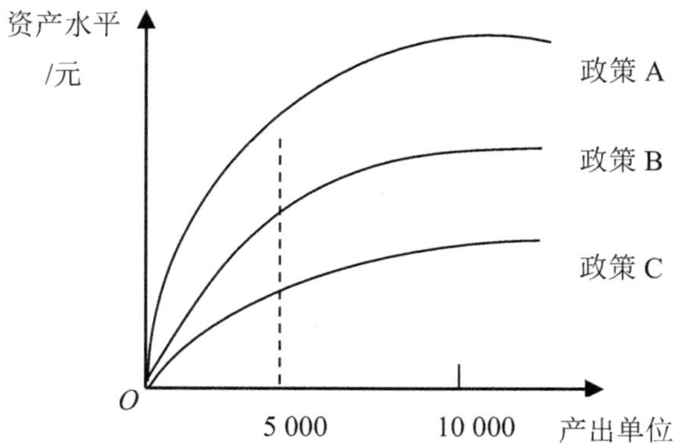

图7-1　营运资本持有策略

由图7-1可以看出，产量越大，为支持这一产量（或销量）所需要进行的流动资产投资就越多。但它们之间并非线性关系，流动资产以递减的比率随着产量的增加而增加。这是因为，在流动资产的持有中，存在着规模经济因素，即随着生产或销售水平的增加，各类流动资产的资金因时间、数量上的不一致性而可以相互调剂使用，由此使得占用于流动资产上的资金的增长速度小于生产或销售的增长速度。

（1）保守的营运资本持有策略

曲线*A*代表一种保守的营运资本持有策略。这种策略下，企业持有的流动资产占全部资产的比重高。企业持有大量的现金余额和短期有价证券，保持高水平的存货投资，放宽信用条件，保持高额的应收账款。这种策略的基本目的是使得企业资产的流动能力保持在一个较高的水平上，使之足以应付出现的各种意外情况。

保守的营运资本持有策略可以降低企业的风险，但预期的盈利能力也比较低。在企业总资产一定的情况下，投放在流动资产上的资金量加大，必然导致投放在获利能力较强的长期资产上的资金减少，所以企业采用保守的营运资本持有策略是一种低风险、低收益的管理策略。一般而言，企业在外部环境不确定程度较高时，为规避风险会采取这种策略。

（2）激进的营运资本持有策略

曲线*C*代表一种激进的营运资本持有策略。与保守的营运资本持有策略相反，在此策略下，企业将流动资产的持有水平降到最低程度，保持低水平的现金余额和有价证券，使其占流动资产的比例尽可能的低。

激进的营运资本持有策略，使得企业在获得较高的预期盈利能力的同时，也要承受较高的陷入财务困境的风险。所以激进的营运资本持有策略是一种高风险、高收益的策略。一般而言，适合于外部环境相当确定的企业采用。

（3）适中的营运资本持有策略

曲线*B*代表一种适中的营运资本持有策略。该策略介于前两者之间，营运资本的持有量不高也不低，恰好现金足够支付所需，存货足够满足生产和销售所用。

适中的营运资本持有策略所形成的风险和收益都介于前两者之间，对于投资者财富最大化来讲，理论上是最佳的。然而，适中政策的营运资本持有量是难以量化地描述的，这是因为营运资本水平是多种因素共同作用的结果，包括销售水平、存货和应收账款的周转速度等。所以，各企业应当根据自身的具体情况和环境条件，按照适中营运资本策略的原则，确定适当的营运资本持有量。

7.1.3 营运资本的融资策略

流动资产按照用途划分，可以分为永久性流动资产和临时性流动资产。永久性流动资产，是指维持企业基本业务正常进行，即使企业处于经营低谷也仍然需要保留的、用于满足企业长期稳定需要的流动资产；临时性流动资产，是指那些受季节性、周期性影响的流动资产，如季节性存货、销售和经营旺季（如零售业的销售旺季在春节期间等）的应收账款。因此，流动资产的融资来源有短期资本来源（流动负债）和长期资本来源（长期负债和权益资本）。营运资本融资策略，主要是如何安排临时性流动资产和永久性流动资产的资金来源，即确定分别以多大比例的长期资本与多大比例的短期资本作为永久性流动资产和临时性流动资产的资金来源，从而合理地确定融资组合。

营运资本的融资策略一般分为三类：配合型融资策略、激进型融资策略、稳健型融资策略。

1.配合型融资策略

配合型融资政策的特点是：对于临时性流动资产，运用短期资本融资来满足其资金需要；对于永久性流动资产和固定资产，运用长期资本融资。配合型筹资策略如图7-2所示。

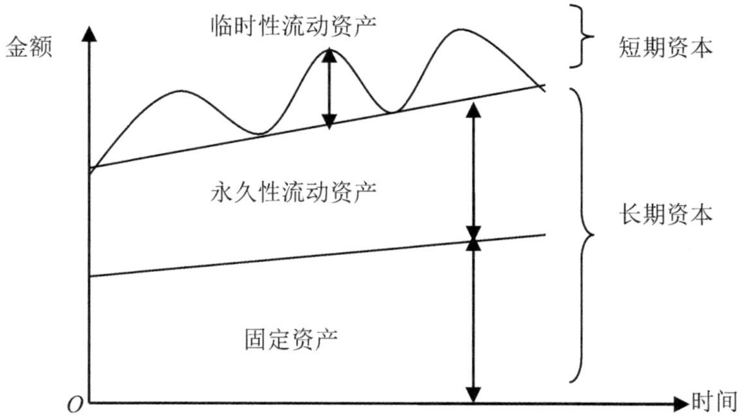

图7-2　配合型融资策略

配合型融资策略假定资金总能被筹集到，同时资本成本不会大幅度上升，只要企业制订好短期融资计划，实现现金流动与预期安排相一致，则在季节性低谷时，企业短期借款的数额为0；只有在临时性流动资产的需要高峰期，企业才会举借短期借款，并用由于最近筹集到的临时性流动资产的减少而释放出来的现金偿还这些借款。例如某企业在生产经营的淡季，需占用300万元的流动资产和500万元的固定资产；在生产经营的高峰期，会额外增加200万元的季节性存货需求。配合型融资策略的做法是：企业只在生产经营的高峰期才借入200万元的短期借款；不论何时，300万元永久性流动资产和500万元固定资产均由长期资本解决其资金需要。随着存货的销售，应收账款和现金将逐渐增加，应收账款的收回再带来现金，则可用于偿还先前200万元的短期借款。

这种融资策略的基本思想是将资产与负债的期间相配合，以降低企业不能偿还到期债务的风险和尽可能降低债务的资本成本。事实上，由于资产使用寿命的不确定性，往往达不到资产与负债的完全配合。如本例，一旦企业生产经营高峰期内的销售不理想，未能取得销售现金收入，便会发生偿还短期负债的困难。因此，配合型融资策略是一种理想的、对企业有着较高资金使用要求的营运资本融资策略。

2.激进型融资策略

在这种策略下，不但临时性流动资产通过短期资本融资，还有部分永久性流动资产，甚至部分固定资产也通过短期资本进行融资。在短期资本融资中，永久性流动资产和固定资产融资比例越高，表明企业的融资策略越激进，需要承担的风险越大。如图7-3描述了激进型融资策略。

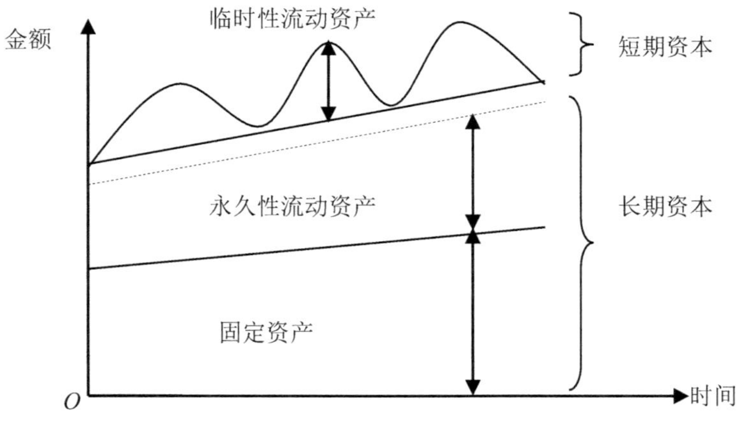

图7-3　激进型融资策略

从图7-3可以看到，激进型融资策略下，短期资本在企业全部资金来源中所占比重大于配合型融资策略。沿用上例，企业生产经营淡季占用300万元的流动资产和500万元的固定资产，在生产经营的高峰期，额外增加200万元的季节性存货需求。如果企业的长期资本融资额低于800万元（即低于永久性流动资产与固定资产之和），比如只有700万元，那么就会有100万元的永久性流动资产或固定资产和200万元的临时性流动资产（在经营高峰期内）由短期资本筹资解决。这种情况，表明企业实行的是激进型筹资政策。

由于短期资本（如短期银行借款）的资本成本一般低于长期资本的资本成本，而在激进型融资策略下，短期资本所占比重较大，所以该策略下企业的资本成本较低。但是，为了满足永久性流动资产和固定资产的长期资金需要，企业必然要在短期资本到期后重新举债或申请债务展期，这样企业便会更为经常地举债和还债，从而加大筹资困难和风险；还可能面临由于短期负债利率的变动而增加的企业资本成本的风险，所以激进型融资策略是一种收益性和风险性均较高的营运资本筹资政策。

3.稳健型融资策略

稳健型融资策略与激进型融资策略相反：永久性流动资产和固定资产以及部分临时性流动资产通过长期资本融资，其余临时性流动资产通过短期资本融资。如图7-4描述了稳健型融资策略。

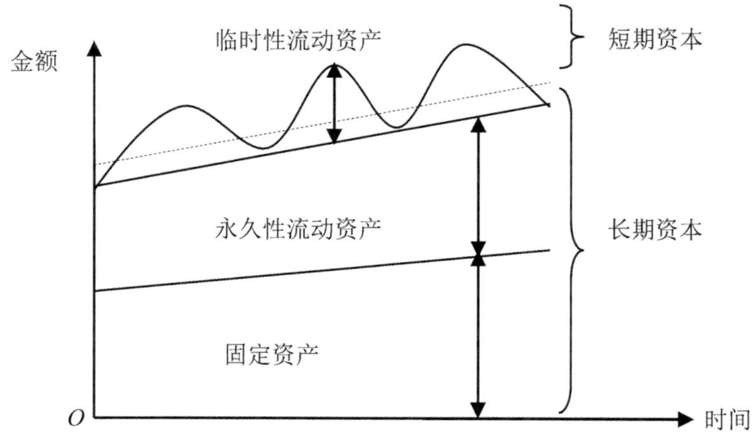

图7-4　稳健型融资策略

与配合型筹资策略相比，在稳健型筹资策略下，短期资本占企业全部资金来源的比例较小。沿用上例，如果企业只是在生产经营的旺季借入低于200万元的资金，比如100万元的短期借款，而无论何时的长期资本之和总是高于800万元，比如达到900万元，那么旺季季节性存货的资金只有一部分（100万元）

需要靠当时的短期借款解决，其余部分的季节性存货、永久性流动资产和固定资产则由长期资本提供。而在生产经营的淡季，企业则可将闲置的资金（100万元）投资于短期有价证券。

在这种做法下，由于短期资本所占比重较小，所以企业无法偿还到期债务的风险较低，同时蒙受短期利率变动损失的风险也较低。然而，却会因长期资本的成本高于短期资本的成本，以及经营淡季时仍需负担长期负债利息，从而降低企业的收益。所以，稳健型融资策略是一种风险性和收益性均较低的营运资本融资策略。

7.2 现金管理

现金是企业流动性最强的资产，但是闲置的现金不产生收益。现金管理要权衡持有过多现金导致资金使用率较低和现金短缺引起的支付风险二者之间的关系。本节主要分析企业持有现金的动机、最佳现金持有量及现金收支的日常管理。

7.2.1 现金管理的内容及目的

现金是企业中流动性最强的资产。这里的现金是一个广义的概念，不单指库存现金，还包括现金及其等价物，如银行存款、有价证券和在途货币资金。

1.现金的持有动机

企业置存现金的原因，主要是满足交易动机、预防动机和投机动机。

（1）交易动机

交易动机，是指满足日常业务的现金支付需要，如企业用现金支付工资、购买材料及设备、交纳税金、偿还债务、派发现金股利等。

企业经常得到收入，也经常发生支出，二者不可能同步同量。收入多于支出，形成现金置存；收入少于支出，需要借入现金。企业必须维持适当的现金余额，才能使业务活动正常地进行下去。交易性动机的现金持有量取决于企业的销售水平，二者成正比例变化，销售量增加，交易性动机的现金持有量也增加，反之降低。

（2）预防动机

预防动机，是指为应付紧急情况而需要储备的现金。企业预计的现金需要量一般是指正常情况下的需要量，但是一些意外事件，如自然灾害、生产事故、主要顾客未能及时付款等，会打破企业的现金收支计划，使现金收支失衡。因此，持有较多的现金，便可以更好地应付这些意外事件。

现金流量的不确定性越大，预防性现金的数额也应越大；反之，企业现金流量的可预测性强，预防性现金的数额则可小些。此外，预防性现金数额还与企业的借款能力有关。如果企业能够很容易地随时借到短期资金，也可以减少预防性现金的数额；若非如此，则应扩大预防性现金额。

（3）投机动机

投机动机，是指企业为了能利用短期的、临时的获利机会而持有现金的动机。例如遇有廉价原材料或其他资产供应的机会，便可用手头现金大量购入；在适当时机购入价格有利的股票和其他有价证券等。

一般来讲，企业专为投机性动机而特殊置存现金的不多，遇到不寻常的购买机会，也常设法临时筹集资金。但拥有相当数额的现金，确实为突然的大批采购提供了方便。

2.现金管理的内容

（1）编制现金预算

现金预算是现金管理的一个重要方法，企业应当在合理预计现金流量的基础上编制现金预算，提高现金的利用效率。

（2）确定最佳现金余额

在理论上，现金存在一个最佳余额，企业为了充分利用现金，降低现金的成本，需根据自身情况确定一个最佳现金余额。

（3）现金的日常管理

现金的日常管理主要是现金的日常收支管理，在日常经营活动中，企业要尽可能快地收回款项，增加现金流入量，同时，在合理合法的情况下尽可能延迟现金流出。

3.现金管理的目的

现金是企业的一项重要流动资产，企业缺乏必要的现金，将不能应付业务开支，使企业蒙受损失。但是，如果企业置存过量的现金，又会因这些资金不能投入周转无法取得盈利而遭受另外一些损失。因此，企业现金管理的目标就是在保证生产经营活动所需现金的同时，尽可能地节约现金，减少现金的持有量，而将闲置的现金用于投资以获取一定的投资收益。现金管理要在降低企业风险与增加收益之间寻求一个平衡点，确定最佳现金余额。

7.2.2 最佳现金持有量的确定

现金的管理除了作好日常收支、加速现金流转速度外，还需控制好现金持有规模，即确定适当的现金持有量。下面介绍几种确定最佳现金持有量的方法。

1.现金周转模式

现金周转模式是从现金周转的角度出发，根据现金周转期来确定最佳现金持有量的方法。现金的周转速度一般以现金周转期和现金周转率来衡量。所谓现金周转期，是指企业从购买材料支付现金到销售收回现金的时间。具体包括：1）存货周转期，是指将原材料转化为产成品并出售所需要的时间；2）应收账款周转期，是指将应收账款转化为现金所需要的时间；3）应付账款周转期，是指从收到尚未付款的原材料到以现金支付货款所需的时间。利用这一模式确定最佳现金持有量，包括以下三个步骤：

第一，计算现金周转期。现金周转期，是指企业从购买材料支付现金到销售商品收回现金的时间，其计算公式为

$$\text{现金周转期（天数）}=\text{存货周转期}+\text{应收账款周转期}-\text{应付账款周转期}$$

第二，计算现金周转率。现金周转率，是指一年中现金的周转次数，其计算公式为

$$\text{现金周转率（次数）}=\frac{360}{\text{现金周转期}}$$

第三，计算最佳现金持有量。其计算公式为

$$\text{最佳现金持有量}=\frac{\text{预计现金年总需求量}}{\text{现金周转次数}}$$

例7-1 燕鸣公司年现金需求量预计为720万元，其原材料购买和产品销售均采取赊账方式，应收账款的平均收款天数为30天，应付账款的平均付款天数为20天，存货平均周转天数为90天，则现金持有量计算如下：

现金周转期＝30＋90－20＝100（天）

现金周转率＝360÷100＝3.6（次）

目标现金持有量＝720÷3.6＝200（万元）

现金周转模式操作比较简单，但其使用要求有一定的前提条件：其一，企业预计期内现金总需求量可以预知；其二，现金周转天数与次数可以测算，测算结果应符合实际，保证科学与准确。

2.成本分析模式

成本分析模式是通过分析持有现金的相关成本，寻找持有成本最低的现金持有量。在成本分析模式下，企业持有一定量的现金通常会发生以下成本：

（1）机会成本

机会成本，是指企业因持有现金而丧失的再投资收益。企业持有现金就会丧失其他方面的投资收益，如不能进行有价证券投资，由此所丧失的投资收益就是现金的机会成本。机会成本与现金持有量成正比，即现金持有越多，机会成本越高。通常可以用有价证券的收益率来衡量现金的机会成本。

（2）管理成本

管理成本，是指企业因持有一定数量的现金而发生的管理费用，如现金保管人员的工资、保管现金发生的必要的安全措施费用等。管理成本是一种固定成本，与现金持有量之间无明显的比例关系。

（3）短缺成本

短缺成本，是指因缺少必要的现金，不能应付业务开支所需，而使企业蒙受损失或为此付出的代价。如在现金短缺时，因不能按时缴纳税款而支付的滞纳金，因不能按时偿还贷款而支付的罚息等。现金的短缺成本与现金的持有量成反比，现金持有量越大，短缺成本就会越小。

最佳现金持有量就是能使上述三项成本之和最小的现金持有量。如果把以上三种成本线画在同一坐标内，就能找出持有现金的总成本最低的最佳现金持有量，如图7-5所示。

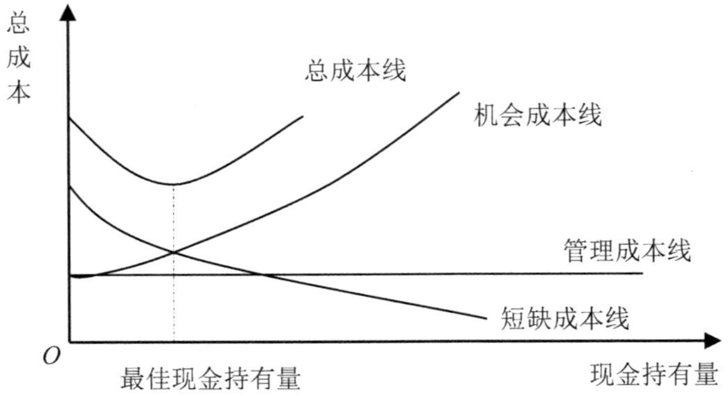

图7-5　持有现金的总成本

在图7-5中，机会成本线向右上方倾斜；短缺成本线向右下方倾斜；管理成本线为平行于横轴的平行线；总成本线便是一条抛物线，该抛物线的最低点即为持有现金的最低总成本。超过这一点，机会成本上升的代价又会大于短缺成本下降的好处；这一点之前，短缺成本上升的代价又会大于机会成本下降的好处。这一点横轴上的量，即最佳现金持有量。

计算最佳现金持有量，可以先分别计算出各种方案的机会成本、管理成本、短缺成本之和，再从中选出总成本之和最低的现金持有量，即最佳现金持有量。

例7-2 燕鸣公司有四种现金持有方案，相关的成本资料如表7-1所示。

表7-1　现金持有量及相关成本表　　单位：元

项目方案	甲	乙	丙	丁
现金持有量	20 000	30 000	40 000	50 000
机会成本率	10%	10%	10%	10%
管理费用	1 000	1 000	1 000	1 000
短缺成本	6 000	4 000	2 000	1 200

根据该表，可编制最佳现金持有量测算表，如表7-2所示。

表7-2　最佳现金持有量测算表　　单位：元

项目方案	甲	乙	丙	丁
机会成本	2 000	3 000	4 000	5 000
管理费用	1 000	1 000	1 000	1 000
短缺成本	6 000	4 000	2 000	1 200
总成本	9 000	8 000	7 000	7 200

将以上各方案的总成本加以比较可知，丙方案的总成本最低，也就是说，当企业持有40 000元现金时，总成本最低，故40 000元是该企业的最佳现金持有量。

3.存货模式

存货模式又称鲍曼模型，是由美国经济学家威廉·鲍曼（William Baumol）在1952年提出的，这种模式类似于存货的经济批量模型。采用存货模型确定最佳现金持有量的基本前提假设是：（1）企业的现金流入和流出量是稳定并且可以预测的；（2）在预测期内，企业的现金需求量是一定的；（3）在预测期内，每当现金余额降至零时，均可通过出售有价证券来补充现金，即企业不能发生现金短缺。

存货模式的基本原理是将企业现金持有量和有价证券联系起来衡量。一个企业的现金余额可以看作一种存货库存。当库存下降到某一预先指定的水平，企业就销售有价证券以兑换所需现金；当现金余额较大时，又去购买证券，以获取最大的投资收益。存货模式下的最佳现金持有量也是使现金有关成本最低的现金持有量。

管理成本相对稳定，同现金持有量的多少关系不大，故将其视为决策无关而不予考虑；在持有现金不足时可以随时出售有价证券，短缺成本也不存在。因而，在利用存货模式测算现金最佳余额时，与现金持有量有关的成本主要包括转换成本和机会成本。转换成本，是指企业用现金购入有价证券以及转让有价证券换取现金时付出的费用，即现金同有价证券之间相互转换的成本，如委托买卖佣金、委托手续费、证券过户费、经纪人费用等。在现金需要量既定的前提下，现金持有量越少，证券变现的次数越多，相应的转换成本就越大；反之，就越小。持有现金的机会成本与现金余额成正相关。因此，能够使现金的机会成本与转换成本之和保持最低的现金持有量，即为最佳现金余额。如图7-6所示。

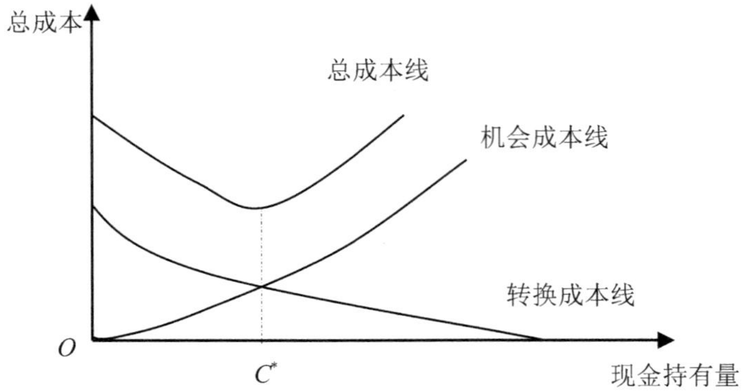

图7-6　存货模式下现金的成本构成

在图7-6中，现金的机会成本和转换成本是两条随现金持有量呈不同方向发展的曲线，两条曲线交叉点相应的现金持有量即是总成本最低的现金持有量，它可以运用现金持有量存货模式求出。

在一定时期内，企业期初现金余额为C，期末现金余额为0，则平均现金余额为$C/2$。存货模式下的现金总成本为

现金总成本＝转换成本+持有机会成本

＝现金的每次转换成本×现金转换次数+平均现金持有量×机会成本率

即

$$TC = b \times \frac{T}{C} + \frac{C}{2} \times i$$

式中：TC——总成本；

b——现金的每次转换成本；

T——现金总需求量；

C——最佳现金持有量，即最佳现金余额；

i——现金的机会成本率。

公司的现金支出在一定时间内的发生额是均衡的，现金的需要量可以预测，其间，短期有价证券可以随时转换成现金。在此假定条件下，现金余额随时间推移所呈现的规律如图 7-7 所示。在期初，现金余额为 C 元，此后现金余额逐渐减少，当现金余额降至 0 时，通过出售有价证券使得现金余额重新回升至 C 元，并不断重复上述过程。

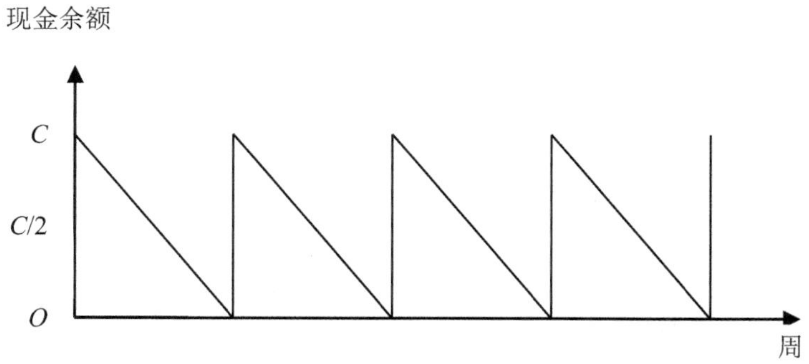

图7-7　存货模式下的现金持有状况

将总成本对现金持有量求导并令其等于0，就可以推算出成本最小时的现金持有量C^*：

$$C^* = \sqrt{\frac{2bT}{i}}$$

例7-3 燕鸣公司预计全年现金需求量为200 000元，现金与有价证券的转换成本为每次100元，同期市场借款利率为10%，则最佳现金余额为：

$$C^* = \sqrt{\frac{2 \times 100 \times 200\ 000}{10\%}} = 20\ 000（元）$$

企业每年有价证券交换次数为

$$T/C = 200\ 000 \div 20\ 000 = 10（次）$$

现金持有量的存货模式描述了现金管理中基本的成本结构，可以帮助企业精确地测算出最佳现金持有量和转换次数；但这种模式是建立在未来期间现金流量稳定均衡基础上的，而在实际工作中，企业往往不易做到。通常可以这样处理：若预测值与实际发生值相差不是太大，实际持有量可在上述公式确定的最佳现金持有量的基础上，稍微提高一些。

4.随机模式

随机模式是在现金需求量难以预知的情况下进行现金持有量控制的方法。对企业来讲，现金需求量往往波动大且难以预知，但企业可以根据历史经验和现实需要，测算出一个现金持有量的控制范围，即制定出现金持有量的上限和下限，将现金量控制在上下限之内。当现金量达到控制上限时，用现金购入有价证券，使现金持有量下降；当现金量降到控制下限时，则抛售有价证券换回现金，使现金持有量回升。若现金量在控制的上下限之内，便不必进行现金与有价证券的转换，保持它们各自的现有存量。这种对现金持有量的控制，如图7-8所示。

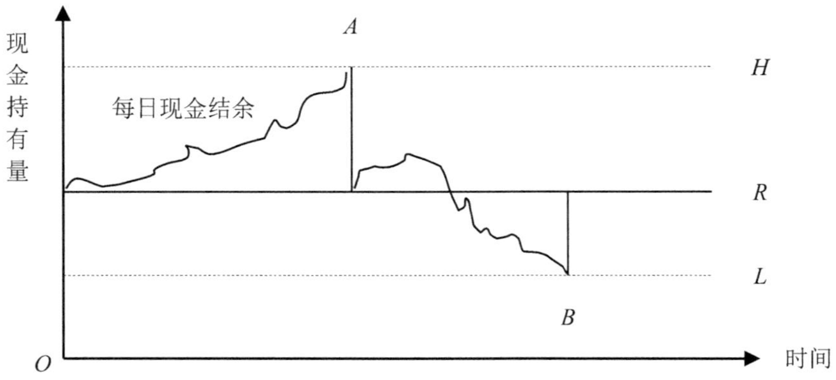

图7-8 现金持有量的随机模式

在图中，虚线H为现金存量的上限，虚线L为现金存量的下限，实线R为最优现金返回线。从图中可以看到，企业的现金存量（表现为现金每日余额）是随机波动的，当其达到A点时，即达到了现金控制的上限，企业应用现金购买（$H-R$）有价证券，使现金持有量回落到现金返回线（R线）的水平；当现金存量降至B点时，即达到了现金控制的下限，企业则应出售（$R-L$）有价证券换回现金，使其存量回升至现金返回线的水平。现金存量在上下限之间的波动属控制范围内的变化，是合理的，不予理会。以上关系中的上限H、现金返回线R可按下列公式计算：

$$R=\sqrt[3]{\frac{3b\delta^2}{4i}}+L$$

$$H=3R-2L$$

式中：b——每次有价证券的固定转换成本；

i——有价证券的日利息率；

δ——预期每日现金余额变化的标准差（可根据历史资料测算）。

而下限L的确定，则要受到企业每日的最低现金需要、管理人员的风险承受倾向等因素的影响。

例7-4 假定燕鸣公司每日现金净流量的标准差为900元，有价证券的年利率为10%，每次固定转换成本为72元，企业认为任何时候其现金持有量均不能低于5 000元，如1年按360天计算，试确定最佳现金持有量和上限现金余额。

$$R=\sqrt[3]{\frac{3b\delta^2}{4i}}+L=\sqrt[3]{\frac{3\times72\times900^2}{4\times(10\%\div360)}}+5\ 000$$

$$=10\ 400\text{（元）}$$

$$H=3R-2L=3\times10\ 400-2\times5\ 000=21\ 200\text{（元）}$$

这样，当企业的现金余额达到21 200元时，即应以10 800元（21 200－10 400）的现金去投资有价证券，使现金持有量回落到10 400元；当企业的现金余额降至5 000元时，则应出售5 400元(10 400－5 000)的有价证券，使现金持有量回升到10 400元。

7.3 应收账款管理

应收账款是企业因对外销售商品、材料，提供劳务等原因，应向购货单位或接受劳务单位收取的款项。随着市场经济的不断完善，企业与企业之间相互提供商业信用已成为一种越来越普遍的现象。因此，企业应收账款的数额明显增多，应收账款管理已经成为企业流动资产管理的重要组成部分。

1.应收账款管理的目的

企业销售产品时可以采取两种基本方式：现销和赊销。显然，现销对本企业有利，赊销对客户有利。在竞争激烈的市场经济条件下，赊销是促进销售的一种重要手段。对于同等的产品价格、类似的质量水平、一样的售后服务，实行赊销的商品的营业收入将大于现金销售方式的营业收入。因此，通过赊销可以帮助企业提高营业收入，增加市场份额，提升产品的市场竞争优势。

企业在采取赊销方式促进销售的同时，会产生应收账款，企业持有一定应收账款所付出的代价，即为应收账款的成本。其内容包括：应收账款的资金占用机会成本、管理成本和坏账成本。首先，机会成本是指资金由于投放在应收账款上而不能用于其他投资所丧失的收益，如投资于有价证券所能获得的利息收入。这一成本的大小通常与应收账款资金占用量、资本成本或最低投资报酬率有关。其次，应收账款的管理成本是指企业对应收账款进行管理而耗费的开支，包括对顾客信用情况调查的费用、收集信息的费用、催收账款的费用、账簿的记录费用等。最后，坏账成本是指由于某种原因导致应收账款不能收回而给企业造成的损失，一般与应收账款数量成正比。

因此，应收账款的管理目标就是需要在扩大应收账款信用政策所增加的盈利和这种政策的成本之间作出权衡，并根据企业客户的信用情况，确定适当的信用期间、现金折扣政策与收账政策。

2.应收账款的信用政策

应收账款赊销的效果好坏，依赖于企业的信用政策。信用政策包括：信用标准、信用期间和现金折扣政策。

（1）信用标准

信用标准，是指顾客获得企业的交易信用所应具备的条件。企业信用标准越高，企业的坏账损失就越少，同时，应收账款的机会成本和管理成本也会越少。但是过高的信用标准，不利于企业扩大销售，这样就有可能影响企业产品的市场竞争力；反之，如果企业的信用标准过低，虽然有利于企业扩大销售、提高产品的市场竞争力和占有率，但会相应增加坏账损失和应收账款的机会成本与管理成本。这就要求企业权衡得失，比较信用标准改变对成本与收益的影响，准确地对不同客户规定相应的信用标准。

企业在设定某一顾客的信用标准时，往往先要评估其发生坏账的可能性。在对客户的资信程度进行调查、分析的基础上，判断客户的信用状况，并决定是否给该客户提供商业信用。对客户进行资信分析，主要有5C评估法和信用评分法。

1）5C评估法

5C评估法是从五个方面评估顾客的信用品质，即品质（Character）、能力（Capacity）、资本（Capital）、抵押（Collateral）和条件（Conditions）。因为这五项因素英文都以C开头，故称为5C评估法。

品质指顾客的信誉，即履行偿债义务的可能性。企业必须设法了解顾客过去的付款记录，看其是否有按期如数付款的良好记录，及与其他供货企业的关系是否良好。这一点经常被视为评价顾客信用的首要因素。

能力，指顾客的偿债能力。客户支付货款的能力取决于其资产，特别是流动资产的数量、质量、流动比率以及现金的持有水平等因素。一般来说，企业的流动资产数量越多，质量越好，流动比率越高，其偿债能力就越强，反之，就越弱。

资本，指顾客的财务实力和财务状况，表明顾客可能偿还债务的背景。该指标主要是根据有关的财务比率来测定客户净资产的大小及其获利的可能性。

抵押，指顾客拒付款项或无力支付款项时能被用作抵押的资产。这对于不知底细或信用状况有争议的顾客尤为重要。当对客户的信用状况产生怀疑时，如果客户能够提供足够的抵押品，就可以向其提供商业信用。一旦客户违约，也可以变卖抵押品，挽回经济损失。

条件，指可能影响顾客付款能力的经济环境。例如，万一出现经济不景气，会对顾客的付款产生什么影响，顾客会如何做等，这需要了解顾客在过去困难时期的付款历史。

利用5C评估法可以定性地判断企业信用风险的大小，以决定是否提供信用和相应的信用条件；在此基础上，还可以对客户的信用状况进行定量分析，以进一步确认客户的信用水平。

2）信用评分法

所谓信用评分法，是先对一系列财务比率和信用情况指标进行评分，然后进行加权平均，得出顾客综合信用分数，并以此进行信用评估的一种方法。进行信用评分的基本公式为

$$Y=\sum_{i=1}^{n}a_i x_i$$

式中：Y——客户企业的信用评分；

α_i——事先拟订的对第i种财务比率和信用品质重要性权数；

x_i——第i种财务比率或信用品质的评分。

信用分析指标应选择能够准确评价客户企业短期支付能力的财务指标，尤其应选择能够直观评价其资产流动性的财务比率指标，因为提供信用销售的企业关注的是客户企业的短期支付能力；同时结合客户企业的产品销售情况，适当选择能够反映其销售盈利能力的财务指标，因为只有客户企业销售渠道畅通

且能够盈利，才能及时支付供应商的贷款。

现以燕鸣公司为例说明信用评分法的应用，如表7-3所示。

表7-3 燕鸣公司信用评分状况

财务比率和信用品质	指标主要性权数(α_i)（1）	指标实际值（2）	分数(x_i)（3）	加权平均数($Y=\sum\alpha_i x_i$)＝（1）×（3）（4）
流动比率	0.20	1.8	90	18.00
资产负债率(100%)	0.10	60	90	9.00
净资产收益率(100%)	0.10	10	85	8.50
信用评估等级	0.25	AA	85	21.25
付款历史	0.25	良好	75	18.75
企业未来预计	0.05	良好	75	3.75
其他因素	0.05	好	85	4.25
合计	1			83.50

在采用信用评分法进行信用评估时，信用得分在90分以上者，说明客户信用状况优秀；得分在81～90分者，说明客户信用状况良好；得分在60～80分者，说明客户信用状况一般：得分在60分以下者，则说明客户信用状况较差。根据评估结果，燕鸣公司信用状况为良好。

（2）信用期间

信用期间是企业允许顾客从购货到付款之间的时间，或者说是企业给予顾客的付款期间。例如，若某企业允许顾客在购货后的50天内付款，则信用期为50天。信用期过短，不足以吸引顾客，在竞争中会使销售额下降；信用期过长，对销售额增加固然有利，但只顾及销售增长而盲目放宽信用期，所得的收益有时会被增长的费用抵销，甚至造成利润减少。因此，企业必须慎重研究，确定恰当的信用期。

信用期的确定，主要是分析改变现行信用期对收入和成本的影响。延长信用期，会使销售额增加，产生有利影响；与此同时，应收账款、收账费用和坏账损失增加，会产生不利影响。当前者大于后者时，可以延长信用期，否则不宜延长。如果缩短信用期，情况与此相反。

例7-5 燕鸣公司目前的年赊销营业额为2 400万元，应收账款的平均收现期为30天，收账费用为3万元，坏账损失率占销售额的2%，变动成本率为60%，企业的平均资本成本率为15%，目前的信用条件为*n*/30。该企业为了增强竞争能力，考虑改变现有的信用政策：将信用期延长到60天。预计赊销额将增加到2 600万元，收账费用增加到5万元，坏账损失率占销售额的2.5%。假设销售额增加后企业的固定成本保持不变，请问是否应改变现有的信用政策？

在分析时，先计算放宽信用政策得到的收益，然后计算增加的成本，最后根据两者比较的结果作出判断。

步骤1：计算收益的增加

收益增加额＝营业收入增加额×边际贡献率

＝营业收入增加额×（1－变动成本率）

＝(2 600－2 400)×(1－60%)＝80（万元）

步骤2：计算应收账款机会成本（应计利息）的增加

应收账款占用资金＝日销售额×平均收现期×变动成本率

应收账款应计利息＝应收账款占用资金×资本成本率

$$30\text{天信用期的应收账款机会成本}=\frac{2\,400}{360}\times30\times60\%\times15\%=18\text{（万元）}$$

$$60\text{天信用期的应收账款机会成本}=\frac{2\,600}{360}\times60\times60\%\times15\%=39\text{（万元）}$$

应收账款机会成本的增加额＝39－18＝21（万元）

步骤3：计算收账费用和坏账损失的增加

坏账费用增加＝5－3＝2（万元）

坏账损失的增加＝2 600×2.5%－2 400×2%＝17（万元）

步骤4：改变信用期的收益与成本比较

收益增加－成本增加＝80－21－2－17＝40（万元）

由于利润增加40万元，所以改变信用政策是可行的。

（3）现金折扣政策

现金折扣是企业对顾客在商品价格上所作的扣减。向顾客提供这种价格上的优惠，主要目的在于吸引顾客为享受优惠而提前付款，缩短企业的平均收款期。另外，现金折扣也能招揽一些视折扣为减价出售的顾客前来购货，借此扩大销售量。折扣的基本表达式为“2/10，*n*/30”，即客户在10天内付款，可享受2%的价格优惠；如果放弃折扣优惠，付款的最后期限为30天，此时付款无优惠。在此，30天为信用期限，10天为折扣期限，2%为现金折扣率。

企业采用什么程度的现金折扣，要与信用期间结合起来考虑。不论是信用期还是现金折扣，都可能给企业带来收益，但也会增加成本。现金折扣可以缩短企业的平均收款期、增加营业收入，但也会使企业成本增加，指的是价格折扣损失。当企业给予顾客某种现金折扣时，应当考虑折扣所能带来的收益与成本孰高孰低，权衡利弊，抉择决断。

因为现金折扣是与信用期间结合使用的，所以确定折扣程度的方法与程序实际上和前述确定信用期间的方法与程序一致，只不过要把所提供的延期付款时间和折扣综合起来，看各方案的延期与折扣能取得多大的收益增量，再计算各方案带来的成本变化，最终确定最佳方案。

例7-6 沿用**例7-5**，假定该企业在放宽信用政策的同时，为了吸引顾客尽早付款，提出了“2/30，*n*/60”的现金折扣条件。估计会有50%的客户（按60天信用期所能实现的销售量计）会利用2%的现金折扣。请问是否应给予现金折扣条件？

步骤1：计算收益的增加

$$\begin{aligned}\text{收益增加额} &= \text{营业收入增加额} \times \text{边际贡献率}\\ &= \text{营业收入增加额} \times（1-\text{变动成本率}）\\ &= (2\,600-2\,400)\times(1-60\%)=80\text{（万元）}\end{aligned}$$

步骤2：计算应收账款应计利息的增加

$$30\text{天信用期的应收账款机会成本}=\frac{2\,400}{360}\times 30\times 60\%\times 15\%=18\text{（万元）}$$

$$\begin{aligned}\text{提供现金折扣的机会成本} &= \frac{2\,600}{360}\times(50\%\times 60+50\%\times 30)\times 60\%\times 15\%\\ &= 29.25\text{（万元）}\end{aligned}$$

$$\text{应收账款机会成本的增加额}=29.25-18=11.25\text{（万元）}$$

步骤3：计算收账费用和坏账损失的增加

$$坏账费用增加 = 5 - 3 = 2（万元）$$

$$坏账损失的增加 = 2\,600 \times 2.5\% - 2\,400 \times 2\% = 17（万元）$$

步骤4：现金折扣成本的变化

现金折扣成本增加 = 新的销售水平 × 新的现金折扣率 × 享受现金折扣的顾客比例 − 旧的销售水平 × 旧的现金折扣率 × 享受现金折扣的顾客比例

$$= 2\,600 \times 2\% \times 50\% - 2\,400 \times 0 \times 0$$

$$= 26（万元）$$

步骤5：改变信用期的收益与成本比较

$$收益增加 - 成本增加 = 80 - 11.25 - 2 - 17 - 26 = 23.75（万元）$$

由于利润增加23.75万元，所以改变信用政策是可行的。

3.收账政策

收账政策，是指客户超过信用期限而仍未付款时，企业采取的收账策略与措施。企业为了避免或减少坏账损失、提高收款效率，对不同客户应制定不同的收账政策。

不论企业采取什么方式催收拖欠款，都要付出一定的代价，即收账费用。如果企业制定的收账政策过严，可能会减少占用应收账款的机会成本，减少坏账损失，但会增加收账费用；反之，如果收账政策过宽，则可能会增加应收账款占用的机会成本，增加坏账损失，但会减少收账费用。因此，在一定范围内，收账费用与坏账损失成反向变动，收账费用适当增加，坏账损失率会相对减少，但二者并非存在线性关系。初始期，收账费用可能不会使应收账款和坏账损失减少许多；但随着收账费用的逐渐增加，应收账款和坏账损失明显减少。到一定限度时，继续增加收账费用对应收账款和坏账损失减少的影响就较小了，这个限度称为饱和点，如图7-9中的E点。

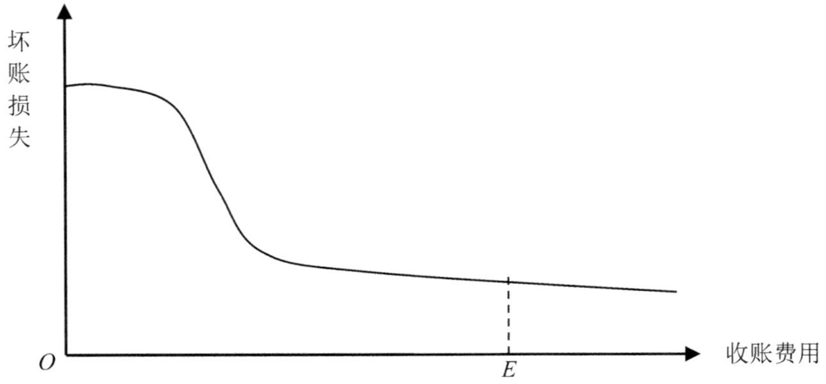

图7-9　坏账损失与收账费用的权衡

企业对各种不同过期账款的催收方式，包括准备为此付出的代价，就是它的收账政策。比如，对过期较短的顾客，不过多地打扰，以免将来失去这一市场；对过期稍长的顾客，可措辞婉转地写信催款；对过期较长的顾客，频繁地信件催款并电话催询；对过期很长的顾客，可在催款时措辞严厉，必要时提请有关部门仲裁或提起诉讼；等等。

7.4 存货管理

存货，是指企业在生产经营过程中为销售或者耗用而储备的物资，包括材料、燃料、低值易耗品、在产品、半成品、产成品、商品等。企业存货占流动资金的比重较大，一般占40%～60%，存货管理水平直接影响企业的资产使用效率。

1.存货管理的收益与成本

如果企业能在生产投料时随时购入所需材料，在销售时购入所需商品，就不需储备存货。但实际上，企业总有储备存货的需要并因此而占用或多或少的资金。这种存货储备，它的优点主要体现在以下几个方面：

（1）防止停工待料

企业在其生产过程中很少能做到随时购入生产或销售所需的各种物资，即使是市场供应量充足的物资也如此。这不仅因为不时会出现某种材料的市场断档，还因为企业距供货点较远而需要必要的途中运输及可能出现运输故障。一旦生产或销售所需物资短缺，生产经营将被迫停顿，造成损失。为了避免或减少出现停工待料、停业待货等事故，企业需要储存存货。

（2）增加生产弹性

原材料存货可以增加企业采购弹性，如果没有它，企业的原材料采购必须严格地与生产保持高度一致；产成品存货也可以给企业在安排生产进度和营销市场方面带来弹性，生产不必直接与销售保持同步，大量存货可使企业高效率地满足客户需要。

（3）出资价格的考虑

零购物资的价格往往较高，而整批购买在价格上常有优惠。

但是，过多的存货要占用较多的资金，并且会增加包括仓储费、保险费、维护费、管理人员工资在内的各项开支。企业储备存货的成本主要有以下几项：

1）订货成本

订货成本，是指取得订单的成本，如办公费、差旅费、邮资、电报电话费等支出，通常用TC_a来表示。订货成本中有一部分与订货次数无关，如常设采购机构的基本开支等，称为订货的固定成本，用F_1表示；另一部分与订货次数有关，如差旅费、邮资等，称为订货的变动成本。每次订货的变动成本用K表示。订货次数等于存货年需要量（D）与每次进货量（Q）之比。订货成本的计算公式为

$$TCa = F_1 + \frac{D}{Q}K$$

2）购置成本

购置成本，是指存货本身的价值，经常用数量与单价的乘积来确定。年需要量用D表示，单价用U表示，于是购置成本为DU。

3）储存成本

储存成本，是指为保持存货而发生的成本，包括存货占用资金所应计的利息、仓库费用、保险费用、存货破损和变质损失等，通常用TC_c来表示。储存成本分为固定成本和变动成本。固定成本如仓库折旧、仓库职工的固定月工资等，与存货数量的多少无关，常用F_2表示。变动成本与存货的数量有关，如存货资金的应计利息、存货的破损和变质损失、存货的保险费用等，单位成本用

K_c来表示。储存成本的计算公式为：

$$TC_c = F_2 + K_c\frac{Q}{2}$$

（4）缺货成本

缺货成本，是指由于存货供应中断而造成的损失，包括材料供应中断造成的停工损失、产成品库存缺货造成的拖欠发货损失和丧失销售机会的损失；如果生产企业紧急采购代用材料解决库存材料中断之急，那么缺货成本表现为紧急额外购入成本（紧急额外购入的开支会大于正常采购的开支）。缺货成本用TC_s表示。

如果以TC来表示储备存货的总成本，其计算公式为：

$$TC = TC_a + TC_c + TC_s = F_1 + \frac{D}{Q}K + DU + F_2 + K_c\frac{Q}{2}$$

2.存货管理的目标

如上所述，企业持有充足的存货，不仅有利于生产过程的顺利进行，节约订货成本与生产时间，而且能够迅速地满足客户各种订货的需要，从而为企业的生产与销售提供较大的机动性，避免因存货不足带来的机会损失。然而，存货的增加必然要占用更多的资金，存货的持有成本也会增加。因此，如何在存货带来的收益与成本之间进行利弊权衡，在维持企业高效和持续经营需要的同时降低成本、增加收益、实现两者的最佳组合，成为存货管理的基本目标。

3.经济订货批量的基本模型

经济订货批量，是指按照存货管理的目的，既能满足生产经营的需要，又能使存货的总成本达到最低的采购批量。

经济订货批量的基本模型，通常是建立在如下基本假设基础上的：（1）需求量稳定，并且能预测，即D为已知常量；（2）存货单价不变，即U为已知常量；（3）存货日耗用量均衡；（4）存货集中到货，而不是陆续入库；（5）不允许缺货，即无缺货成本，TC_s为0。

在上述（1）和（2）假设条件下，企业年采购成本为一定值，与每次采购批量无关，从而在确定最佳经济订货批量时，可以不考虑年采购成本。在上述（3）和（4）假设条件下，存货的库存量随着时间的推移将直线下降，当降至

0时新订购的一批存货将立即到货入库，存货库存量立即增至最高点，存货量与时间的关系如图7-10所示。在上述（5）假设条件下，短缺成本也不存在。

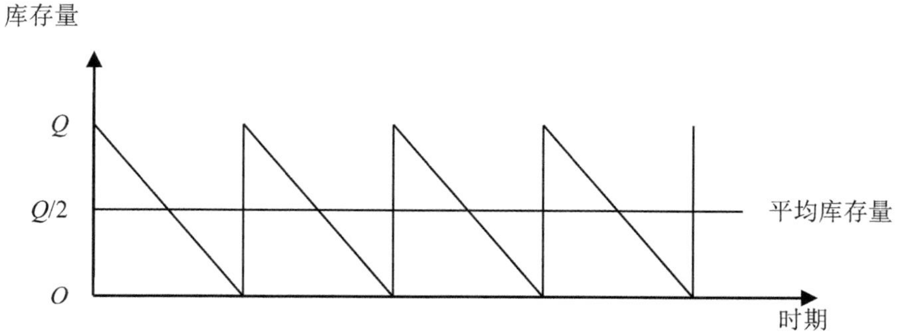

图7-10　存货库存量与时间关系图

因此，存货相关总成本就等于年订货成本与年储存成本之和，公式表示为：

$$TC = TC_a + TC_c = F_1 + \frac{D}{Q}K + F_2 + K_c\frac{Q}{2}$$

当F_1、K、F_2、K_c为常数量时，TC的大小取决于Q。为了求出TC的极小值，对其进行求导，可得公式：

$$Q^* = \sqrt{\frac{2KD}{K_c}}$$

这一公式称为经济订货批量基本模型，求出的每次订货批量Q^*，可使TC达到最小值。

在购买存货时，每次订货批量越大，则每年订货次数越少，于是年订货成本越低；但是每次订货批量越大，则平均库存量越多，于是年储存成本越高。经济订货批量就是使上述两种成本之和达到最低时的订货批量，如图7-11所示。

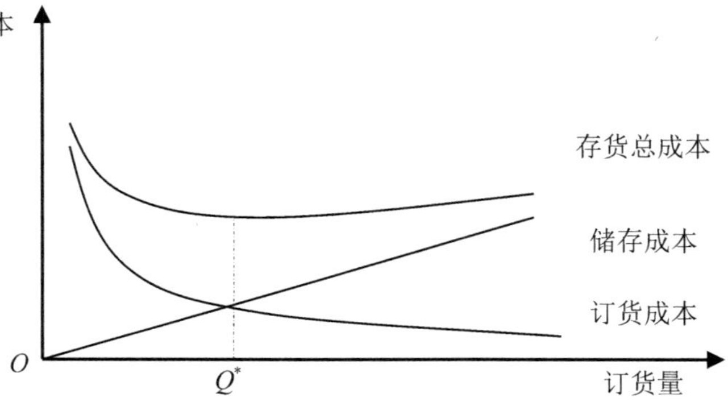

图7-11　经济订货批量决策下的存货总成本

例7-7 燕鸣公司每年耗用某种材料1 600千克，该企业对原材料的日耗用量均衡，每次所订购的原材料均可一次性到货入库，单位原材料年储存成本为2元，每次订货成本25元，如果供应商不提供数量折扣，则该种原材料的经济订货批量为

$$Q^* = \sqrt{\frac{2KD}{K_c}} = \sqrt{\frac{2 \times 25 \times 1600}{2}} = 200\text{（千克）}$$

常用的经济订货批量的其他变形公式为

经济订货批量下的存货相关总成本：$TC(Q^*) = \sqrt{2KDK_c}$

年最佳订货次数公式：$n^* = \frac{D}{Q^*} = \frac{D}{\sqrt{\frac{2KD}{K_c}}} = \sqrt{\frac{DK_c}{2K}}$

最佳订货周期公式：$t^* = \frac{1}{n^*} = \frac{1}{\sqrt{\frac{DK_c}{2K}}}$

4.经济订货批量的基本模型的扩展

（1）存在商业折扣

在上述基本模型中，假设价格不随批量而变化。在实务中，许多企业在销售时都有批量折扣，对大批量采购在价格上往往给予一定的优惠。在这种情况下，除了考虑订货成本和储存成本外，还应考虑购置成本。

例7-8 燕鸣公司全年需要某种原材料50 000千克，每次订货成本为100元，单位原材料年储存成本为0.4元，采购单价为2元/千克。供应商规定：每次购买数量达10 000千克，可给予1.5%的批量折扣。计算此时的经济订货批量？

第一， 计算没有数量折扣时的经济订货批量：

$$Q^* = \sqrt{\frac{2KD}{K_c}} = \sqrt{\frac{2 \times 100 \times 50\,000}{0.4}} = 5\,000 \text{（千克）}$$

如果企业不接受数量折扣，其总成本 = 年订货成本 + 年储存成本 + 年采购成本，即

$$\frac{50\,000}{10\,000} \times 100 + \frac{5\,000}{2} \times 0.4 + 50\,000 \times 2 = 102\,000 \text{（元）}$$

第二，计算接受折扣时（即订货批量为10 000千克）的总成本：

$$\frac{50\,000}{10\,000} \times 100 + \frac{10\,000}{2} \times 0.4 + 50\,000 \times 2 \times (1 - 1.5\%) = 101\,000 \text{（元）}$$

比较两种方案的年总成本可知，订货量为10 000千克时成本最低。

（2）再订货点

一般情况下，企业的存货不能做到随用随时补充，因此不能等存货用光再去订货，而需要在没有用完时提前订货。在提前订货的情况下，企业再次发出订货单时，尚有存货的库存量，称为再订货点，用R来表示。它的数量等于订货至到货间隔期（L）和存货每日平均需用量（d）的乘积，即$R = Ld$。

例7-9 燕鸣公司存货年需要量为3 600件，该企业对存货的日耗用量均衡，每次订货成本25元，每件年储存成本为2元，订货日至到货期的时间为10天，计算经济订货批量和再订货点。

经济订货批量$Q^* = \sqrt{\frac{2KD}{K_c}} = \sqrt{\frac{2 \times 25 \times 3\,600}{2}} = 300$（件）

每日存货需要量为：$\frac{3\,600}{360} = 10$（件）

再订货点：$R = Ld = 10 \times 10 = 100$（件）

通过计算可知，企业在尚存100件存货时，就应当再次订货，等到下批订货到达时（再次发出订货单10天后），原有库存刚好用完。此时，有关存货的每次订货批量、订货次数、订货间隔时间等并无变化，与瞬时补充时相同。也就是说，订货提前期对经济订货量并无影响，仍以瞬时补充情况下的300件为订货批量，只不过在达到再订货点（库存100件）时即发出订货单。

（3）保险储备量

企业存货每日需求量可能变化，交货时间也可能变化。按照某一订货批量（如经济订货批量）和再订货点发出订单后，如果需求增大或送货延迟，就会发生缺货或供货中断。为防止由此造成的损失，就需要多储备一些存货以备应急之需，称为保险储备（安全存量）。这些存货在正常情况下不动用，只有当存货过量使用或送货延迟时才动用。保险储备如图7-12所示。

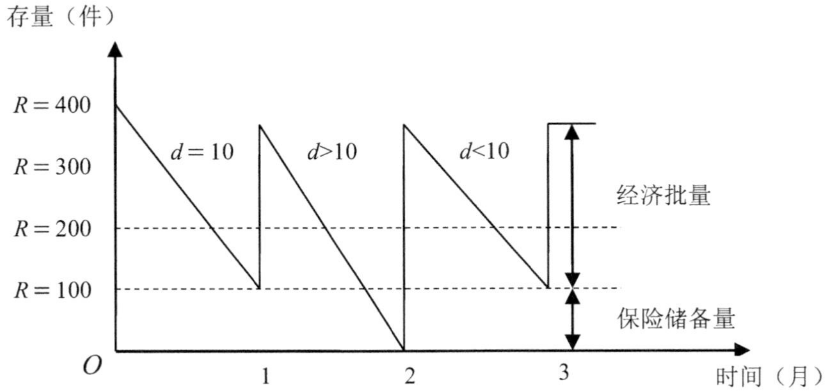

图7-12　存货的保险储备

图7-12中，沿用**例7-9**，年需用量（D）为3 600件，已计算出经济订货量为300件。又知全年平均日需求量（d）为10件，平均每次订货至到货间隔期（L）为10天。为防止需求变化引起缺货损失，设保险储备量（B）为100件，再订货点R由此而相应提高为

$$R = \text{交货时间} \times \text{平均日需求} + \text{保险储备}$$
$$= Ld + B = 10 \times 10 + 100 = 200\text{（件）}$$

在第一个订货周期内，$d = 10$，不需要动用保险储备；在第二个订货周期内，$d>10$，需求量大于供货量，需要动用保险储备；在第三个订货周期内，$d<10$，不仅不需动用保险储备，而且正常储备亦未用完，下次存货即已送到。

5.存货管理的其他方法

（1）存货的ABC分类管理

19世纪，意大利经济学家维尔佛雷多•巴雷特（Vilfredo Pareto）首创了ABC控制法，存货的ABC分类管理就是这种方法在存货管理中的具体应用。存货的

ABC分类管理就是将存货按照一定的标准分成A、B、C三类，然后，按照各类存货的重要程度分别采取不同的方法进行管理。这样，企业就可以分清主次，突出管理重点，提高存货管理的整体效率。存货的划分标准主要有两个：一是存货的金额，二是存货的品种数量，以存货的金额为主。其中：

A类存货标准是：存货金额很大（占整个存货金额比重的60%～80%），存货的品种数量很少（占整个存货品种数量的5%～20%）；

B类存货标准是：存货金额较大（占整个存货金额比重的15%～30%），存货的品种数量较多（占整个存货品种数量的20%～30%）；

C类存货标准是：存货金额较小（占整个存货金额比重的5%～15%），存货的品种数量繁多（占整个存货品种数量的60%～70%）。

将存货划分成A、B、C三类后，再采取不同的管理方法。A类存货应进行重点管理，经常检查这类存货的库存情况，严格控制该类存货的支出。由于该类存货的品种数量很少，而占用企业资金很多，所以企业应对其按照每一个品种分别进行管理；B类存货的金额相对较小，数量也较多，可以通过划分类别的方式进行管理，定期检查这类存货的库存情况；C类存货占用的金额比重很小，品种数量又很多，可以只对其进行总量控制和管理，必要时进行抽查。

（2）适时供应法

适时供应法，是指存货恰好在需要时取得并且投入流程的方法。在工艺流程中，适时供应思想能够使得生产准备成本最小，经济订货批量下降，存货占用资金量较低。这就要求企业具有高效的采购计划、极为可靠的供应商以及有效的存货处理系统。通过计算机网络获得即时信息，有利于适时供应思想成为现实。

对于原材料存货，可以通过提高内部管理效率来减少，同时，与可靠的供应商合作，对于降低原材料库存至关重要；对于在产品的占用，可以通过提高内部物流管理效率来减少；对于产成品存货，则要通过提高顾客满意度和保持长期客户合作关系来减少。

7.5 短期融资

企业对资金的需要通常并不是稳定的，而是有一定的周期性或者说具有波动性的。短期负债融资所筹资金的可使用时间较短，一般不超过1年。当企业预测未来的经营规模扩大，或由于经营活动的周期性或季节性而出现资金需求时，短期融资是解决这些资金需求的一个较佳途径。商业信用和短期借款是企业主要的短期融资来源。本节重点讨论商业信用和短期借款两种短期融资方式。

7.5.1 短期融资的分类及特点

1.短期融资的分类

短期融资是提供一个正常营业周期使用的资金。流动负债是企业短期资金的来源，因此，短期融资实质上就是企业的流动负债管理。按照信用形式来划分，短期融资方式主要分为商业信用、短期借款、应计项目和货币市场信用四类。

商业信用，是指在商品交易中由于延期付款或预收货款所形成的企业间的借贷关系。商业信用产生于商品交换之中，是所谓的“自发性筹资”。它运用广泛，在短期负债筹资中占有相当大的比重。商业信用的具体形式有应付账款、应付票据、预收账款等。

短期借款，是指企业向银行和其他非银行金融机构借入的期限在1年以内的借款。依有无担保，短期借款可分为无担保借款和担保借款。

应计项目，是指企业在非商品交易中产生的应付费用，如应付职工薪酬、应交税费、其他应付款等。应计项目使企业受益在先、费用支付在后，相当于享用了受款方的借款，一定程度上满足了企业的资金需要。

货币市场信用，是指资信较好的企业通过商业票据和其他货币市场工具进行的短期融资。

2.短期融资的特点

短期负债筹资所筹资金的可使用时间较短，一般不超过1年。短期负债筹资具有如下一些特点：

（1）筹资速度快，融通及时

长期负债的债权人为了保护自身利益，往往要对债务人进行全面的财务调查，因而筹资所需时间一般较长且不易取得。短期负债在较短时间内即可归还，故债权人顾虑较少，容易取得。

（2）筹资富有弹性

长期债务债权人为了保护自己的利益，经常会向债务人提出很多限定性条件或管理规定以约束债务人的行为；而短期负债的限制条款比较少，所以筹资企业的资金使用较为灵活、富有弹性。

（3）筹资成本较低

一般来讲，短期负债的利率低于长期负债，短期负债筹资的成本也就较低。

（4）筹资风险高

尽管短期债务的成本低于长期债务，但其风险却大于长期债务。一是长期债务的利息相对比较稳定，即在相当长一段时间内保持不变，而短期债务的借款利率随市场利率的变化而变化，利率波动比较大，企业需要承担较高的利率变化风险。二是如果企业过分筹措短期债务，当债务到期时，企业不得不在短期内筹措大量资金偿还，这极易导致企业财务状况恶化，甚至因无法及时偿还而破产。

7.5.2 商业信用

商业信用产生于商品交换之中。它运用广泛，在短期负债筹资中占有相当大的比重。商业信用筹资最大的优势在于容易取得。第一，对于多数企业来说，商业信用是一种持续性的信用形式，且无须正式办理筹资手续。第二，如果没有现金折扣或使用不带息票据，商业信用筹资不负担成本。其缺陷在于期限较短，在放弃现金折扣时所付出的成本较高。商业信用的具体形式有应付账款、应付票据、预收账款等。

1.应付账款

应付账款是企业购买货物暂未付款而欠对方的账项，即卖方允许买方在购货后一定时期内支付货款的一种形式。卖方利用这种方式促销，而对买方来说，延期付款则等于向卖方借用资金购进商品，可以满足短期的资金需要。

应付账款是最典型、最常见的商业信用形式，是企业最重要的一项短期融资来源。在规定的信用期限内，获得信用的企业不必支付利息，相当于得到一笔无息贷款。例如某企业的应付账款为10万元，付款期限为30天。该企业为最大限度地使用资金，当然选择在第30天付款。企业无偿使用10万元30天，这种情况被称为“免费”融资。但是在通常情况下，供应商作为卖方会规定一些信用条件，如“2/10、*n*/30”，表示买方在10天内付款可享受2%的现金折扣；超过10天则不能享受现金折扣且必须在30天内付款。因此，企业作为买方若在折扣期内付款，则可获得现金折扣；若放弃现金折扣，则可在稍长的时间内占用卖方的资金。这时，企业就要考虑是在10天以内付款合算，还是在第30天付款合算。

（1）应付账款的成本

如果供应商提供现金折扣，应付账款的成本主要包括两个方面：一是买方企业未能在现金折扣期内享用现金折扣的成本。二是买方企业超过规定的信用期推迟付款的成本。

如果购货方放弃现金折扣，在折扣期限外支付货款，则要承受因放弃现金折扣而增加的资金成本。是否利用现金折扣的决策，其重要依据是比较企业的资金成本率与放弃现金折扣成本的高低。放弃现金折扣的成本计算公式为

$$\text{放弃现金折扣成本}=\frac{\text{折扣百分比}}{1-\text{折扣百分比}}\times\frac{360}{\text{信用期-折扣期}}$$

公式表明，放弃现金折扣的成本与折扣百分比的大小、折扣期的长短同方向变化，与信用期的长短反方向变化。一般来说，企业放弃现金折扣的资金成本会比较高。

例7-10 燕鸣公司按2/10、*n*/30的条件购入货物30万元。如果该企业在10天内付款，便享受了10天的免费信用期，并获得折扣0.6万元（30×2%），免费信用额为29.4万元（30－0.6）。

倘若买方企业放弃折扣，在第30天付款，付款总额为30万元。该企业推迟付款20天，相当于举债融资29.4万元，利息支付为0.6万元，则运用上式，该企业放弃折扣所负担的成本为

$$\frac{2\%}{1-2\%} \times \frac{360}{30-10} = 36.7\%$$

可见，如果买方企业放弃折扣而获得信用，其代价是较高的。然而，企业在放弃折扣的情况下，推迟付款的时间越长，其成本便会越小。比如，如果企业延至50天付款，其成本则为

$$\frac{2\%}{1-2\%} \times \frac{360}{50-10} = 18.4\%$$

如果企业因缺乏资金而欲展延付款期（如上例中将付款日推迟到第50天），则需在降低了的放弃折扣成本与展延付款带来的损失之间作出选择。展延付款带来的损失主要是指因企业信誉恶化而丧失供应商乃至其他贷款人的信用，或日后招致苛刻的信用条件。

（2）利用现金折扣的决策

在附有信用条件的情况下，因为获得不同信用要负担不同的代价，买方企业便要在利用哪种信用之间作出决策。一般说来，如果能以低于放弃折扣的隐含利息成本（实质是一种机会成本）的利率借入资金，便应在现金折扣期内用借入的资金支付货款，享受现金折扣。比如，与**例7-10**同期的银行短期借款年利率为10%，则买方企业应利用更便宜的银行借款在折扣期内偿还应付账款；反之，企业应放弃折扣。

如果在折扣期内有短期的投资机会，且所得的投资收益率高于放弃现金折扣成本，则应放弃折扣而去追求更高的收益。比如**例7-10**中，企业将应付账款用于短期投资，所得的投资收益率为40%，则买方企业应放弃折扣而去追求更高的收益；反之，企业应享受折扣。

如果面对两家以上提供不同信用条件的卖方，应通过衡量放弃折扣成本的大小，选择信用成本最小（或所获利益最大）的一家。比如，**例7-10**中另有一家供应商提出1/20、*n*/30的信用条件，其放弃折扣的成本为

$$\frac{1\%}{1-1\%} \times \frac{360}{30-20} = 36.4\%$$

与**例7-10**中“2/10、*n*/30”信用条件的情况相比，后者的成本较低。

2.应付票据

应付票据是企业进行延期付款商品交易时开具的反映债权债务关系的票

据。根据承兑人的不同，应付票据分为商业承兑汇票和银行承兑汇票两种，支付期最长不超过6个月。应付票据可以带息，也可以不带息。应付票据的利率一般比银行的借款利率低，且不用保持相应的补偿性余额和支付协议费，所以应付票据的筹资成本低于银行借款成本。但是应付票据到期必须归还，如若延期便要交付罚金，因而风险较大。

使用应付票据结算方式，若收款人在票据到期前急需资金，可以持该汇票向其开户银行申请贴现。贴现，是指汇票持有人将未到期的商业汇票转让给银行，银行从票面额中扣除贴息后，将余额付给贴现企业。票据持有人通过贴现方式，可以获得短期资金来源。贴现银行需要资金时，可以持未到期的汇票，向其他银行转贴现。

应付票据贴现和转贴现的期限一律从其贴现之日起到汇票到期日止。其贴现的贴现息以及贴现实收金额的计算公式为

$$\text{贴现息}=\text{票据到期值}\times\text{贴现天数}\times（\text{年贴现率}\div 360）$$

$$\text{贴现所得金额}=\text{票据到期值}-\text{贴现息}$$

例7-11 燕鸣公司向A企业购进一批材料，价款为100 000元，双方商定采用商业汇票结算。A企业7月1日将6月1日收到的当日开出的60天到期、年利率为6%、面额为100 000元的商业汇票向银行贴现，贴现率为8%，则：

$$\text{票据到期值}=100\,000\times(1+6\%\times\frac{60}{360})=101\,000（\text{元}）$$

$$\text{贴现息}=101\,000\times 8\%\times\frac{60}{360}=673.33（\text{元}）$$

$$\text{贴现所得金额}=101\,000-673.33=100\,326.37（\text{元}）$$

燕鸣公司通过商业汇票，取得了一笔短期资金来源；A企业虽然为燕鸣公司提供了商业信用，但当它需要资金时，又可通过贴现取得资金。

3.预收账款

预收账款是卖方企业在交付货物之前向买方预先收取部分或全部货款的信用形式。对于卖方来讲，预收账款相当于向买方借用资金后，用货物抵偿。预收账款一般用于生产周期长、资金需要量大的货物销售。

7.5.3 短期借款

短期借款，是指企业向银行和其他金融机构借入的期限在1年以内的借款。在短期负债筹资中，短期借款的重要性仅次于商业信用。短期借款可以随企业的需要安排，便于灵活使用，且取得亦较简便。但其突出的缺点是短期内要归还，特别是在带有诸多附加条件的情况下更是风险加剧。

1.短期借款的种类

我国目前的短期借款按照目的和用途分为若干种，主要有生产周转借款、临时借款、结算借款等。按照国际通行做法，短期借款还可依偿还方式的不同，分为一次性偿还借款和分期偿还借款；依利息支付方法的不同，分为收款法借款、贴现法借款和加息法借款；依有无担保，分为信用借款和担保借款；等等。企业在申请借款时，应根据各种借款的条件和需要加以选择。

2.短期借款的取得

企业举借短期借款，首先必须提出申请，经审查同意后借贷双方签订借款合同，注明借款的用途、金额、利率、期限、还款方式、违约责任等；然后企业根据借款合同办理借款手续；借款手续完毕，企业便可取得借款。

3.短期借款利率及其支付方式

短期借款利率多种多样，常见的有优惠利率、浮动优惠利率、非优惠利率三种。1）优惠利率是银行向财力雄厚、经营状况好的企业贷款时收取的名义利率，为贷款利率的最低限。2）浮动优惠利率是一种随其他短期利率的变动而浮动的优惠利率，即随市场条件的变化而随时调整变化的优惠利率。3）非优惠利率是银行贷款给一般企业时，收取的高于优惠利率的利率。这种利率经常在优惠利率的基础上加一定的百分比。比如银行按高于优惠利率1%的利率向某企业贷款，若当时的最优利率为8%，向该企业贷款收取的利率即为9%；若当时的最优利率为7.5%，向该企业贷款收取的利率即为8.5%。非优惠利率与优惠利率之间差距的大小，由借款企业的信誉、与银行的往来关系及当时的信贷状况所决定。

借款企业支付银行贷款利息一般有以下三种利息计算方式：收款法、贴现法和加息法。借款利息的支付方式对借款的实际利率会产生影响，付息方式不同，影响程度也不同。此外，有补偿性余额条件的借款的补偿性存款占借款总额的比重大小也会影响借款实际利率的大小。

（1）收款法付息的利率

收款法是在借款到期时向银行支付利息的方法。银行向工商企业发放的贷款大都采用这种方法收息。在这种付息方式下，如果企业借款期限为1年，到期时还本付息，借款的实际利率与名义利率一致。如果借款计息期小于1年，企业承担的实际利率就会大于银行的名义利率。实际利率的计算公式为

$$实际利率=\left(1+\frac{年名义利率}{n}\right)^{n}-1$$

式中：n——每年借款次数或利息支付次数。

例7-12 燕鸣公司向银行借款10 000元，年利率为8%，每季度计息一次，则该项借款的实际利率为

$$\left(1+\frac{8\%}{4}\right)^{4}-1=8.24\%$$

（2）贴现法付息的利率

贴现法是银行向企业发放贷款时，先从本金中扣除利息部分，而到期时借款企业则要偿还贷款全部本金的一种计息方法。采用这种方法，企业可利用的贷款额只有本金减去利息部分后的差额，因此贷款的实际利率高于名义利率。其计算公式为

$$实际利率=\frac{利息}{借款本金-利息}$$

或

$$实际利率=\frac{名义利率}{1-名义利率}$$

例7-13 燕鸣公司从银行取得借款10 000元，期限1年，年利率（即名义利率）为8%，利息额800元（10 000×8%）；按照贴现法付息，企业实际可利用的贷款为9 200元（10 000－800），该项贷款的实际利率为

$$\frac{800}{10\,000-800}\times100\%=8.7\% \quad 或 \quad \frac{8}{1-8\%}=8.7\%$$

（3）加息法付息的利率

加息法是银行发放分期等额偿还贷款时采用的利息收取方法。在分期等额偿还贷款的情况下，银行要将根据名义利率计算的利息加到贷款本金上，计算出贷款的本息和，要求企业在贷款期内分期偿还本息之和的金额。由于贷款分期均衡偿还，借款企业实际上只平均使用了贷款本金的半数，却支付了全额利息。这样，企业所负担的实际利率便高于名义利率大约1倍。计算公式为

$$实际利率=\frac{利息}{借款本金\div 2}$$

例7-14 燕鸣公司借入（名义）年利率为8%的贷款10 000元，分12个月等额偿还本息。该项借款的实际利率为

$$\frac{10\ 000\times 8\%}{10\ 000\div 2}\times 100\%=16\%$$

（4）有补偿性贷款余额的实际利率

对于有补偿性贷款余额的贷款，银行要求按照贷款额的一定比例在银行存款账户上保留余额，使得企业实际可以动用的贷款额小于所申请的贷款额。从银行的角度来讲，补偿性余额可降低贷款风险，补偿遭受的贷款损失。对于借款企业来讲，补偿性余额会增加企业负担的利息，提高了借款的实际利率。计算公式为

$$实际利率=\frac{名义利率}{1-补偿性余额比例}$$

例7-15 燕鸣公司从银行取得借款10 000元，期限1年，年利率（即名义利率）为8%，银行要求贷款补偿性余额比例为借款本金的20%，则企业借款的实际年利率为

$$\frac{8\%}{1-20\%}=10\%$$

上述情况表明，银行借款利息的支付方式不同以及银行对借款人的某些信用条件的限制，都会对借款的实际利率产生影响，实际利率往往高于名义利率，会加大企业的借款成本。因此，企业在进行短期借款决策时，应考虑多方面因素，结合企业实际情况，作出最合理的决策。

思考题

1.什么是营运资本？营运资本的特点有哪些？

2.企业对营运资本可以采取哪些投资和融资策略？

3.企业持有现金的动机及进行现金管理的目的是什么？

4.存货模式的最佳现金持有量如何确定？

5.企业为何要持有应收账款？持有应收账款要承担哪些成本？

6.企业应如何制定应收账款的信用政策？

7.短期融资的方式及特点是什么？

练习题

1.某公司购买材料，其付款条件为“2/10，*n*/30”。该公司记录表明：一般在收到货物后15天支付款项。当经理询问公司为什么不取得现金折扣时，会计回答道，占用这一资本的成本仅为2%，而银行贷款成本却为10%，每年按360天计算。

要求：

（1）该公司会计错在哪里？

（2）丧失折扣的实际成本有多大？

（3）如果公司不能获得银行贷款，而被迫使用商业信用资本，为降低年利息成本，你应向该公司提出何种建议？

2.A公司是一家商业企业，由于目前的收账政策过于严厉，不利于扩大销售，且收账费用较高，该公司正在研究修改现行的收账政策。现有甲和乙两个放宽收账政策的备选方案，有关数据如下：

项目	现行收账政策	甲方案	乙方案
年销售额/万元/年	2 400	2 600	2 700
收账费用/万元/年	40	20	10
所有账户的平均收账期	60天	90天	120天
所有账户的坏账损失率	2%	2.5%	3%

已知A公司的销售毛利率为20%，应收账款投资要求的最低报酬率为15%。坏账损失率，是指预计年度坏账损失和销售额的百分比。假设不考虑所得税的影响。要求：通过计算分析，回答应否改变现行的收账政策？如果要改变，应选择甲方案还是乙方案？

3.某公司拟采购一批材料，供应商规定的付款条件如下："2/10，1/20，*n*/30"，每年按360天计算。

要求：

（1）假设银行短期贷款利率为15%，计算放弃现金折扣的成本，并确定对公司最有利的付款日期。

（2）假设目前有一短期投资报酬率为40%，确定对该公司最有利的付款日期。

4.某企业每年需要耗用甲材料8 000吨。该材料购入价格为每吨1 500元，每订购一次的订货变动成本为400元，材料在仓库中的每吨储存变动成本为40元。假设保险储备为零。要求计算：

（1）经济订货量与达到经济批量时的相关最低总成本。

（2）达到经济订货量时的平均占用资金。

5.某公司预测下年外部融资需求量为100万元，拟向银行借入1年期短期借款予以解决，具体借款方式以及支付银行贷款利息的方式同银行协商后的结果是：

（1）如采用收款法，则利息率为14%；

（2）如采用贴现法，利息率为12%；

（2）如采用补偿性余额，利息率降为10%，银行要求的补偿性余额比例为20%。

请回答：该公司应选择哪种方式？

第8章 股利决策

学习指导

学习重点：通过本章学习利润分配的顺序、股利分配的程序与方式；明确关于股利理论的主要内容，包括股利无关理论、“一鸟在手”理论、信号传递理论等；理解股利分配政策的影响因素以及各种类型；了解股票分割与股票回购的动机。

学习难点：正确理解各类股利理论；明确股票分割与股票股利之间的关系，对于股票分割与股票回购进行客观评价。

案例导读：

苹果计算机公司创立于1976年，到1980年，该公司研究生产的家用电脑已经销售13万多台，销售收入达到117亿美元。1980年，苹果公司首次公开发行股票上市。上市以后，公司快速成长，到1986年，公司的销售收入已达到19亿美元，实现净利润1.54亿美元。1980—1986年，苹果公司的净利润年增长率达到53%。1986年，苹果公司与马克公司联合进入办公用电脑市场。商务电脑市场的主要竞争对手是实力非常强大的IBM公司，尽管竞争非常激烈，1987年苹果公司仍然取得了骄人的成绩，销售收入实现了42%的增长。但是，人们仍然对苹果公司能否持续增长表示怀疑。为了增强投资者的信心，特别是吸引更多的机构投资者，苹果公司在1987年4月23日宣布首次分配季度股利，每股支付现金股利0.12美元，同时按1：2比例进行股票分割（即每1股拆分为2股）。股票市场对苹果公司首次分配股利反应非常强烈，股利分配方案宣布当天，股价就上涨了1.75美元/股，在4个交易日里，股价上涨了约8%。在之后的几年时间里，苹果公司的经营业绩保持良好的增长，截至1990年，实现销售收入5 558亿美元，净利润4.75亿美元；1986—1990年，销售收入平均年增长率为31%，净利润平均年增长率为33%。但是1990年以后，苹果公司的业绩开始逐年下降，1996年亏损7.42亿美元，1997年亏损3.79亿美元。苹果公司的股票价格也从1990年的48美元/股跌到1997年的24美元/股。尽管经营业绩发生较大变化，但苹果公司从1987年首次分配股利开始，一直坚持每年支付大约每股0.45美元的现金股利，直到1996年，由于经营困难，不得不停止发放股利。

讨论：苹果公司减少股利发放的原因是什么?

8.1 股利及其分配

利润是企业资本收益的具体形式。实现投入资本的保值与增值，是企业盈利的基础，也是实现企业价值最大化的必要条件，更是股利的重要来源。利润分配是企业按照国家有关法律、法规以及企业章程的规定，在兼顾股东与债权人等其他利益相关者的利益关系基础之上，将实现的利润在企业与企业所有者之间、企业内部的有关项目之间、企业所有者之间进行分配的活动。利润分配决策是股东当前利益与企业未来发展之间权衡的结果，将引起企业的资金存量与股东权益规模及结构的变化，也将对企业内部的筹资活动和投资活动产生影响。

8.1.1 利润分配的顺序

公司在利润分配过程中应遵守公开、公平、公正的“三公”原则。所有股东在公司中只以其股权比例享有合法权益，不得以其特殊地位而牟取私利。同时，我国法律在处理分配和积累的关系时有一定限制，另外在员工福利方面也有规定。依据我国《公司法》的有关规定，利润分配涉及法定公积金、任意公积金和股利等。

1.法定公积金

公司在分配当年的税后利润时，应提取利润的10%列入公司的法定公积金，用于公司的积累和发展。具体来讲，法定公积金经公司股东大会决议，可用于弥补上一年度的累计亏损。当本年度累计盈利时，可用于新投资机会。另外，法定公积金累计达到公司注册资本的50%以上的，可不再提取。

2.任意公积金

任意公积金是在计提法定公积金和法定公益金之后，由公司章程规定或股东会议决议提取的公积金。其提取比例或金额由股东会议确定，但有合理的比例。当公司盈利较多时可多提，盈利较少时可少提或不提；当亏损时，公司应不提。另外，当公司提取的公积金累计额占公司注册资本的比例较少时，可多提；否则，应少提或不提。当公司有新的投资机会时，可多提；否则，可少提或不提。在提取任意公积金时，应协调大小股东的利益。

3.股利

股利是公司在弥补亏损，提取公积金、公益金之后向股东分配的利润。通常情况下，股利原则上应从累计盈利中分派，无盈利不得支付股利。如果当年度利润及上年度累计利润不足以向股东支付股利，公司为了维护其股票信誉，经股东大会特别决议，公司也可以用公积金支付股利，但其支付额不得超过股票面值的6%，且在支付股利后公司法定公积金累计不能低于公司注册资本的25%。

这些利润分配项目在分配过程中，需要依照一定的顺序进行：若以前年度存在亏损则应首先弥补亏损，其次计提法定公积金，再次计提任意公积金，最后所余当年利润与以前年度的未分配利润构成了可向股东分配的股利。

此外，我国《公司法》还明确指出，股东会、股东大会或者董事会违反规定，在公司弥补亏损和提取法定公积金之前向股东分配利润的，股东必须将违反规定分配的利润退还公司。

8.1.2 股利的种类

股份有限公司分派股利的形式一般有现金股利、股票股利、财产股利和负债股利等，后两种形式应用较少。我国有关法律规定，股份有限公司只能采用现金股利和股票股利两种形式。下面主要介绍这两种股利形式。

1.现金股利

公司将股东应得的股利收益直接用现金支付给股东，这种形式发放的股利称为现金股利。现金股利是最常见、最主要的股利发放形式。股利包括定期（例如每季度发放的）股息和年终一次发放的红利。

现金股利发放的多少主要取决于公司的股利政策和经营业绩。公司支付现金股利除了要有累计盈余（特殊情况下可用弥补亏损后的盈余公积金支付）之外，还要筹备足够的现金，因此公司在支付现金股利前需筹备充足的现金。

如果股利支付之前有足够的现金流入，则可先将其投资于短期有价证券，以获得一定的收益；如果股利支付时没有足够的现金，但预计在股利支付后不久就会有现金流入，则可先向银行筹集短期借款，以保证股东股利的发放；如果目前现金不足，且预计近期无现金流入，外部融资又受到限制，则可以考虑采用财产股利、股票股利等其他形式代替现金股利。

企业为了保持自己较好的流动性，一般都不愿意向股东支付现金股利。但投资者一般都会希望得到现金股利，而且企业发放股利的多少，会直接作用于公司股票的市场价格，并间接影响着企业的筹资能力，因此企业不宜将现金股利支付的水平限制得太低。

2.股票股利

公司也可以增发股票的方式来支付股利，这种形式发放的股利称为股票股利或红股。在发放股票股利时，公司往往给所有股东按一定比例增配股票，发放股票股利相当于把公司盈利转化为普通股股票，这样并不导致公司资产的流出或负债的变化，更主要的是不会增加公司现金的流出量。但股票股利增加普通股流通股数，会引起每股收益的下降，从而导致每股市价按比例下降。但因为按比例发放，每位股东所持股票数占总数的份额不变，形式上股东的股数增加，但价值没有增多，股东并没有得到实惠。另外值得一提的是，按照《征收个人所得税若干问题的规定》，以股票形式向股东个人支付应得的股息、红利，应以派发红股的股票票面金额确定收入额。这样，如果公司的股票价格高于面值的话，股票股利是一种避税的方式。

8.1.3 股利分配的程序

股份公司的股利通常是先由董事会提出分配预案，然后提交股东大会决议通过才能进行分配。公司每年发放股利的次数，不同国家有不同的规定。我国的股份公司均为一年发放一次股利，美国公司则为一季度发放一次。

股利只发放给在某一天登记在册的股东。如果公司宣布了股利，这就会成为公司一项不可撤销的负债。股利的多少既可以用每股支付的现金额（每股股利）表示，也可以用市价的百分比（股利收益率）表示，还可以用每股收益的百分比（股利支付率）表示。

股份有限公司向股东支付股利有一定的支付程序。其中涉及几个术语，现叙述如下。

1.股利宣告日

股利宣告日就是股东大会决议通过并由董事会宣告发放股利的日期。公司董事会应先提出利润分配预案，并提交股东大会表决，利润分配方案经股东大会表决通过之后，董事会才能对外公布。在宣布股利分配方案时，应明确股利分配的年度、范围、形式、分配的现金股利金额或股票股利的数量，并公布股权登记日、除息日和股利发放日。

2.股权登记日

股权登记日，即有权领取股利的股东有资格登记的截止日期。只有在股权登记日前在公司股东名册上有名的股东，才有权分享股利。这一日期又称为除权日。由于公司宣布发放股利至公司实际将股利发出有一定的时间间隔，而上市公司的股票在此时间间隔内处在不停地交易之中，公司股东也处在不停地变动之中，所以确定这个日期是非常必要的。凡在股权登记之日之前（包括登记日当天）列于公司股东名单上的股东才有资格领取本期股利，而在这一天之后才列于公司股东名单上的股东，即使是在股利发放日之前买到的股票，也无权领取本次分配的股利。

3.除息日

由于从股票交易的发生到公司注册股东名单的改变需要一定的手续和时间，为了避免混乱和不必要的矛盾，通常规定能够获得股利的股票的交易日与公司的股权登记日之间要有一定的时间间隔。只有在公司规定的登记日若干天之前进行股票交易，新股东的名字才有可能出现在登记日那天的股东注册名单上，并获得股利收入。证券业一般规定在股权登记日的前四天为除息日。在此期间的股票交易称为无息交易，其股票称为无息股。也就是说，一个新股东要想获得本期的股利，必须在股权登记日的四天之前购入股票。无息股的价格往往较低，差异的原因是股票不能带来本期股利收益。

4.股利发放日

股利发放日，也称股利支付日，是公司将股利正式支付给股东的日期。在这天，公司应通过邮寄等方式将股利支付给股东。目前，公司可以通过证券登记结算系统将股利直接划入股东在证券公司开立的资金账户。

例8-1 2022年4月19日，燕鸣股份有限公司（股票简称：燕鸣股份）董事会发布了2021年度利润分配及转增股本方案实施公告，内容如下：燕鸣股份2021年度利润分配及资本公积转增股本方案已获2022年4月12日召开的2021年度股东大会审议通过。利润分配及资本公积转增股本方案如下：

（1）发放年度：2021年。

（2）发放范围：截至2022年4月22日下午上海证券交易所收市后，在中国证券登记结算有限责任公司上海分公司登记在册的公司全体股东。

（3）具体方案：按公司2021年年末总股本3 000 000为基数，向全体股东每股派发人民币现金股利0.14元人民币（含税）；每股送红股0.5股，共计送红股150 000 000股；同时，以资本公积向全体股东每股转增0.5股，共计转增150 000股。送转后公司总股本数为600 000 000股。

（4）分配具体实施日期：股权登记日为2022年4月22日，除息日、现金红利发放日为2022年4月25日。股权登记日2022年4月22日燕鸣股份的股票收盘价格为68.28元，除息日2022年4月25日燕鸣股份的股票除息后价格调整为34.07元。

8.2 股利理论与股利分配政策

8.2.1 股利理论

股利理论的重点，主要在于探讨股利政策是否会影响公司价值。关于股利政策对公司价值的影响问题在20世纪50—60年代是公司财务学理论研究的一个热点，许多财务学家都试图完美地解答这个问题。关于股利政策理论，主要存在两种观点，即股利无关论和股利相关论。前者以米勒和莫迪格里亚尼为首，主张股利政策不会影响公司价值；后者主张股利政策会影响公司价值，知名学者主要有戈登（Gordon）、杜兰德（Durand）及林特纳（Linterner）等人。

1.股利无关论

1961年，米勒（Miller）和莫迪格里亚尼（Modigliani）发表了一篇著名的论文：《股利政策、增长和股票价值》。在该论文中，他们提出了股利无关论。该理论认为：在完善的资本市场环境中，股利支付数额不会影响公司价值，公司的价值只依赖于其基本盈利能力和经营风险。该理论的具体假设条件如下：

（1）市场完全无摩擦，既不存在个人或公司所得税，也不存在股票的发行和交易费用；

（2）公司的投资决策与股利决策彼此独立；

（3）市场信息充分，不存在信息不对称的状况。

2.股利相关论

有学者认为公司的股利政策会影响公司的价值，其主要代表人物是戈登、杜兰德及林特纳等人。这种理论认为：完善资本市场的观点没有考虑资本市场的缺陷，现实生活中不存在无关论提出的假设前提，当逐一放宽股利无关论的假设时，股利政策就可能对公司价值产生某种程度的影响。

（1）“一鸟在手”理论

财务学家戈登与林特纳在对投资者心理状态进行分析后认为，投资者对股利收益与资本利得有不同的偏好。由于投资者对风险有天生的反感，并且风险将随时间的延长而增大，他们认为通过保留盈余再投资而获得的资本利得的不确定性要高于股利支付的不确定性，股利才是现实的有把握的收益。因此在股利收入与股票价格上涨产生的资本利得收益之间，投资者更倾向于前者。投资人在推估公司价值时，会提高低股利支付公司的必要报酬率，来补偿远期现金流量的风险，导致该公司股价下跌。此理论又称为“一鸟在手”理论，因为资本利得就如同停留在丛林中尚未被抓到的鸟一样，永远比不上一只握在手中的鸟——现金股利。因此戈登认为，管理当局应当提高股利支付率来增加公司价值。

（2）税率差异

在不存在税收因素的情况下，公司选择何种股利支付方式并不重要。但是，如果对现金股利和来自股票交易的资本利得课以不同的税赋（如现金股利的税赋高于资本利得的税赋），那么在公司及投资者看来，支付现金股利就不再是最优的股利分配政策。在国外，不同收益的所得税征收比率有所不同。根据美国1992的税法，对现金股利所得征收的所得税最高税率为31%，对资本利得征收的所得税税率为28%。我国税法的相关规定是，股东因股票投资所获利的现金股利，必须按照20%的固定税率缴纳所得税；而对股东买卖股票而获得的资本收益，不征资本收益税。因此，对股东而言，在现金股利和资本收益之间存在着一个税收差异。把股票买卖过程中的5‰的佣金和3‰的印花税考虑在内，股东获得现金股利的成本要比获得资本收益的成本高出近20倍。因此，对于投资人来说，其将赋予低股利支付率的公司较低的必要报酬率（也就是较高的评价）；相对的，高股利支付率的公司其价值也就较低了。由此可见，在存在税率差异的前提下，公司选择不同的股利支付方式，会对公司的市场价值产生不同的影响。

（3）信号传递理论

股利无关论假设投资者可以自由、免费地获取各种信息，并且投资者和公司管理层之间是信息对称的。但在现实生活中，投资者与公司管理层之间存在信息不对称，公司管理层拥有更多的关于公司发展前景方面的内部信息，相对来说，投资者处于信息劣势，他们对公司未来发展前景、经营状况和风险情况等方面的信息知道得较少。因此，信号传递理论认为，在投资者与管理层信息不对称的情况下，股利政策包含公司经管状况和未来发展前景的信息，投资者通过对这些信息的分析来判断公司未来盈利能力的变化趋势，以决定是否购买其股票，从而引起股票价格的变化。因此，股利政策的改变会影响股票价格变化，两者存在相关性，实证研究的结果也证实了这一结论。如果公司提高股利支付水平，等于向市场传递利好信息，投资者会认为公司的未来盈利水平将提高，管理层对公司的未来发展前景有信心，从而购买股票，引起股票价格上涨；如果公司以往的股利支付水平一直比较稳定，现在突然降低股利支付水平，就等于向市场传递了利空信息，投资者会对公司作出悲观的判断，从而出售股票，导致股票价格下跌。根据信号传递理论，稳定的股利政策向外界传递了公司经营状况稳定的信息，有利于公司股票价格的稳定，因此，公司在制定股利政策时，应当考虑市场反应，避免传递易被投资者误解的信息。

（4）代理成本

这里的代理成本，指的是股东与管理当局之间的代理成本。由于管理当局与股东之间的基本利益目标有冲突，导致股东们不得不设计一些措施来监督、控制管理当局的作为，避免其营私舞弊。然而这些限制职权的措施往往容易延误商机，造成公司作业效率的低下。这些负面现象即所谓的代理成本。

有些学者认为，通过股利的支付可以间接降低管理当局与股东之间的代理成本，因为股利支付意味着可供再投资的保留盈余减少，而为满足未来增长的资金需求，公司将不得不使用额外的权益资金。由于发行新股的手续繁杂且审查严格，管理当局若不妥善地经营公司，将引起证券监督管理机构（或其他相关政府机构）及各级投资人的注意，从而影响整个人力市场对管理者的评价。因此，管理当局或许会在民间与政府的共同监督下，力求良好绩效，将代理问题的伤害降到最低，并间接提高公司的整体价值。

事实上，股利政策与公司价值间的关系还无法得到清楚的界定。而多数经营者都认定股利政策是公司十分重要的财务决策之一，特别是在现实世界中各种不稳定因素（如信息不对称、投资人预期的异质性差异以及税率的差异等）的影响下，管理当局必须了解公司各方面的特性，配合经济环境及产业趋势的变化，审慎地制定出适当的股利政策。

8.2.2 股利分配政策的影响因素

股利政策，是指公司在支付股利方面所持的策略。股利决策是股份制公司的一项重要工作，它要确定公司是否发放股利，发放多少股利、何时发放股利、以何种方式发放股利等。要制定一个正确、稳定的股利政策，单从一种理论分析的结果考虑是不行的，还要考虑现实世界中的各种制约因素，如法律因素、公司因素、合同因素、股东因素等的影响。

1.法律因素

为了维护有关各方的利益，各国的法律对公司的资本保全、利益分配顺序、资本充足性等方面都进行了一定的限制。其具体的限制如下：

（1）资本保全

实收资本不能随着企业的生产经营利润分配而改变，公司只能用当期利润或留存利润来分配股利。这样是为了保全公司的股东权益资本，以维护债权人的利益。

（2）企业积累

我国有关法律法规明确规定，公司应按税后利润作出的规定扣除之后的10%提取法定盈余公积金，并且鼓励企业在分配普通股股利之前提取任意盈余公积金，只有当公积金累计数额已达到注册资本的50%时，才可不再提取。这是为了增强企业抵御风险的能力，维护投资者的利益。

（3）净利润

如果企业出现年度亏损，可以在今后5年内持续用公司所获利润进行税前弥补，弥补之后的净利润加上年初未分配利润之和形成的可供分配利润才可以向股东分配股利，原则上当年无利润不能分配现金股利。只有当法定盈余公积金占注册资本的比例不低于25%时，才可用法定盈余公积金发放现金股利。

（4）超额累积利润

由于股东接受股利所缴纳的所得税高于其进行股票交易的资本利得税，于是许多国家规定公司不得超额累积利润，一旦公司的保留盈余超过法律认可的水平，将被加征额外税额。我国法律对公司累积利润未作限制性规定。

在下列情况下，企业通常不能分配股利：1）当企业的流动资产不足以抵偿到期应付债务时；2）未扣除各项应交税金时；3）未弥补亏损时；4）未提取法定盈余公积金时；5）当期无盈利时。

2.公司因素

公司内部的各种因素及其面临的各种环境、机会都会对其股利政策产生一定的影响。这些因素包括以下几个方面：

（1）变现能力

公司的变现能力是影响股利政策的一个重要因素。公司资金的灵活周转是企业生产经营得以正常进行的必要条件。公司现金股利的分配自然也应以不危及企业经营资金的流动性为前提。如果公司的现金充足，资产有较强的变现能力，则支付股利的能力也比较强。而那些处于成长中的企业，因为它的大部分资金投资在固定资产和永久性营运资金上了，资产的变现能力暂时较差，大幅度支付现金股利则非明智之举。由此可见，企业现金股利的支付能力，在很大程度上受其资产变现能力的限制。

（2）融资能力

保持公司的变现能力并不是使公司资金灵活周转的唯一方法。公司如果有较强的融资能力，则可考虑发放较高股利，并以再筹资来满足企业经营对货币资金的需求；反之，则要考虑保留更多的资金用于内部周转或偿还将要到期的债务。融资能力的形式包括从银行取得的信贷限额或周转贷款协定，或者仅仅是金融机构同意延期信用的口头承诺。此外，资金灵活周转还来自企业在资本市场上发行债券的能力。一般而言，规模大、获利丰厚的大公司能较容易地筹集到所需资金，因此，它们较倾向于多支付现金股利；而创办时间短、规模小、风险大的企业，通常需要经营一段时间以后，才能从外部取得资金，因而往往要限制股利的支付。

（3）资本结构和资金成本

公司债务和权益资本之间应该有一个最优的比例，即最优资本结构，在这个比例上，公司价值最大，资金成本最低。由于股利政策不同，留存收益也不同，这便使得公司资本结构中权益资本比例偏离最优资本结构，从而对公司股利政策的选择产生制约。另外，不同的股利政策还会影响公司的未来筹资成本。留存收益是企业内部筹资的一种重要方式，同发行新股或举债相比，成本较低。但股利支付与企业未来筹资成本之间存在着矛盾，这就要求企业的财务人员权衡股利支付与筹资要求之间的得失，制定出适合企业实际需要的股利政策。

（4）投资机会的制约

公司股利政策在较大程度上要受到投资机会的制约。如企业选择有利的投资机会，需要大量的资金，则宜采用较紧的股利政策，增加留存利润，这样有利于公司的投资和发展，会增加企业未来的收益；反之，股利政策则可以偏松。因此，公司在确定股利政策时，需要对其未来的发展趋势和投资机会作出较细致的分析与判断，以作为制定股利政策的依据之一。

（5）偿债能力

企业分配股利不能只看到损益表上的净利润的数额，还必须考虑到企业的现金是否充足。大量现金股利的支出必然影响公司的偿债能力。因此，公司在确定股利分配数量时，一定要考虑现金股利分配对公司偿债能力的影响，保证在现金股利分配后企业仍能保持充足的偿债能力，以维护公司的信誉和借贷能力。

3.合同因素

公司在借入长期债务时，债务合同对公司发放现金股利有限制其支付程度的条款，这是为了防止公司过多发放股利，影响其偿债能力，增加债务风险。有时候，企业的管理当局会欢迎债权人施加这种股利限制，因为他们就不必煞费苦心地向股东解释其保留盈余的原因，他们只需要指明存在这种限制就可以了。这种限制条款包括：

（1）对发放现金股利时公司的流动比率、速动比率、已获利息倍数等重要财务指标有最低数额的限制。

（2）如果公司同时发行优先股，优先股会对公司普通股股利的发放有所限制。

（3）未来股息的发放不能动用签订贷款协议之前的留存利润，而只能用协议签订以后的新增收益来支付。

4.股东因素

股利政策必须经过股东大会决议通过才能实施，股东对公司股利政策具有举足轻重的影响。股东从自身的需要出发，对公司的股利分配产生的影响主要有以下几个方面。

（1）稳定的收入和避税

一些依靠股利维持生活的股东，往往要求公司支付稳定的股利，反对公司留利过多。那些认为“双鸟在林不如一鸟在手”的股东也会认为取得现实的股利比较稳妥，可以规避风险。然而，高股利收入的股东因为股利收入的所得税高于股票交易的资本利得税，出于避税的考虑，会希望公司发放较少的股利。

（2）控制权的稀释

持股比例较高的股东对公司拥有一定的控制权，他们出于对公司控制权可能被稀释的考虑，往往倾向于公司少分配现金股利，多留存利润。如果公司支付较高的股利，就会导致留存盈余减少，这又意味着将来发行新股的可能性加大，而发行新股必然稀释其对公司的控制权。因此，当他们拿不出足够的现金认购新股时，就会对分配现金股利的方案投反对票。

5.其他因素

（1）机构投资者的投资限制

机构投资者包括养老基金、储蓄银行、信托基金、保险企业和其他一些机构。政府对机构投资者所能进行投资的股票种类的限制往往与股利，特别是稳定股利的支付有关。如果某种股票连续几年不支付股利或所支付的股利金额起伏较大，则该股票一般不能成为机构投资者的对象。因此，如果某一企业想更多地吸引机构投资者，则应采用较高而且稳定的股利政策。

（2）通货膨胀的影响

在通货膨胀的情况下，企业固定资产折旧的购买力水平下降，会导致没有足够的资金来源以重置固定资产。这时较多的留存收益就会当作弥补固定资产折旧购买力水平下降的资金来源。因此，在通货膨胀时期，企业的股利政策往往偏紧。

（3）股利政策的惯性

一般而言，股利政策的重大调整，一方面会给投资者带来企业经营不稳定的印象，从而导致股票价格下跌；另一方面股利收入是一部分股东生产和消费资金的来源，他们一般不愿持有股利大幅波动的股票。因此，公司的股利政策要保持一定的稳定性和连续性。

总之，确定股利政策要考虑许多因素，而这些因素之间往往是相互联系和相互制约的，其影响也不可能完全用定量方法来分析。所以，股利政策的制定主要依赖对具体企业所处的具体环境进行定性分析，以实现各种利益关系的均衡。

股利分配，是指公司制企业向股东分派股利，是企业利润的一部分。股利分配涉及的方面很多，如股利支付程序中各日期的确定、股利支付比率的确定、股利支付形式的确定、支付现金股利所需资金的筹集方式的确定等。其中最主要的是确定股利的支付比率，即多少盈余发放股利、多少盈余为公司所留用（称为内部筹资），因为这可能会对公司股票的价格产生影响。

8.2.3 股利政策的类型

由前面的分析可知，公司在制定股利政策时会受到多种因素的影响，与此同时，不同的股利政策也会对公司的股票价格产生不同的影响。因此，对于股份公司来说，制定一个合理的股利政策是非常重要的，股利政策的选择既要符合公司的经营状况和财务状况，又要符合股东的长远利益。在实践中，股份公司常用的股利政策主要有剩余股利政策、固定股利支付率政策、持续增长的股利政策、正常股利加额外股利政策。

1.剩余股利政策

在剩余股利政策下，企业当期实现利润应优先满足投资机会的需要，如有剩余的盈余，方可进行股利的发放；如果没有剩余的话，则不派发股利。可见，该股利政策对股利的支付，要视企业利润的大小和投资机会的多少而定，属波动性股利政策。

剩余股利政策把投资放在首位，有利于企业把握投资机会，不断增加企业收益水平，提高股东财富；而且留存收益比增发新股成本低，有利于降低资本成本，增加权益资本，改善资本结构。但在实际操作过程中，要加强投资机会的可行性研究和审查，权衡投资的风险与收益；否则，一旦投资决策失误，将会严重损害股东的利益。

2.固定股利支付率政策

固定股利支付率政策是企业按当期净利润或当期可供分配利润的固定比率向股东支付股利的政策，即按每股收益的一定比例来确定每股股利。由此可见，该股利政策使股利大小与盈利水平保持了相对的稳定，盈利水平高，股利发放就多，当企业亏损时，就无股利发放。但该股利政策也有明显的不足之处，即不利于企业价值最大化。因为企业的收益有一定的波动性，固定股利发放率使股利发放数量也呈明显的波动性，从而向外界传递一种企业未来收益不稳定的信息，最终必然会影响未来收益的稳定性。

3.持续增长的股利政策

持续增长的股利政策，是指企业的股利发放在一定时期内保持稳定并稳中有增的一种股利分配政策。在该股利政策下，无论企业的财务状况如何及资金需求如何变化，每期都要按固定的股利支付额度向股东分派股利。当企业的收益水平已达到一个新的高度，且对持续的收益增长有把握时，才考虑增长股利，使股利的支付在一定时期内达到稳中有升的趋势。该股利政策向市场传递企业收益稳定的信号，有利于增强投资者的信心，对于那些依靠股利维持消费的投资者更有吸引力，因而有利于企业股价的稳定提高。但如果企业某年度收益不够理想时，为保证固定股利的发放，有时不得不放缓或放弃某些投资项目，从而会影响企业盈利的增长。

4.正常股利加额外股利政策

在这一股利政策下，企业的股利分为正常股利和额外股利两部分。正常股利基本上是固定的，往往被定位在一个较低水平上，不管企业经营状况如何，该部分股利每期都应发放。额外股利的大小视企业各经营期间的盈利状况而定，盈利状况较好时，额外股利也相应较多；盈利状况不良时，可以少发放或不发放额外股利。此股利政策使股东每期都有相对比较稳定的股利，因而有利于股价的稳定，同时对企业来说，该股利政策也有较大的财务灵活性。因此，该股利政策适合收益波动性较大的企业。

8.3 股票分割与股票回购

8.3.1 股票分割

股票分割，是指将一股面值较高的股票交换成数股面值较低的股票的行为。例如将原来的一股股票交换成两股股票。通过股票分割，公司股票面值降低，同时公司股票总数增加，股票的市场价格也会相应地下降，因此股票分割既不会增加公司价值，也不会增加股东财富。

1.股票分割的动机

（1）通过股票分割使股票价格降低。有些公司股票价格过高，一些中小投资者由于资金量的限制，不愿意购买高价股票，这样会使高价股的流动性受到影响。为了使股票价格下降，公司就可以采用股票分割的办法。股票分割后，公司股票数量增加，股价降低，股票在市场上的交易会更加活跃。

（2）通过股票分割向投资者传递公司信息。与分配股利一样，股票分割也可以向投资者传递公司未来经营业绩变化的信息。一般来说，处于成长阶段的中小公司，由于业绩的快速增长，股价会不断上涨，此时公司进行股票分割，实际上表明公司未来的业绩仍然会保持良好的增长趋势，这种信息的传递也会引起股票价格上涨。

2.股票分割与股票股利的比较

对于公司来说，进行股票分割与发放股票股利都属于资本扩张政策，二者都会使公司股票数量增加、股票价格降低，并且都不会增加公司价值和股东财富。从这些方面来看，股票分割与股票股利十分相似，但二者也存在以下差异：

（1）股票分割降低了股票面值，而发放股票股利不会改变股票面值。这主要是因为股票分割是股本重新分拆，将原来的股本细分为更多的股份，因而每股面值会相应地成比例降低。而股票股利是公司以股票的形式用实现的净利润向股东无偿分派股利，股票面值不会降低。

（2）会计处理不同。股票分割不会影响资产负债表中股东权益各项目金额的变化，只是股票面值降低，股票股数增加，因而股本金额不会变化，资本公积金和留用利润的金额也不会变化。发放股票股利，公司应将股东权益中留用利润的金额按照发放股票股利面值总数转为股本，因而股本金额相应地增加，而留用利润相应减少。

我国股份公司发行的普通股一般面值为1元，所以通常不进行股票分割。在实践中，我国公司常采用资本公积转增股本和发放股票股利的方式进行股本扩张，基本能达到与股票分割同样的目的。下面举例说明股份公司是如何通过资本公积转增股本和发放股票股利实现股本扩张的。

例8-1 燕鸣公司是一家物流公司，近年来公司营业收入和利润都快速增长，2020年度资产负债表如表8-1所示。由于该公司目前股票价格已经达60元/股，影响股票在市场上的流动性。为了提高股票对中小投资者的吸引力，改善股票流动性，公司决定增加股本总额，以使股票价格降低。现有两种备选方案。

表8-1　燕鸣公司资产负债表　　单位：万元

资产		负债与所有者权益	
流动资产	80 000	负债	
		流动负债	15 000
		长期负债	45 000
		负债总额	60 000
非流动资产	120 000	股东权益	
		股本（每股面值10元，2 000万股）	20 000
		资本公积	50 000
		盈余公积	30 000
		未分配利润	40 000
		股东权益总额	140 000
资产总额	200 000	负债与所有者权益总额	200 000

方案一：按照1：2的比例实施股票分割。

方案二：实施每10股用资本公积转增6股，并派发4股股票股利的股利分配政策。

以上两个方案实施后，燕鸣公司资产负债表如表8-2所示。

表8-2　燕鸣公司资产负债表　　单位：万元

方案一			
资产		负债与所有者权益	
流动资产	80 000	负债	
		流动负债	15 000
		长期负债	45 000
		负债总额	60 000
非流动资产	120 000	股东权益	
		股本（每股面值5元，4 000万股）	20 000
		资本公积	50 000
		盈余公积	30 000
		未分配利润	40 000
		股东权益总额	140 000
资产总额	200 000	负债与所有者权益总额	200 000
方案二			
资产		负债与所有者权益	
流动资产	80 000	负债	
		流动负债	15 000
		长期负债	45 000
		负债总额	60 000
非流动资产	120 000	股东权益	
		股本（每股面值10元，4000万股）	40 000
		资本公积	38 000
		盈余公积	30 000
		未分配利润	32 000
		股东权益总额	140 000
资产总额	200 000	负债与所有者权益总额	200 000

实施方案一，经过股票分割之后，燕鸣公司的股票股数增加到4 000万股，投票面值降为5元，但资产负债表中的股本仍然为20 000万元，其他各项金额也不变，股票分割后股票价格会降到30元/股；实施方案二，经过资本公积转增股本，资本公积减至38 000万元，派发股票股利后未分配利润减至32 000万

元，股本总额则增加到40 000万元，股票股数增加到4 000万股，股票面值仍然是10元/股，股票价格也会降到30元/股。由此可见，两个方案最终达到的效果基本相同，但方案一资产负债表中股东权益各项目的金额未发生变化，而方案二各项目的金额发生了变化。

8.3.2 股票回购

股票回购，是指股份公司出资购回本公司发行在外的股票，将其作为库藏股或进行注销的行为。20世纪70年代，美国政府对公司分配现金红利施加了限制，导致一些公司采用股票回购方式向股东分配利润。此后，股票回购成为公司一种特殊的利润分配形式。公司回购的股票可以注销，以减少公司的股本总额；也可以作为库藏股，将来出售或者用于实施股权激励计划。公司持有本公司的库藏股通常不能超过一定期限，这是为了避免公司管理层利用库藏股操纵每股利润或股票价格，库藏股也不能享有与正常的普通股相同的权利，如没有投票权和分派股利的权利。我国2005年发布的《上市公司回购社会公众股份管理办法(试行)》规定，上市公司回购股票只能是为了减少注册资本而进行注销，不允许作为库藏股由公司持有。

股票回购常被看作对股东的一种特殊的回报方式，但与发放现金股利还是有差异的。公司通过股票回购减少了流通在外的普通股股数，从而使每股利润增加，股票价格也随之上涨，可为股东带来资本利得收益。如果不存在个人所得税和交易成本，股票回购和发放现金股利对股东财富的影响并无差异，但是在通常情况下，资本利得所得税税率要低于股利所得税税率，这样公司回购股票可以为股东规避部分税负，为股东带来税收利益。不过，现金股利毕竟是公司对股东一种长期稳定的回报方式，而股票回购不能经常采用，只在公司拥有大量闲置现金的情况下才偶尔为之。

1.股票回购的动机

公司进行股票回购的主要动机在理论上有多种解释，信号理论、税差理论、代理理论和公司控制权市场理论等主流财务理论都对股票回购动机作出了各自的解释。

（1）传递股价被低估信号的动机

由于外部投资者与公司管理层之间信息不对称，二者对股票价值的认识可能会存在较大差异，当资本市场低迷时，公司的股价就有可能被低估。如果管理层认为本公司股票被严重低估，公司就可以通过股票回购方式来传递这种信号，从而促使公司股价上涨。实际上，公司的股票回购公告发布之后，通常会使得股票价格上涨。

（2）为股东避税的动机

前已述及，由于资本利得与现金股利存在税率差异，现金股利的税率通常高于资本利得的税率，公司为了减少股东缴纳的个人所得税，可以用股票回购的方式代替发放现金股利，从而为股东带来税收利益。

（3）减少公司自由现金流量的动机

在公司存在过多的自由现金流量时，公司可以通过股票回购的方式将现金分配给股东。股票回购可以使公司流通在外的股票数量减少，由于每股利润增加，在市盈率不变的情况下，股价会上涨，股东所持有的股票总市值会增加，这等于向股东分配了现金。此外，由于公司的自由现金流量减少，也降低了公司的代理成本。

（4）反收购的动机

当公司的股票被低估时，就有可能成为被收购的目标，从而对现有股东的控制权产生威胁。为了维护原有股东对公司的控制权，预防或抵制敌意收购，公司可以通过股票回购方式，减少流通在外的股票股数，提高股票价格。实证研究表明，公司成为被收购目标的风险越大，就越有可能回购股票。

2.股票回购的方式

一旦公司决定回购股票，管理层必须选择一种恰当的方式来实施股票回购计划。常用的方式有五种：公开市场收购、现金要约回购、可转让出售权、私下协议批量购买及交换要约。

（1）公开市场收购

公开市场收购，是指公司在股票市场以等同于任何潜在投资者的地位，按照公司股票当前市场价格回购。公司通常使用该方式是在股票市场表现欠佳时，小规模回购以满足特殊用途，如股票期权、雇员福利计划和可转换证券执行转换权所需的股票。

（2）现金要约回购

现金要约回购可分为固定价格要约回购和荷兰式拍卖回购。

固定价格要约回购，是指公司在特定时间发出的以某一高出股票当前市场价格的价格水平，回购既定数量股票的要约。股东有权决定是以固定价格出售股票还是继续持有。通常认购期为2～3周。如果股东提供的股票超出了企业最初欲回购的股票数量，那么企业有权决定购买或不购买部分或全部的超额供给。一般而言，固定价格要约收购的成本高于公开市价收购。

荷兰式拍卖回购是由企业详细说明愿意购买的股票数量，以及愿意支付的最低价格与最高价格（一般最低价格稍高于现行市场价格），然后由股东向企业提出他们愿意出售的股票数量，以及在设定的价格范围内他们接受的最低出售价格。在接到股东的报价后，企业将它们按从低到高的顺序进行排列，然后决定能够实现事先设定的全部回购数量的最低价格。这个最低价格将用于支付给那些报价低于或等于该价格的股东。如果报价低于或等于该回购价格的股票数量多于企业事先确定的回购数量，企业就可以按比例购买。如果股东提供的股票数量太少，则企业或者取消此次回购，或者以设定的最高价格购买股东所提供的全部股票。与固定价格要约回购不同，企业事先并不知道最终的回购价格是多少。与固定价格要约回购相同的是，企业最初对股东出售的股票数量是不确切的。在西方，大企业比小企业更喜欢使用荷兰式拍卖回购。

（3）可转让出售权

可转让出售权是实施股票回购的公司赋予股东在一定期限内以特定价格向公司出售其持有股票的权利。之所以称为“可转让”，是因为此权利一旦形成，就可以同依附的股票分离，而且分离后可在市场上自由买卖，使那些不愿出售股票的股东可以单独出售该权利，从而满足各类股东的需求。

（4）私下协议批量购买

私下协议批量购买通常作为公开市场收购方式的补充而非替代措施。批量购买的价格经常低于当前市场价格，尤其是在卖方首先提出的情况下。但有时公司会以超常溢价向喜好生事或存在潜在威胁的非控股股东批量购买股票。因这种股票回购不是以全体股东财富最大化为出发点，因此该行为存在委托代理问题。

（5）交换要约

作为使用现金回购股票的替代方案，公司可以向股东发出债券或优先股的交换要约。交换要约中存在的主要问题是两种证券流动性的差异。为了克服交换证券缺乏流动性的弱点，公司往往需要支付较高的溢价。或许因此原因，现实中绝大多数股票回购常以现金形式进行。

3.股票回购的评价

（1）股票回购的优势

除了前面讲述的股票回购能满足企业分配超额现金等四个动机外，股票回购还有以下优点：一方面，股票回购股东获取的是资本利得，与现金股利相比在税率上具有明显优势。另一方面，当公司实施股票回购时，股东有权决定是否出售；但若公司分配现金股利，股东必须接受，没有选择余地。

（2）股票回购的劣势

股票回购存在如下弊端：首先，公司回购股票，除无偿收购外，都无异于股东退股和公司资本的减少，从根本上动摇了公司的资本基础，削弱了公司对债权人的财产保障。其次，股票回购使公司持有自己的股票，成为自己的股东，公司的法律地位与股东的法律地位统一，公司与股东之间的法律关系发生混淆，这便背离了公司与股东原本具有的法律意义。最后，股东很难真实了解公司股票回购的真正目的，存在信息不对称问题。上市公司回购本公司股票，易导致其利用内幕消息进行炒作，或对一系列财务报表指标进行人为操纵，加剧公司行为的非规范化，使投资者蒙受损失。

思考题

1.简述股利的发放程序是什么？

2.什么是股利无关理论？

3.你认为公司的股利政策是否必须要保持稳定？如何评价股利政策是否合理？

4.公司进行股票分割与股票回购的动机是什么？

练习题

1. 燕鸣公司2020年年末股东权益如表1所示。目前燕鸣公司的股票价格为60元/股。

表1　燕鸣公司2020年12月31日股东权益　　单位：万元

项目	金额
股本（面值10元，5 000万股）	50 000
资本公积	34 000
盈余公积	36 000
未分配利润	35 000
股东权益合计	155 000

要求：在公司采用以下不同股利分配方案情况下，股东权益、股本数额会发生怎样的变化？如果不考虑信号效应，股价会如何变化？

（1）每10股用资本公积转增2股、分派股票股利3股。

（2）公司决定采用现金股利分配方案，每股分配现金股利1.2元，现金股利的个人所得税税率为10%。

（3）为了提高股票的流动性，公司决定进行股票分割，1股普通股分割为2股。

2. 燕鸣公司是一家大型冶金企业，2019年公司税后利润为1 000万元，当年发放股利共250万元。2020年公司面临一个投资机会，投资总额为900万元，公司目标资本结构是负债/权益为4∶5。假设公司已经进入稳定增长期，公司盈余的增长率为3%。现公司面临股利分配政策选择的问题，可供选择的股利分配政策有固定股利支付率政策、剩余股利政策以及持续增长的股利政策。

要求：如果你是该公司的财务分析人员，请你计算该公司实行不同的股利政策的股利水平，并比较不同的股利政策。

3. 燕鸣公司近三年每年都支付每股0.5元的股利，股票价格也基本稳定在每股10元。2017年公司全年净利润为10 000万元，流通的普通股股数4 000万股。公司目前正在召开董事会讨论2018年度股利分配政策。董事张先生是大股东代表，他提出在2017年度公司盈利仅为0.25元/股，坚持每股支付0.5元，就会造成超盈利水平派现，因此主张公司可以适当降低每股股利，建议公司拿出8 000万元分配股利，余下2 000万元留存企业，作为来年再投资项目的预留资金；董事陈先生为独立董事，他认为公司虽然盈利少于往年，但仍应保留每股0.5元的股利支付水平，不足的部分可以用以前年度留存的利润来弥补。如果降低每股股利，股东就会担心，会对公司未来发展失去信心，因而可能会抛售股票。

（1）张先生和陈先生的股利政策建议各有什么理论依据？从实际情况来看，他们分别代表了哪些不同类别股东的利益？

（2）如果你是公司董事长，你认为应该采取什么样的股利政策？

附　　录

附表一　复利终值系数表

期数	1%	2%	3%	4%	5%	6%	7%	8%	9%	10%
1	1.0100	1.0200	1.0300	1.0400	1.0500	1.0600	1.0700	1.0800	1.0900	1.1000
2	1.0201	1.0404	1.0609	1.0816	1.1025	1.1236	1.1449	1.1664	1.1881	1.2100
3	1.0303	1.0612	1.0927	1.1249	1.1576	1.1910	1.2250	1.2597	1.2950	1.3310
4	1.0406	1.0824	1.1255	1.1699	1.2155	1.2625	1.3108	1.3605	1.4116	1.4641
5	1.0510	1.1041	1.1593	1.2167	1.2763	1.3382	1.4026	1.4693	1.5386	1.6105
6	1.0615	1.1262	1.1941	1.2653	1.3401	1.4185	1.5007	1.5869	1.6771	1.7716
7	1.0721	1.1487	1.2299	1.3159	1.4071	1.5036	1.6058	1.7138	1.8280	1.9487
8	1.0829	1.1717	1.2668	1.3686	1.4775	1.5938	1.7182	1.8509	1.9926	2.1436
9	1.0937	1.1951	1.3048	1.4233	1.5513	1.6895	1.8385	1.9990	2.1719	2.3579
10	1.1046	1.2190	1.3439	1.4802	1.6289	1.7908	1.9672	2.1589	2.3674	2.5937
11	1.1157	1.2434	1.3842	1.5395	1.7103	1.8983	2.1049	2.3316	2.5804	2.8531
12	1.1268	1.2682	1.4258	1.6010	1.7959	2.0122	2.2522	2.5182	2.8127	3.1384
13	1.1381	1.2936	1.4685	1.6651	1.8856	2.1329	2.4098	2.7196	3.0658	3.4523
14	1.1495	1.3195	1.5126	1.7317	1.9799	2.2609	2.5785	2.9372	3.3417	3.7975
15	1.1610	1.3459	1.5580	1.8009	2.0789	2.3966	2.7590	3.1722	3.6425	4.1772
16	1.1726	1.3728	1.6047	1.8730	2.1829	2.5404	2.9522	3.4259	3.9703	4.5950
17	1.1843	1.4002	1.6528	1.9479	2.2920	2.6928	3.1588	3.7000	4.3276	5.0545
18	1.1961	1.4282	1.7024	2.0258	2.4066	2.8543	3.3799	3.9960	4.7171	5.5599
19	1.2081	1.4568	1.7535	2.1068	2.5270	3.0256	3.6165	4.3157	5.1417	6.1159
20	1.2202	1.4859	1.8061	2.1911	2.6533	3.2071	3.8697	4.6610	5.6044	6.7275

（续表）

期数	1%	2%	3%	4%	5%	6%	7%	8%	9%	10%
21	1.2324	1.5157	1.8603	2.2788	2.7860	3.3996	4.1406	5.0338	6.1088	7.4002
22	1.2447	1.5460	1.9161	2.3699	2.9253	3.6035	4.4304	5.4365	6.6586	8.1403
23	1.2572	1.5769	1.9736	2.4647	3.0715	3.8197	4.7405	5.8715	7.2579	8.9543
24	1.2697	1.6084	2.0328	2.5633	3.2251	4.0489	5.0724	6.3412	7.9111	9.8497
25	1.2824	1.6406	2.0938	2.6658	3.3864	4.2919	5.4274	6.8485	8.6231	10.8347
26	1.2953	1.6734	2.1566	2.7725	3.5557	4.5494	5.8074	7.3964	9.3992	11.9182
27	1.3082	1.7069	2.2213	2.8834	3.7335	4.8223	6.2139	7.9881	10.2451	13.1100
28	1.3213	1.7410	2.2879	2.9987	3.9201	5.1117	6.6488	8.6271	11.1671	14.4210
29	1.3345	1.7758	2.3566	3.1187	4.1161	5.4184	7.1143	9.3173	12.1722	15.8631
30	1.3478	1.8114	2.4273	3.2434	4.3219	5.7435	7.6123	10.062	13.2677	17.4494

期数	11%	12%	13%	14%	15%	16%	17%	18%	19%	20%
1	1.1100	1.1200	1.1300	1.1400	1.1500	1.1600	1.1700	1.1800	1.1900	1.2000
2	1.2321	1.2544	1.2769	1.2996	1.3225	1.3456	1.3689	1.3924	1.4161	1.4400
3	1.3676	1.4049	1.4429	1.4815	1.5209	1.5609	1.6016	1.6430	1.6852	1.7280
4	1.5181	1.5735	1.6305	1.6890	1.7490	1.8106	1.8739	1.9388	2.0053	2.0736
5	1.6851	1.7623	1.8424	1.9254	2.0114	2.1003	2.1924	2.2878	2.3864	2.4883
6	1.8704	1.9738	2.0820	2.1950	2.3131	2.4364	2.5652	2.6996	2.8398	2.9860
7	2.0762	2.2107	2.3526	2.5023	2.6600	2.8262	3.0012	3.1855	3.3793	3.5832
8	2.3045	2.4760	2.6584	2.8526	3.0590	3.2784	3.5115	3.7589	4.0214	4.2998
9	2.5580	2.7731	3.0040	3.2519	3.5179	3.8030	4.1084	4.4355	4.7854	5.1598
10	2.8394	3.1058	3.3946	3.7072	4.0456	4.4114	4.8068	5.2338	5.6947	6.1917
11	3.1518	3.4786	3.8359	4.2262	4.6524	5.1173	5.6240	6.1759	6.7767	7.4301
12	3.4985	3.8960	4.3345	4.8179	5.3503	5.9360	6.5801	7.2876	8.0642	8.9161
13	3.8833	4.3635	4.8980	5.4924	6.1528	6.8858	7.6987	8.5994	9.5964	10.6993
14	4.3104	4.8871	5.5348	6.2613	7.0757	7.9875	9.0075	10.147	11.4198	12.8392
15	4.7846	5.4736	6.2543	7.1379	8.1371	9.2655	10.5387	11.973	13.5895	15.4070
16	5.3109	6.1304	7.0673	8.1372	9.3576	10.748	12.3303	14.129	16.1715	18.4884
17	5.8951	6.8660	7.9861	9.2765	10.7613	12.467	14.4265	16.672	19.2441	22.1861

（续表）

期数	11%	12%	13%	14%	15%	16%	17%	18%	19%	20%
18	6.5436	7.6900	9.0243	10.5752	12.3755	14.462	16.8790	19.673	22.9005	26.6233
19	7.2633	8.6128	10.1974	12.0557	14.2318	16.776	19.7484	23.214	27.2516	31.9480
20	8.0623	9.6463	11.5231	13.7435	16.3665	19.460	23.1056	27.393	32.4294	38.3376
21	8.9492	10.8038	13.0211	15.6676	18.8215	22.574	27.0336	32.323	38.5910	46.0051
22	9.9336	12.1003	14.7138	17.8610	21.6447	26.186	31.6293	38.142	45.9233	55.2061
23	11.0263	13.5523	16.6266	20.3616	24.8915	30.376	37.0062	45.007	54.6487	66.2474
24	12.239	15.1786	18.7881	23.2122	28.6252	35.236	43.2973	53.109	65.0320	79.4968
25	13.585	17.0001	21.2305	26.4619	32.9190	40.874	50.6578	62.668	77.3881	95.3962
26	15.079	19.0401	23.9905	30.1666	37.8568	47.414	59.2697	73.949	92.0918	114.475
27	16.738	21.3249	27.1093	34.3899	43.5353	55.000	69.3455	87.259	109.589	137.370
28	18.579	23.8839	30.6335	39.2045	50.0656	63.800	81.1342	102.96	130.411	164.844
29	20.623	26.7499	34.6158	44.6931	57.5755	74.008	94.9271	121.50	155.189	197.813
30	22.892	29.9599	39.1159	50.9502	66.2118	85.849	111.064	143.37	184.675	237.376

期数	21%	22%	23%	24%	25%	26%	27%	28%	29%	30%
1	1.2100	1.2200	1.2300	1.2400	1.2500	1.2600	1.2700	1.2800	1.2900	1.3000
2	1.4641	1.4884	1.5129	1.5376	1.5625	1.5876	1.6129	1.6384	1.6641	1.6900
3	1.7716	1.8158	1.8609	1.9066	1.9531	2.0004	2.0484	2.0972	2.1467	2.1970
4	2.1436	2.2153	2.2889	2.3642	2.4414	2.5205	2.6014	2.6844	2.7692	2.8561
5	2.5937	2.7027	2.8153	2.9316	3.0518	3.1758	3.3038	3.4360	3.5723	3.7129
6	3.1384	3.2973	3.4628	3.6352	3.8147	4.0015	4.1959	4.3980	4.6083	4.8268
7	3.7975	4.0227	4.2593	4.5077	4.7684	5.0419	5.3288	5.6295	5.9447	6.2749
8	4.5950	4.9077	5.2389	5.5895	5.9605	6.3528	6.7675	7.2058	7.6686	8.1573
9	5.5599	5.9874	6.4439	6.9310	7.4506	8.0045	8.5948	9.2234	9.8925	10.6045
10	6.7275	7.3046	7.9259	8.5944	9.3132	10.085	10.9153	11.805	12.7614	13.7858
11	8.1403	8.9117	9.7489	10.6571	11.6415	12.708	13.8625	15.111	16.4622	17.9216
12	9.8497	10.8722	11.9912	13.2148	14.5519	16.012	17.6053	19.342	21.2362	23.2981
13	11.9182	13.2641	14.7491	16.3863	18.1899	20.175	22.3588	24.758	27.3947	30.2875

（续表）

期数	21%	22%	23%	24%	25%	26%	27%	28%	29%	30%
14	14.421	16.1822	18.1414	20.3191	22.7374	25.420	28.3957	31.691	35.3391	39.3738
15	17.449	19.7423	22.3140	25.1956	28.4217	32.030	36.0625	40.564	45.5875	51.1859
16	21.1138	24.0856	27.4462	31.2426	35.5271	40.357	45.7994	51.923	58.8079	66.5417
17	25.547	29.3844	33.7588	38.7408	44.4089	50.851	58.1652	66.461	75.8621	86.5042
18	30.912	35.8490	41.5233	48.0386	55.5112	64.072	73.8698	85.070	97.8622	112.455
19	37.404	43.7358	51.0737	59.5679	69.3889	80.731	93.8147	108.89	126.242	146.192
20	45.259	53.3576	62.8206	73.8641	86.7362	101.72	119.144	139.37	162.852	190.049
21	54.763	65.0963	77.2694	91.5915	108.420	128.16	151.313	178.40	210.079	247.064
22	66.264	79.4175	95.0413	113.573	135.525	161.49	192.168	228.35	271.002	321.183
23	80.179	96.8894	116.900	140.831	169.406	203.48	244.053	292.30	349.593	417.539
24	97.017	118.205	143.788	174.630	211.758	256.38	309.948	374.14	450.975	542.800
25	117.390	144.210	176.859	216.542	264.697	323.04	393.634	478.90	581.758	705.641
26	142.04	175.936	217.536	268.512	330.872	407.03	499.915	612.99	750.468	917.333
27	171.87	214.642	267.570	332.955	413.590	512.86	634.892	784.63	968.104	1192.53
28	207.96	261.863	329.111	412.864	516.987	646.21	806.314	1004.3	1248.85	1550.29
29	251.63	319.473	404.807	511.951	646.234	814.22	1024.01	1285.5	1611.02	2015.38
30	304.48	389.757	497.912	634.819	807.793	1025.9	1300.50	1645.5	2078.21	2619.99

附表二　复利现值系数表

期数	1%	2%	3%	4%	5%	6%	7%	8%	9%	10%
1	0.9901	0.9804	0.9709	0.9615	0.9524	0.9434	0.9346	0.9259	0.9174	0.9091
2	0.9803	0.9612	0.9426	0.9246	0.9070	0.8900	0.8734	0.8573	0.8417	0.8264
3	0.9706	0.9423	0.9151	0.8890	0.8638	0.8396	0.8163	0.7938	0.7722	0.7513
4	0.9610	0.9238	0.8885	0.8548	0.8227	0.7921	0.7629	0.7350	0.7084	0.6830
5	0.9515	0.9057	0.8626	0.8219	0.7835	0.7473	0.7130	0.6806	0.6499	0.6209
6	0.9420	0.8880	0.8375	0.7903	0.7462	0.7050	0.6663	0.6302	0.5963	0.5645
7	0.9327	0.8706	0.8131	0.7599	0.7107	0.6651	0.6227	0.5835	0.5470	0.5132

（续表）

期数	1%	2%	3%	4%	5%	6%	7%	8%	9%	10%
8	0.9235	0.8535	0.7894	0.7307	0.6768	0.6274	0.5820	0.5403	0.5019	0.4665
9	0.9143	0.8368	0.7664	0.7026	0.6446	0.5919	0.5439	0.5002	0.4604	0.4241
10	0.9053	0.8203	0.7441	0.6756	0.6139	0.5584	0.5083	0.4632	0.4224	0.3855
11	0.8963	0.8043	0.7224	0.6496	0.5847	0.5268	0.4751	0.4289	0.3875	0.3505
12	0.8874	0.7885	0.7014	0.6246	0.5568	0.4970	0.4440	0.3971	0.3555	0.3186
13	0.8787	0.7730	0.6810	0.6006	0.5303	0.4688	0.4150	0.3677	0.3262	0.2897
14	0.8700	0.7579	0.6611	0.5775	0.5051	0.4423	0.3878	0.3405	0.2992	0.2633
15	0.8613	0.7430	0.6419	0.5553	0.4810	0.4173	0.3624	0.3152	0.2745	0.2394
16	0.8528	0.7284	0.6232	0.5339	0.4581	0.3936	0.3387	0.2919	0.2519	0.2176
17	0.8444	0.7142	0.6050	0.5134	0.4363	0.3714	0.3166	0.2703	0.2311	0.1978
18	0.8360	0.7002	0.5874	0.4936	0.4155	0.3503	0.2959	0.2502	0.2120	0.1799
19	0.8277	0.6864	0.5703	0.4746	0.3957	0.3305	0.2765	0.2317	0.1945	0.1635
20	0.8195	0.6730	0.5537	0.4564	0.3769	0.3118	0.2584	0.2145	0.1784	0.1486
21	0.8114	0.6598	0.5375	0.4388	0.3589	0.2942	0.2415	0.1987	0.1637	0.1351
22	0.8034	0.6468	0.5219	0.4220	0.3418	0.2775	0.2257	0.1839	0.1502	0.1228
23	0.7954	0.6342	0.5067	0.4057	0.3256	0.2618	0.2109	0.1703	0.1378	0.1117
24	0.7876	0.6217	0.4919	0.3901	0.3101	0.2470	0.1971	0.1577	0.1264	0.1015
25	0.7798	0.6095	0.4776	0.3751	0.2953	0.2330	0.1842	0.1460	0.1160	0.0923
26	0.7720	0.5976	0.4637	0.3607	0.2812	0.2198	0.1722	0.1352	0.1064	0.0839
27	0.7644	0.5859	0.4502	0.3468	0.2678	0.2074	0.1609	0.1252	0.0976	0.0763
28	0.7568	0.5744	0.4371	0.3335	0.2551	0.1956	0.1504	0.1159	0.0895	0.0693
29	0.7493	0.5631	0.4243	0.3207	0.2429	0.1846	0.1406	0.1073	0.0822	0.0630
30	0.7419	0.5521	0.4120	0.3083	0.2314	0.1741	0.1314	0.0994	0.0754	0.0573
期数	11%	12%	13%	14%	15%	16%	17%	18%	19%	20%
1	0.9009	0.8929	0.8850	0.8772	0.8696	0.8621	0.8547	0.8475	0.8403	0.8333
2	0.8116	0.7972	0.7831	0.7695	0.7561	0.7432	0.7305	0.7182	0.7062	0.6944
3	0.7312	0.7118	0.6931	0.6750	0.6575	0.6407	0.6244	0.6086	0.5934	0.5787

（续表）

期数	11%	12%	13%	14%	15%	16%	17%	18%	19%	20%
4	0.6587	0.6355	0.6133	0.5921	0.5718	0.5523	0.5337	0.5158	0.4987	0.4823
5	0.5935	0.5674	0.5428	0.5194	0.4972	0.4761	0.4561	0.4371	0.4190	0.4019
6	0.5346	0.5066	0.4803	0.4556	0.4323	0.4104	0.3898	0.3704	0.3521	0.3349
7	0.4817	0.4523	0.4251	0.3996	0.3759	0.3538	0.3332	0.3139	0.2959	0.2791
8	0.4339	0.4039	0.3762	0.3506	0.3269	0.3050	0.2848	0.2660	0.2487	0.2326
9	0.3909	0.3606	0.3329	0.3075	0.2843	0.2630	0.2434	0.2255	0.2090	0.1938
10	0.3522	0.3220	0.2946	0.2697	0.2472	0.2267	0.2080	0.1911	0.1756	0.1615
11	0.3173	0.2875	0.2607	0.2366	0.2149	0.1954	0.1778	0.1619	0.1476	0.1346
12	0.2858	0.2567	0.2307	0.2076	0.1869	0.1685	0.1520	0.1372	0.1240	0.1122
13	0.2575	0.2292	0.2042	0.1821	0.1625	0.1452	0.1299	0.1163	0.1042	0.0935
14	0.2320	0.2046	0.1807	0.1597	0.1413	0.1252	0.1110	0.0985	0.0876	0.0779
15	0.2090	0.1827	0.1599	0.1401	0.1229	0.1079	0.0949	0.0835	0.0736	0.0649
16	0.1883	0.1631	0.1415	0.1229	0.1069	0.0930	0.0811	0.0708	0.0618	0.0541
17	0.1696	0.1456	0.1252	0.1078	0.0929	0.0802	0.0693	0.0600	0.0520	0.0451
18	0.1528	0.1300	0.1108	0.0946	0.0808	0.0691	0.0592	0.0508	0.0437	0.0376
19	0.1377	0.1161	0.0981	0.0829	0.0703	0.0596	0.0506	0.0431	0.0367	0.0313
20	0.1240	0.1037	0.0868	0.0728	0.0611	0.0514	0.0433	0.0365	0.0308	0.0261
21	0.1117	0.0926	0.0768	0.0638	0.0531	0.0443	0.0370	0.0309	0.0259	0.0217
22	0.1007	0.0826	0.0680	0.0560	0.0462	0.0382	0.0316	0.0262	0.0218	0.0181
23	0.0907	0.0738	0.0601	0.0491	0.0402	0.0329	0.0270	0.0222	0.0183	0.0151
24	0.0817	0.0659	0.0532	0.0431	0.0349	0.0284	0.0231	0.0188	0.0154	0.0126
25	0.0736	0.0588	0.0471	0.0378	0.0304	0.0245	0.0197	0.0160	0.0129	0.0105
26	0.0663	0.0525	0.0417	0.0331	0.0264	0.0211	0.0169	0.0135	0.0109	0.0087
27	0.0597	0.0469	0.0369	0.0291	0.0230	0.0182	0.0144	0.0115	0.0091	0.0073
28	0.0538	0.0419	0.0326	0.0255	0.0200	0.0157	0.0123	0.0097	0.0077	0.0061
29	0.0485	0.0374	0.0289	0.0224	0.0174	0.0135	0.0105	0.0082	0.0064	0.0051
30	0.0437	0.0334	0.0256	0.0196	0.0151	0.0116	0.0090	0.0070	0.0054	0.0042

（续表）

期数	21%	22%	23%	24%	25%	26%	27%	28%	29%	30%
1	0.8264	0.8197	0.8130	0.8065	0.8000	0.7937	0.7874	0.7813	0.7752	0.7692
2	0.6830	0.6719	0.6610	0.6504	0.6400	0.6299	0.6200	0.6104	0.6009	0.5917
3	0.5645	0.5507	0.5374	0.5245	0.5120	0.4999	0.4882	0.4768	0.4658	0.4552
4	0.4665	0.4514	0.4369	0.4230	0.4096	0.3968	0.3844	0.3725	0.3611	0.3501
5	0.3855	0.3700	0.3552	0.3411	0.3277	0.3149	0.3027	0.2910	0.2799	0.2693
6	0.3186	0.3033	0.2888	0.2751	0.2621	0.2499	0.2383	0.2274	0.2170	0.2072
7	0.2633	0.2486	0.2348	0.2218	0.2097	0.1983	0.1877	0.1776	0.1682	0.1594
8	0.2176	0.2038	0.1909	0.1789	0.1678	0.1574	0.1478	0.1388	0.1304	0.1226
9	0.1799	0.1670	0.1552	0.1443	0.1342	0.1249	0.1164	0.1084	0.1011	0.0943
10	0.1486	0.1369	0.1262	0.1164	0.1074	0.0992	0.0916	0.0847	0.0784	0.0725
11	0.1228	0.1122	0.1026	0.0938	0.0859	0.0787	0.0721	0.0662	0.0607	0.0558
12	0.1015	0.0920	0.0834	0.0757	0.0687	0.0625	0.0568	0.0517	0.0471	0.0429
13	0.0839	0.0754	0.0678	0.0610	0.0550	0.0496	0.0447	0.0404	0.0365	0.0330
14	0.0693	0.0618	0.0551	0.0492	0.0440	0.0393	0.0352	0.0316	0.0283	0.0254
15	0.0573	0.0507	0.0448	0.0397	0.0352	0.0312	0.0277	0.0247	0.0219	0.0195
16	0.0474	0.0415	0.0364	0.0320	0.0281	0.0248	0.0218	0.0193	0.0170	0.0150
17	0.0391	0.0340	0.0296	0.0258	0.0225	0.0197	0.0172	0.0150	0.0132	0.0116
18	0.0323	0.0279	0.0241	0.0208	0.0180	0.0156	0.0135	0.0118	0.0102	0.0089
19	0.0267	0.0229	0.0196	0.0168	0.0144	0.0124	0.0107	0.0092	0.0079	0.0068
20	0.0221	0.0187	0.0159	0.0135	0.0115	0.0098	0.0084	0.0072	0.0061	0.0053
21	0.0183	0.0154	0.0129	0.0109	0.0092	0.0078	0.0066	0.0056	0.0048	0.0040
22	0.0151	0.0126	0.0105	0.0088	0.0074	0.0062	0.0052	0.0044	0.0037	0.0031
23	0.0125	0.0103	0.0086	0.0071	0.0059	0.0049	0.0041	0.0034	0.0029	0.0024
24	0.0103	0.0085	0.0070	0.0057	0.0047	0.0039	0.0032	0.0027	0.0022	0.0018
25	0.0085	0.0069	0.0057	0.0046	0.0038	0.0031	0.0025	0.0021	0.0017	0.0014
26	0.0070	0.0057	0.0046	0.0037	0.0030	0.0025	0.0020	0.0016	0.0013	0.0011
27	0.0058	0.0047	0.0037	0.0030	0.0024	0.0019	0.0016	0.0013	0.0010	0.0008

（续表）

期数	21%	22%	23%	24%	25%	26%	27%	28%	29%	30%
28	0.0048	0.0038	0.0030	0.0024	0.0019	0.0015	0.0012	0.0010	0.0008	0.0006
29	0.0040	0.0031	0.0025	0.0020	0.0015	0.0012	0.0010	0.0008	0.0006	0.0005
30	0.0033	0.0026	0.0020	0.0016	0.0012	0.0010	0.0008	0.0006	0.0005	0.0004

附表三　年金终值系数表

期数	1%	2%	3%	4%	5%	6%	7%	8%	9%	10%
1	1.0000	1.0000	1.0000	1.0000	1.0000	1.0000	1.0000	1.0000	1.0000	1.0000
2	2.0100	2.0200	2.0300	2.0400	2.0500	2.0600	2.0700	2.0800	2.0900	2.1000
3	3.0301	3.0604	3.0909	3.1216	3.1525	3.1836	3.2149	3.2464	3.2781	3.3100
4	4.0604	4.1216	4.1836	4.2465	4.3101	4.3746	4.4399	4.5061	4.5731	4.6410
5	5.1010	5.2040	5.3091	5.4163	5.5256	5.6371	5.7507	5.8666	5.9847	6.1051
6	6.1520	6.3081	6.4684	6.6330	6.8019	6.9753	7.1533	7.3359	7.5233	7.7156
7	7.2135	7.4343	7.6625	7.8983	8.1420	8.3938	8.6540	8.9228	9.2004	9.4872
8	8.2857	8.5830	8.8923	9.2142	9.5491	9.8975	10.2598	10.6366	11.0285	11.4359
9	9.3685	9.7546	10.1591	10.5828	11.0266	11.4913	11.9780	12.4876	13.0210	13.5795
10	10.4622	10.949	11.4639	12.0061	12.5779	13.1808	13.8164	14.4866	15.1929	15.9374
11	11.5668	12.168	12.8078	13.4864	14.2068	14.9716	15.7836	16.6455	17.5603	18.5312
12	12.6825	13.412	14.1920	15.0258	15.9171	16.8699	17.8885	18.9771	20.1407	21.3843
13	13.8093	14.680	15.6178	16.6268	17.7130	18.8821	20.1406	21.4953	22.9534	24.5227
14	14.9474	15.973	17.0863	18.2919	19.5986	21.0151	22.5505	24.2149	26.0192	27.9750
15	16.0969	17.293	18.5989	20.0236	21.5786	23.2760	25.1290	27.1521	29.3609	31.7725
16	17.2579	18.639	20.1569	21.8245	23.6575	25.6725	27.8881	30.3243	33.0034	35.9497
17	18.4304	20.012	21.7616	23.6975	25.8404	28.2129	30.8402	33.7502	36.9737	40.5447
18	19.6147	21.412	23.4144	25.6454	28.1324	30.9057	33.9990	37.4502	41.3013	45.5992
19	20.8109	22.840	25.1169	27.6712	30.5390	33.7600	37.3790	41.4463	46.0185	51.1591
20	22.0190	24.297	26.8704	29.7781	33.0660	36.7856	40.9955	45.7620	51.1601	57.2750
21	23.2392	25.783	28.6765	31.9692	35.7193	39.9927	44.8652	50.4229	56.7645	64.0025
22	24.4716	27.299	30.5368	34.2480	38.5052	43.3923	49.0057	55.4568	62.8733	71.4027

（续表）

期数	1%	2%	3%	4%	5%	6%	7%	8%	9%	10%
23	25.7163	28.845	32.4529	36.6179	41.4305	46.9958	53.4361	60.8933	69.5319	79.5430
24	26.9735	30.421	34.4265	39.0826	44.5020	50.8156	58.1767	66.7648	76.7898	88.4973
25	28.2432	32.030	36.4593	41.6459	47.7271	54.8645	63.2490	73.1059	84.7009	98.3471
26	29.5256	33.670	38.5530	44.3117	51.1135	59.1564	68.6765	79.9544	93.3240	109.1818
27	30.8209	35.344	40.7096	47.0842	54.6691	63.7058	74.4838	87.3508	102.723	121.0999
28	32.1291	37.051	42.9309	49.9676	58.4026	68.5281	80.6977	95.3388	112.968	134.2099
29	33.4504	38.792	45.2189	52.9663	62.3227	73.6398	87.3465	103.965	124.135	148.6309
30	34.7849	40.568	47.5754	56.0849	66.4388	79.0582	94.4608	113.283	136.307	164.4940

期数	11%	12%	13%	14%	15%	16%	17%	18%	19%	20%
1	1.0000	1.0000	1.0000	1.0000	1.0000	1.0000	1.0000	1.0000	1.0000	1.0000
2	2.1100	2.1200	2.1300	2.1400	2.1500	2.1600	2.1700	2.1800	2.1900	2.2000
3	3.3421	3.3744	3.4069	3.4396	3.4725	3.5056	3.5389	3.5724	3.6061	3.6400
4	4.7097	4.7793	4.8498	4.9211	4.9934	5.0665	5.1405	5.2154	5.2913	5.3680
5	6.2278	6.3528	6.4803	6.6101	6.7424	6.8771	7.0144	7.1542	7.2966	7.4416
6	7.9129	8.1152	8.3227	8.5355	8.7537	8.9775	9.2068	9.4420	9.6830	9.9299
7	9.7833	10.0890	10.4047	10.7305	11.0668	11.4139	11.7720	12.1415	12.5227	12.9159
8	11.8594	12.2997	12.7573	13.2328	13.7268	14.2401	14.7733	15.3270	15.9020	16.4991
9	14.1640	14.7757	15.4157	16.0853	16.7858	17.5185	18.2847	19.0859	19.9234	20.7989
10	16.7220	17.5487	18.4197	19.3373	20.3037	21.3215	22.3931	23.5213	24.7089	25.9587
11	19.5614	20.6546	21.8143	23.0445	24.3493	25.7329	27.1999	28.7551	30.4035	32.1504
12	22.7132	24.1331	25.6502	27.2707	29.0017	30.8502	32.8239	34.9311	37.1802	39.5805
13	26.2116	28.0291	29.9847	32.0887	34.3519	36.7862	39.4040	42.2187	45.2445	48.4966
14	30.0949	32.3926	34.8827	37.5811	40.5047	43.6720	47.1027	50.8180	54.8409	59.1959
15	34.4054	37.2797	40.4175	43.8424	47.5804	51.6595	56.1101	60.9653	66.2607	72.0351
16	39.1899	42.7533	46.6717	50.9804	55.7175	60.9250	66.6488	72.9390	79.8502	87.4421
17	44.5008	48.8837	53.7391	59.1176	65.0751	71.6730	78.9792	87.0680	96.0218	105.9306
18	50.3959	55.7497	61.7251	68.3941	75.8364	84.1407	93.4056	103.740	115.265	128.1167

（续表）

期数	11%	12%	13%	14%	15%	16%	17%	18%	19%	20%
19	56.9395	63.4397	70.7494	78.9692	88.2118	98.6032	110.284	123.413	138.166	154.7400
20	64.2028	72.0524	80.9468	91.0249	102.443	115.379	130.032	146.628	165.418	186.6880
21	72.2651	81.6987	92.4699	104.768	118.810	134.840	153.138	174.021	197.847	225.0256
22	81.2143	92.5026	105.491	120.436	137.631	157.415	180.172	206.344	236.438	271.0307
23	91.1479	104.602	120.204	138.297	159.276	183.601	211.801	244.486	282.361	326.2369
24	102.174	118.155	136.831	158.658	184.167	213.977	248.807	289.494	337.010	392.4842
25	114.413	133.333	155.619	181.870	212.793	249.214	292.104	342.603	402.042	471.9811
26	127.998	150.333	176.850	208.332	245.712	290.088	342.762	405.272	479.430	567.3773
27	143.078	169.374	200.840	238.499	283.568	337.502	402.032	479.221	571.522	681.8528
28	159.817	190.698	227.949	272.889	327.104	392.502	471.377	566.480	681.111	819.2233
29	178.397	214.582	258.583	312.093	377.169	456.303	552.512	669.447	811.522	984.0680
30	199.020	241.332	293.199	356.786	434.745	530.311	647.439	790.948	966.712	1181.881

期数	21%	22%	23%	24%	25%	26%	27%	28%	29%	30%
1	1.0000	1.0000	1.0000	1.0000	1.0000	1.0000	1.0000	1.0000	1.0000	1.0000
2	2.2100	2.2200	2.2300	2.2400	2.2500	2.2600	2.2700	2.2800	2.2900	2.3000
3	3.6741	3.7084	3.7429	3.7776	3.8125	3.8476	3.8829	3.9184	3.9541	3.9900
4	5.4457	5.5242	5.6038	5.6842	5.7656	5.8480	5.9313	6.0156	6.1008	6.1870
5	7.5892	7.7396	7.8926	8.0484	8.2070	8.3684	8.5327	8.6999	8.8700	9.0431
6	10.1830	10.4423	10.7079	10.9801	11.2588	11.5442	11.8366	12.1359	12.4423	12.7560
7	13.3214	13.7396	14.1708	14.6153	15.0735	15.5458	16.0324	16.5339	17.0506	17.5828
8	17.1189	17.7623	18.4300	19.1229	19.8419	20.5876	21.3612	22.1634	22.9953	23.8577
9	21.7139	22.6700	23.6690	24.7125	25.8023	26.9404	28.1287	29.3692	30.6639	32.0150
10	27.2738	28.6574	30.1128	31.6434	33.2529	34.9449	36.7235	38.5926	40.5564	42.6195
11	34.0013	35.9620	38.0388	40.2379	42.5661	45.0306	47.6388	50.3985	53.3178	56.4053
12	42.1416	44.8737	47.7877	50.8950	54.2077	57.7386	61.5013	65.5100	69.7800	74.3270
13	51.9913	55.7459	59.7788	64.1097	68.7596	73.7506	79.1066	84.8529	91.0161	97.6250
14	63.9095	69.0100	74.5280	80.4961	86.9495	93.9258	101.465	109.611	118.410	127.9125

（续表）

期数	21%	22%	23%	24%	25%	26%	27%	28%	29%	30%
15	78.3305	85.1922	92.6694	100.815	109.686	119.346	129.861	141.302	153.750	167.2863
16	95.7799	104.934	114.9834	126.010	138.108	151.376	165.923	181.867	199.337	218.4722
17	116.893	129.020	142.4295	157.253	173.635	191.734	211.723	233.790	258.145	285.0139
18	142.441	158.404	176.1883	195.994	218.044	242.585	269.888	300.252	334.007	371.5180
19	173.354	194.253	217.7116	244.032	273.555	306.657	343.758	385.322	431.869	483.9734
20	210.758	237.989	268.7853	303.600	342.944	387.388	437.572	494.213	558.111	630.1655
21	256.017	291.346	331.6059	377.464	429.680	489.109	556.717	633.592	720.964	820.2151
22	310.781	356.443	408.8753	469.056	538.101	617.278	708.030	811.998	931.043	1067.279
23	377.045	435.860	503.9166	582.629	673.626	778.770	900.199	1040.35	1202.04	1388.463
24	457.224	532.750	620.8174	723.461	843.032	982.251	1144.25	1332.65	1551.64	1806.002
25	554.242	650.955	764.6054	898.091	1054.79	1238.63	1454.20	1706.80	2002.61	2348.803
26	671.633	795.165	941.4647	1114.63	1319.48	1561.68	1847.83	2185.70	2584.37	3054.444
27	813.675	971.101	1159.001	1383.14	1650.36	1968.71	2347.75	2798.70	3334.84	3971.777
28	985.547	1185.74	1426.571	1716.10	2063.95	2481.58	2982.64	3583.34	4302.94	5164.310
29	1193.51	1447.60	1755.683	2128.96	2580.93	3127.79	3788.95	4587.68	5551.80	6714.604
30	1445.15	1767.08	2160.490	2640.91	3227.17	3942.02	4812.97	5873.23	7162.82	8729.985

附表四　年金现值系数表

期数	1%	2%	3%	4%	5%	6%	7%	8%	9%	10%
1	0.9901	0.9804	0.9709	0.9615	0.9524	0.9434	0.9346	0.9259	0.9174	0.9091
2	1.9704	1.9416	1.9135	1.8861	1.8594	1.8334	1.8080	1.7833	1.7591	1.7355
3	2.9410	2.8839	2.8286	2.7751	2.7232	2.6730	2.6243	2.5771	2.5313	2.4869
4	3.9020	3.8077	3.7171	3.6299	3.5460	3.4651	3.3872	3.3121	3.2397	3.1699
5	4.8534	4.7135	4.5797	4.4518	4.3295	4.2124	4.1002	3.9927	3.8897	3.7908
6	5.7955	5.6014	5.4172	5.2421	5.0757	4.9173	4.7665	4.6229	4.4859	4.3553
7	6.7282	6.4720	6.2303	6.0021	5.7864	5.5824	5.3893	5.2064	5.0330	4.8684
8	7.6517	7.3255	7.0197	6.7327	6.4632	6.2098	5.9713	5.7466	5.5348	5.3349

（续表）

期数	1%	2%	3%	4%	5%	6%	7%	8%	9%	10%
9	8.5660	8.1622	7.7861	7.4353	7.1078	6.8017	6.5152	6.2469	5.9952	5.7590
10	9.4713	8.9826	8.5302	8.1109	7.7217	7.3601	7.0236	6.7101	6.4177	6.1446
11	10.367	9.7868	9.2526	8.7605	8.3064	7.8869	7.4987	7.1390	6.8052	6.4951
12	11.255	10.5753	9.9540	9.3851	8.8633	8.3838	7.9427	7.5361	7.1607	6.8137
13	12.133	11.3484	10.635	9.9856	9.3936	8.8527	8.3577	7.9038	7.4869	7.1034
14	13.003	12.1062	11.296	10.5631	9.8986	9.2950	8.7455	8.2442	7.7862	7.3667
15	13.865	12.8493	11.937	11.1184	10.379	9.7122	9.1079	8.5595	8.0607	7.6061
16	14.717	13.5777	12.561	11.6523	10.837	10.1059	9.4466	8.8514	8.3126	7.8237
17	15.562	14.2919	13.166	12.1657	11.2741	10.4773	9.7632	9.1216	8.5436	8.0216
18	16.398	14.9920	13.753	12.6593	11.6896	10.8276	10.0591	9.3719	8.7556	8.2014
19	17.226	15.6785	14.323	13.1339	12.085	11.1581	10.3356	9.6036	8.9501	8.3649
20	18.045	16.3514	14.877	13.5903	12.462	11.4699	10.5940	9.8181	9.1285	8.5136
21	18.857	17.0112	15.415	14.0292	12.821	11.7641	10.8355	10.016	9.2922	8.6487
22	19.660	17.6580	15.936	14.4511	13.163	12.0416	11.0612	10.200	9.4424	8.7715
23	20.455	18.2922	16.443	14.8568	13.488	12.3034	11.2722	10.3711	9.5802	8.8832
24	21.243	18.9139	16.935	15.2470	13.798	12.5504	11.4693	10.528	9.7066	8.9847
25	22.023	19.5235	17.413	15.6221	14.093	12.7834	11.6536	10.674	9.8226	9.0770
26	22.795	20.1210	17.876	15.9828	14.375	13.0032	11.8258	10.810	9.9290	9.1609
27	23.559	20.7069	18.327	16.3296	14.643	13.2105	11.9867	10.935	10.026	9.2372
28	24.316	21.2813	18.764	16.6631	14.898	13.4062	12.1371	11.0511	10.1161	9.3066
29	25.065	21.8444	19.188	16.9837	15.1411	13.5907	12.2777	11.1584	10.198	9.3696
30	25.807	22.3965	19.600	17.2920	15.372	13.7648	12.4090	11.2578	10.273	9.4269

期数	11%	12%	13%	14%	15%	16%	17%	18%	19%	20%
1	0.9009	0.8929	0.8850	0.8772	0.8696	0.8621	0.8547	0.8475	0.8403	0.8333
2	1.7125	1.6901	1.6681	1.6467	1.6257	1.6052	1.5852	1.5656	1.5465	1.5278
3	2.4437	2.4018	2.3612	2.3216	2.2832	2.2459	2.2096	2.1743	2.1399	2.1065
4	3.1024	3.0373	2.9745	2.9137	2.8550	2.7982	2.7432	2.6901	2.6386	2.5887

（续表）

期数	11%	12%	13%	14%	15%	16%	17%	18%	19%	20%
5	3.6959	3.6048	3.5172	3.4331	3.3522	3.2743	3.1993	3.1272	3.0576	2.9906
6	4.2305	4.1114	3.9975	3.8887	3.7845	3.6847	3.5892	3.4976	3.4098	3.3255
7	4.7122	4.5638	4.4226	4.2883	4.1604	4.0386	3.9224	3.8115	3.7057	3.6046
8	5.1461	4.9676	4.7988	4.6389	4.4873	4.3436	4.2072	4.0776	3.9544	3.8372
9	5.5370	5.3282	5.1317	4.9464	4.7716	4.6065	4.4506	4.3030	4.1633	4.0310
10	5.8892	5.6502	5.4262	5.2161	5.0188	4.8332	4.6586	4.4941	4.3389	4.1925
11	6.2065	5.9377	5.6869	5.4527	5.2337	5.0286	4.8364	4.6560	4.4865	4.3271
12	6.4924	6.1944	5.9176	5.6603	5.4206	5.1971	4.9884	4.7932	4.6105	4.4392
13	6.7499	6.4235	6.1218	5.8424	5.5831	5.3423	5.1183	4.9095	4.7147	4.5327
14	6.9819	6.6282	6.3025	6.0021	5.7245	5.4675	5.2293	5.0081	4.8023	4.6106
15	7.1909	6.8109	6.4624	6.1422	5.8474	5.5755	5.3242	5.0916	4.8759	4.6755
16	7.3792	6.9740	6.6039	6.2651	5.9542	5.6685	5.4053	5.1624	4.9377	4.7296
17	7.5488	7.1196	6.7291	6.3729	6.0472	5.7487	5.4746	5.2223	4.9897	4.7746
18	7.7016	7.2497	6.8399	6.4674	6.1280	5.8178	5.5339	5.2732	5.0333	4.8122
19	7.8393	7.3658	6.9380	6.5504	6.1982	5.8775	5.5845	5.3162	5.0700	4.8435
20	7.9633	7.4694	7.0248	6.6231	6.2593	5.9288	5.6278	5.3527	5.1009	4.8696
21	8.0751	7.5620	7.1016	6.6870	6.3125	5.9731	5.6648	5.3837	5.1268	4.8913
22	8.1757	7.6446	7.1695	6.7429	6.3587	6.0113	5.6964	5.4099	5.1486	4.9094
23	8.2664	7.7184	7.2297	6.7921	6.3988	6.0442	5.7234	5.4321	5.1668	4.9245
24	8.3481	7.7843	7.2829	6.8351	6.4338	6.0726	5.7465	5.4509	5.1822	4.9371
25	8.4217	7.8431	7.3300	6.8729	6.4641	6.0971	5.7662	5.4669	5.1951	4.9476
26	8.4881	7.8957	7.3717	6.9061	6.4906	6.1182	5.7831	5.4804	5.2060	4.9563
27	8.5478	7.9426	7.4086	6.9352	6.5135	6.1364	5.7975	5.4919	5.2151	4.9636
28	8.6016	7.9844	7.4412	6.9607	6.5335	6.1520	5.8099	5.5016	5.2228	4.9697
29	8.6501	8.0218	7.4701	6.9830	6.5509	6.1656	5.8204	5.5098	5.2292	4.9747
30	8.6938	8.0552	7.4957	7.0027	6.5660	6.1772	5.8294	5.5168	5.2347	4.9789

（续表）

期数	21%	22%	23%	24%	25%	26%	27%	28%	29%	30%
1	0.8264	0.8197	0.8130	0.8065	0.8000	0.7937	0.7874	0.7813	0.7752	0.7692
2	1.5095	1.4915	1.4740	1.4568	1.4400	1.4235	1.4074	1.3916	1.3761	1.3609
3	2.0739	2.0422	2.0114	1.9813	1.9520	1.9234	1.8956	1.8684	1.8420	1.8161
4	2.5404	2.4936	2.4483	2.4043	2.3616	2.3202	2.2800	2.2410	2.2031	2.1662
5	2.9260	2.8636	2.8035	2.7454	2.6893	2.6351	2.5827	2.5320	2.4830	2.4356
6	3.2446	3.1669	3.0923	3.0205	2.9514	2.8850	2.8210	2.7594	2.7000	2.6427
7	3.5079	3.4155	3.3270	3.2423	3.1611	3.0833	3.0087	2.9370	2.8682	2.8021
8	3.7256	3.6193	3.5179	3.4212	3.3289	3.2407	3.1564	3.0758	2.9986	2.9247
9	3.9054	3.7863	3.6731	3.5655	3.4631	3.3657	3.2728	3.1842	3.0997	3.0190
10	4.0541	3.9232	3.7993	3.6819	3.5705	3.4648	3.3644	3.2689	3.1781	3.0915
11	4.1769	4.0354	3.9018	3.7757	3.6564	3.5435	3.4365	3.3351	3.2388	3.1473
12	4.2784	4.1274	3.9852	3.8514	3.7251	3.6059	3.4933	3.3868	3.2859	3.1903
13	4.3624	4.2028	4.0530	3.9124	3.7801	3.6555	3.5381	3.4272	3.3224	3.2233
14	4.4317	4.2646	4.1082	3.9616	3.8241	3.6949	3.5733	3.4587	3.3507	3.2487
15	4.4890	4.3152	4.1530	4.0013	3.8593	3.7261	3.6010	3.4834	3.3726	3.2682
16	4.5364	4.3567	4.1894	4.0333	3.8874	3.7509	3.6228	3.5026	3.3896	3.2832
17	4.5755	4.3908	4.2190	4.0591	3.9099	3.7705	3.6400	3.5177	3.4028	3.2948
18	4.6079	4.4187	4.2431	4.0799	3.9279	3.7861	3.6536	3.5294	3.4130	3.3037
19	4.6346	4.4415	4.2627	4.0967	3.9424	3.7985	3.6642	3.5386	3.4210	3.3105
20	4.6567	4.4603	4.2786	4.1103	3.9539	3.8083	3.6726	3.5458	3.4271	3.3158
21	4.6750	4.4756	4.2916	4.1212	3.9631	3.8161	3.6792	3.5514	3.4319	3.3198
22	4.6900	4.4882	4.3021	4.1300	3.9705	3.8223	3.6844	3.5558	3.4356	3.3230
23	4.7025	4.4985	4.3106	4.1371	3.9764	3.8273	3.6885	3.5592	3.4384	3.3254
24	4.7128	4.5070	4.3176	4.1428	3.9811	3.8312	3.6918	3.5619	3.4406	3.3272
25	4.7213	4.5139	4.3232	4.1474	3.9849	3.8342	3.6943	3.5640	3.4423	3.3286
26	4.7284	4.5196	4.3278	4.1511	3.9879	3.8367	3.6963	3.5656	3.4437	3.3297
27	4.7342	4.5243	4.3316	4.1542	3.9903	3.8387	3.6979	3.5669	3.4447	3.3305

（续表）

期数	21%	22%	23%	24%	25%	26%	27%	28%	29%	30%
28	4.7390	4.5281	4.3346	4.1566	3.9923	3.8402	3.6991	3.5679	3.4455	3.3312
29	4.7430	4.5312	4.3371	4.1585	3.9938	3.8414	3.7001	3.5687	3.4461	3.3317
30	4.7463	4.5338	4.3391	4.1601	3.9950	3.8424	3.7009	3.5693	3.4466	3.3321